Arbeitszeugnisse erstellen und bewerten

Alles im Überblick:

Auf den Seiten 2+3 ist das Inhaltsverzeichnis und auf den Seiten 4+5 eine Übersicht zu allen Musterzeugnissen. Ein ausführliches Stichwortverzeichnis finden Sie ganz hinten im Buch.

Teil 1 — Ihr Workflow für's Arbeitszeugnis

Das ist das Herzstück: Der Workflow zeigt Ihnen, wie Sie bei der Zeugniserstellung Schritt für Schritt vorgehen. Mit Querverweisen auf viele hilfreiche Checklisten, Bewertungsbögen ... (Den Workflow finden Sie links in der Tasche und auf CD-ROM.)

Teil 2 — So holen Sie sich alle wichtigen Informationen

Wir halten hier für Sie Bewertungsbögen und Begleitschreiben bereit (die geben Sie einfach an den Fachvorgesetzten und den Mitarbeiter). Und wir zeigen Ihnen, wo Sie weitere wertvolle Infos einholen können. (→ CD-ROM.)

Teil 3 — Führen Sie ein Abschlussgespräch

Wir geben Ihnen Tipps, wie Sie mit dem Mitarbeiter das Zeugnis durchsprechen, und Einschätzungen zur psychologischen Situation. (Interview-Leitfaden und mehr auf CD-ROM).

Teil 4 — Die arbeitsrechtlichen Standards

In diesem Teil bleibt keine arbeitsrechtliche Frage unbeantwortet: Wie sieht ein Arbeitszeugnis formal und inhaltlich aus? Können Sie einen Zeugnisentwurf von Ihrem Mitarbeiter verlangen? Wenn es zum Rechtsstreit kommt ...

Teil 5 — In 15 Minuten zum rechtssicheren Zeugnis

Wir zeigen Ihnen hier, wie Sie mit der Zeugnis-Software ein Zeugnis erstellen (keine Bange, es ist ganz einfach), oder eines der vielen Musterzeugnisse (zu jedem gibt es ein Gutachten!) anpassen. (Checkliste auf der CD-ROM.)

Teil 6 — Zeugnisanalyse

Sind Sie sicher, welche Note Ihr Bewerber bekommen hat? Lassen Sie sich nicht blenden – sondern analysieren Sie sachlich, sicher und schnell mit der Checkliste „Zeugnisse analysieren" (→ CD-ROM).

Teil 7 — Glossar

Wenn ein Stichwort in Sachen Arbeitszeugnis nicht klar ist: schlagen Sie es schnell nach!

+ CD — Checklisten im Buch und auf CD-ROM

Wo die Checklisten hier im Buch sind, zeigt Ihnen das unterste Fähnchen hier am Rand. Und zum Ausdrucken stehen Sie alle auf der CD-ROM für Sie bereit.

Inhaltsverzeichnis

Musterzeugnisse – alle auf einen Blick

1.	Anwaltsgehilfin (gut)	→ Buch und CD
2.	Architekt (befriedigend)	→ Buch und CD
3.	Arzthelferin (gut minus)	→ Buch und CD
4.	Assistentin Geschäftsleitung (gut)	→ Buch und CD
5.	Automobilverkäufer (gut minus)	→ Buch und CD
6.	Bäcker (gut)	→ Buch und CD
7.	Bankkauffrau (gut bis befriedigend)	→ Buch und CD
8.	Banksachbearbeiterin (befriedigend)	→ auf CD
9.	Bauvertriebsleiter (sehr gut)	→ Buch und CD
10.	Bauzeichner (sehr gut)	→ Buch und CD
11.	Betriebsleiter Vertrieb IT (sehr gut minus)	→ Buch und CD
12.	Business Consultant (ausreichend)	→ Buch und CD
13.	Business Development Manager (gut)	→ auf CD
14.	Chief Technology Officer (sehr gut)	→ Buch und CD
15.	Controller (sehr gut)	→ Buch und CD
16.	Controlling – Abteilungsleiter (sehr gut)	→ auf CD
17.	Controlling – Abteilungsleiterin Financial (sehr gut)	→ auf CD
18.	Director Marketing & Sales (sehr gut)	→ Buch und CD
19.	Director Media (sehr gut)	→ auf CD
20.	Dreher (gut)	→ Buch und CD
21.	Entwicklungsingenieur Bildverarbeitung (gut minus)	→ Buch und CD
22.	Entwicklungsingenieurin Sensorphysik (sehr gut)	→ auf CD
23.	Fondsmanager (gut)	→ Buch und CD
24.	Fremdsprachenkorrespondentin (gut)	→ Buch und CD
25.	Gas- und Wasserinstallateur (befriedigend)	→ Buch und CD
26.	Gebietsleiter Außendienst (sehr gut minus)	→ Buch und CD
27.	Geschäftsführer Produktion (sehr gut)	→ Buch und CD
28.	Geschäftsführer IT (sehr gut)	→ auf CD
29.	Geschäftsführerin Vertrieb (sehr gut)	→ Buch und CD
30.	Geschäftsführer Interim (sehr gut)	→ auf CD
31.	Geschäftsleiterin Lebensmittelfachhandel (gut minus)	→ Buch und CD
32.	Grafiker (sehr gut)	→ auf CD
33.	Gruppenleiter Wertpapierberatung (gut minus)	→ Buch und CD
34.	Haushaltshilfe (gut)	→ Buch und CD
35.	Hausmeister (gut)	→ Buch und CD
36.	Ingenieur Biotechnologie (ausreichend)	→ Buch und CD
37.	In-house Consultant (sehr gut)	→ Buch und CD
38.	Investor Relations Manager (sehr gut minus)	→ Buch und CD
39.	IT-Consultant (sehr gut)	→ auf CD
40.	Kaufmännischer Angestellter (befriedigend)	→ Buch und CD
41.	Kellner (gut)	→ Buch und CD
42.	Koch (gut bis befriedigend)	→ Buch und CD
43.	Kraftfahrzeugmechaniker (gut)	→ Buch und CD
44.	Krankenpfleger (gut)	→ Buch und CD
45.	Leiter Projektierung- und Vertriebsabteilung (sehr gut)	→ Buch und CD
46.	Leiter Prototypenbau (befriedigend)	→ auf CD
47.	Leiter Supply & Demand Management (sehr gut)	→ auf CD
48.	Leiter Unternehmensorganisation (befriedigend plus)	→ Buch und CD
49.	Manager Corporate Strategy (befriedigend plus)	→ Buch und CD

50.	Manager Purchasing & Logistics – Einkaufsleiter (befriedigend)	→ auf CD
51.	Managerin Demand Management (sehr gut minus)	→ Buch und CD
52.	Marketing Deputy Director – Vertriebsleiter (sehr gut)	→ auf CD
53.	Marketing und Kommunikation – Referentin (sehr gut)	→ Buch und CD
54.	Maschinenbauingenieur – mit Diplom (sehr gut)	→ Buch und CD
55.	Maschinenbautechniker (sehr gut)	→ auf CD
56.	Maschinenbautechnikerin und Projektleiterin (sehr gut)	→ auf CD
57.	Maschinentechnische Entwicklung – Bereichsleiter (sehr gut minus)	→ Buch und CD
58.	Maschinist (gut)	→ Buch und CD
59.	Metzger (gut)	→ Buch und CD
60.	Multimedia Producer (gut)	→ auf CD
61.	Online Marketing – Projektmanager (gut)	→ Buch und CD
62.	Personal/Organisation – Leitung (befriedigend plus)	→ Buch und CD
63.	Personalleiter Anlagenbau (sehr gut)	→ auf CD
64.	Personalwesen – Bereichsleiter (sehr gut)	→ auf CD
65.	Pharmareferentin (gut)	→ Buch und CD
66.	Praktikantin (sehr gut)	→ Buch und CD
67.	Principal eBusiness Consulting (sehr gut)	→ Buch und CD
68.	Produktionsmitarbeiterin (sehr gut)	→ Buch und CD
69.	Projektingenieur (gut)	→ Buch und CD
70.	Projektleiter eBusiness (sehr gut)	→ auf CD
71.	Projektleiter IT (sehr gut)	→ Buch und CD
72.	Projektleiter international (sehr gut)	→ auf CD
73.	Prüfungsassistent (befriedigend)	→ Buch und CD
74.	Qualitätsauditor (sehr gut)	→ auf CD
75.	Sachbearbeiterin Einkauf (gut)	→ Buch und CD
76.	Sales Manager (sehr gut)	→ Buch und CD
77.	Schreibkraft (mangelhaft)	→ Buch und CD
78.	Schreiner (sehr gut)	→ Buch und CD
79.	Sekretärin (sehr gut bis gut)	→ Buch und CD
80.	Sekretärin Direktion (sehr gut)	→ auf CD
81.	Sekretärin Geschäftsführung (gut)	→ auf CD
82.	Service-Ingenieur (befriedigend plus)	→ Buch und CD
83.	Softwareingenieur (gut)	→ Buch und CD
84.	Softwareprogrammierer (befriedigend)	→ auf CD
85.	Steuerberater (befriedigend)	→ Buch und CD
86.	Steuerfachgehilfin (gut)	→ auf CD
87.	Systemtechniker (ausreichend bis mangelhaft)	→ Buch und CD
88.	Telefonistin (ausreichend)	→ Buch und CD
89.	Verkaufsaufsicht Spielhalle (sehr gut)	→ auf CD
90.	Verkaufsleiter Export (sehr gut)	→ Buch und CD
91.	Verkaufsleiter Innendienst (sehr gut)	→ auf CD
92.	Verkaufssachbearbeiter (gut)	→ Buch und CD
93.	Verlagsobjektleiterin (sehr gut)	→ Buch und CD
94.	Vertriebsassistentin (sehr gut)	→ Buch und CD
95.	Vertrieb – Regionalleiterin (befriedigend)	→ auf CD
96.	Vertriebsleiter (sehr gut)	→ auf CD
97.	Vorstand Vertrieb/Personal (sehr gut bis gut)	→ Buch und CD
98.	Vorstandsvorsitzender (sehr gut)	→ auf CD
99.	Werkstattmeister (gut)	→ Buch und CD
100.	Zahnarzthelferin (gut)	→ Buch und CD

Teil 1
Workflow Arbeitszeugnis:
Wer ist wann wie beteiligt?

Der Workflow (→ S. 8) ist das Herzstück dieses Buches. Er unterstützt, erinnert und gibt Ihnen die Seitenzahl an, wo wichtige Checklisten, Beurteilungsbögen und Begleitbriefe stehen (die Sie alle auch auf der CD-ROM finden).

Kopieren Sie den Workflow (oder drucken Sie ihn sich von der CD-ROM aus) und tragen Sie rückwärts (also von der vierten Seite her) über dem Zeitstrahl die absoluten Termine ein. Tragen Sie zuerst den letzten Arbeitstag als Datum ein und rechnen Sie dann rückwärts. Wenn der letzte Arbeitstag der 21. Mai ist, so tragen Sie statt „eine Woche vor dem letzten Arbeitstag" den 14. Mai ein usw. So haben Sie immer den Überblick, was gerade ansteht.

Wer ist beteiligt?

Üblicherweise sind es vier Seiten, die unterschiedlich stark bei der Erstellung eines Arbeitszeugnisses beteiligt sind.

▶ **Die Personalabteilung,**

respektive die Personalreferentin oder der Personalreferent haben den wichtigsten Part bei der Zeugniserstellung. Von hier aus wird der gesamte Ablauf (Workflow) gesteuert, darauf geachtet, dass fehlende Daten eingehen und Termine eingehalten werden. Die Personalabteilung teilt die Checklisten zum Ankreuzen aus (siehe Workflow → S. 8-11), fordert sie zurück, vergleicht die Daten und erstellt dann daraus das Zeugnis.

Anders sieht es aus, wenn Sie in einer kleinen Firma arbeiten, die keine/n Personalreferenten/in hat. Dann liegt die Verantwortung für das Arbeitszeugnis beim Fachvorgesetzten. In diesem Fall empfiehlt es sich, Aufgaben an den Mitarbeiter zu delegieren. Lesen Sie dazu den Abschnitt „Können Sie von Ihrem Mitarbeiter einen Zeugnisentwurf verlangen?" (→ S. 51)

Wenn es keinen Personalreferenten gibt, muss der Fachvorgesetzte ran

▶ **Der Fachvorgesetzte**

ist vor allem gefragt, wenn es um die Zusammenstellung der Tätigkeitsbeschreibung, die Bewertung der Leistung des Mitarbeiters und um das Mitarbeitergespräch geht. Wenn es keinen Personalreferenten gibt, muss der Fachvorgesetzte ran (s. o.)

▶ **Der Mitarbeiter bzw. die Mitarbeiterin,**

die das Zeugnis erhält, ist mindestens gefragt, das Zeugnis durchzusehen und Änderungen anzumelden. In etlichen Firmen (gerade in den kleinen

Gutes Timing! (Wann händigen Sie das Zeugnis aus?)

7

ohne Personalabteilung) geht man dazu über, den Mitarbeiter bei der Erstellung des Zeugnisses zu beteiligen. Das ist sicherlich nicht jedermanns Sache. Und man kann dagegen einwenden, dass es die Zeugniserstellung nicht einfacher macht (viele Köche …), oder dass es genügt, wenn der Mitarbeiter das Zeugnis zuletzt durchsieht und dann seine Änderungswünsche anbringt (das ist das Übliche). Aber den Mitarbeiter anzufragen, einen Zeugnisentwurf oder zumindest Teile beizusteuern, kann auch eine deutliche Arbeitserleichterung für Sie bedeuten. Es kann ein Zeugnis, weil es näher an der Praxis ist insbesondere bei der Tätigkeitsbeschreibung, plastischer machen und damit qualifizierter. Es beugt möglichen späteren Auseinandersetzungen vor, der Mitarbeiter kann das Zeugnis auf seine beruflichen Pläne ausrichten (wie beim Billard der Kugel, so hier dem Zeugnis einen Effet verleihen), und es ist sehr wahrscheinlich, dass Ihr Mitarbeiter mit seinem Zeugnis wesentlich zufriedener ist.

► **Schließlich der Geschäftsführer**

(oder eben der Unterschriftsberechtigte). Er liest das Zeugnis durch und fordert eventuell noch einige kleinere Korrekturen. Wichtig aber ist, dass er das Zeugnis unterschreibt.

Gutes Timing! (Wann händigen Sie das Zeugnis aus?)

Das Endzeugnis sollte ein Mitarbeiter möglichst am letzten Arbeitstag erhalten. Und da so ein Zeugnis etliche Stationen zu durchlaufen hat, bis es fertig ist, verstreicht die Zeit von der Kündigung bis zum letzten Arbeitstag schnell. Hat der Mitarbeiter außerdem noch Resturlaub oder Überstunden abzufeiern, ist dieses Ziel nur schwer zu erreichen. Damit es aber trotzdem klappt, bieten wir Ihnen in diesen Business-Tools einen Workflow an, der

► Ihnen bei der Zeugniserstellung die Arbeit erleichtert,

► sowohl die knappe Zeit im Blick hat,

► als auch die Qualität des Zeugnisses und

► last but not least die positive Erfahrung des Mitarbeiters.

Erstellung des Zeugnisses für:

Verantwortlich in der Personalabteilung ist:

OK?				
Bis				
wann?			Sofort	Sofort
Was ist zu tun?	① Kündigung des Mitarbeiters		② Verlangen eines Zwischen- bzw. Endzeugnisses	③ Wie ist der Informationsstand für die Zeugniserstellung?
Wer macht es?	Arbeitgeber	Mitarbeiter	Mitarbeiter	Personalabteilung
Konkret ist zu tun:	Schriftliche Mitteilung durch Geschäftsführung/ Fachvorgesetzten an den Mitarbeiter	Mitteilung des Mitarbeiters an Vorgesetzten oder Personal- abteilung	Verlangen gegenüber Vorgesetztem oder Personalabteilung	Welche Informationen liegen vor? In der ► Personalakte (→ S. 22), ► Stellenbeschrei- bung (→ S. 18), Erstellung einer Über- sicht mit den Punkten, zu denen noch Infor- mationen fehlen ► Abgleich mit Check- liste Inhalt des Arbeitszeugnisses (→ S. 58)

Fachvorgesetzter ist:

Unterschriftsberechtigter ist:

Sofort	Sofort	(Termin eintragen)	(Termin eintragen)	Drei Wochen vor Beendigungs-termin
4	**5**	**6**	**7**	
Anforderung fehlender Informationen für Zeugniserstellung	Zusammenstellung fehlender Informationen für die Personalabteilung	Ggf. Erinnerung an Fachvorgesetzten wegen Zuarbeit bei fehlenden Informationen	Ggf. Bitte an Mitarbeiter, einen Zeugnisentwurf zu verfassen	oder Erstellung eines ersten Zeugnisentwurfs
Personalabteilung	Fachvorgesetzter	Personalabteilung	Personalabteilung	Personalabteilung
Schreiben an Fachvorgesetzten wegen Zuarbeit bei fehlenden Informationen und Aushändigen des Bewertungsbogens (→ S. 14)	Übermittlung der fehlenden Informationen an Personalabteilung	Erinnerung und Fristsetzung	Erinnerung und Fristsetzung	Abstimmung des ersten Entwurfs des Zeugnisses mit Fachvorgesetzten, ggf. Überarbeitung

OK?				
Bis				
wann	Zwei Wochen vor Beendigungstermin	eine Woche vor Beendigungstermin	Sofort	Sofort
Was ist zu tun?	◇ 8 Besprechung des Zeugnisentwurfs mit dem Mitarbeiter	◇ 9 Übermittlung des Zeugnisentwurfs an Unterschriftsberechtigten zur Durchsicht	◇ 10 Rückgabe der Endfassung des Zeugnisses an Personalabteilung zur Ausfertigung	◇ 11 Ausfertigung des Zeugnisses
Wer macht es?	Personalabteilung	Personalabteilung	Unterschriftsberechtigter	Personalabteilung
Konkret ist zu tun:	Ggf. Änderungen des Zeugnisentwurfs nach Rücksprache mit Fachvorgesetzten	Besprechung des Zeugnisentwurfs mit Unterschriftsberechtigten	Mitteilung von Änderungswünschen für die Endfassung des Zeugnisses	Ausdrucken des Zeugnisses auf Firmenpapier

Zwei Tage vor dem Beendigungstag	Am letzten Tag des Anstellungsverhältnisses	Sofort nach Aushändigung des Zeugnisses
12	**13**	**14**
Unterzeichnung des Zeugnisses	Aushändigung des Zeugnisses zusammen mit den anderen Arbeitspapieren an Mitarbeiter	Ablage von Zeugniskopie und Empfangsbestätigung in der Personalakte
Geschäftsführung/ Unterschriftsberechtigter	Personalabteilung	Personalabteilung
Unterzeichnung und Rückgabe an Personalabteilung	Prüfung der Laufzettel des Mitarbeiters, Übergabe der Dokumente/ Arbeitspapiere gegen Empfangsbestätigung	Ablage in der Personalakte, Schließen der Personalakte und Archivierung

Checkliste
Nicht vergessen! (alles außer Arbeitszeugnis)

Wenn ein Mitarbeiter die Firma verlässt, gibt es noch eine Menge anderer Dinge neben dem Arbeitszeugnis zu beachten. Damit Sie nichts vergessen – nehmen Sie sich die Checkliste zur Hand. (Sie finden Sie auch auf der CD-ROM und können Sie von dort ausdrucken.)

Was ist zu tun?	Wer macht es? Ansprechpartner	bis wann?	ok?
Rückgabe			☐
■ Zugangsschlüssel			☐
■ Zugangskarten			☐
■ Codekarten			☐
Sperrung von			☐
■ Zugangscodes			☐
■ Passwörtern			☐
Rückgabe			☐
■ Werkzeug/überlassene Arbeitsmittel			☐
■ Mobiltelefon			☐
■ Laptop			☐
Rückgabe von Arbeitsunterlagen			☐
■ Dokumenten			☐
■ Datenträgern			☐
■ sonstigem Eigentum des Arbeitgebers			☐
Rückgabe von			☐
■ Tankkarten			☐
■ Firmenkreditkarten			☐
Bei Rückgabe Firmenfahrzeug			☐
■ Überprüfung auf Beschädigungen			☐
■ Vollzähligkeit Fahrzeugschlüssel			☐
■ Fahrzeugpapiere			☐

Widerruf von			☐
■ Prokuren			☐
■ Handlungsvollmachten			☐
■ sonstigen Vollmachten			☐
Ausgleich:			☐
■ Zeitguthaben			☐
■ Negativsalden			☐
Ausgleich			☐
■ Spesenkonto			☐
■ Reisekostenvorschüsse			☐
Entgelt-Endabrechnung			☐
■ Vorschusszahlungen			☐
■ Boni			☐
■ Tantiemen			☐
■ Provisionen			☐
■ Zahlungen für Arbeitnehmer-erfindungen			☐
■ anteilige Gratifikationen			☐
■ Urlaubsabgeltung			☐
Rückzahlung			☐
■ Mitarbeiterdarlehen			☐
■ Aus- und Fortbildungskosten			☐
Abwicklung einer Mitarbeiter-beteiligung am Unternehmen			☐
Arbeitsplatz			☐
■ Räumung			☐
■ Übergabe			☐
Aushändigung der Arbeitspapiere an Mitarbeiter			☐
■ Lohnsteuerkarte			☐
■ SV-Ausweis			☐
■ Urlaubsbescheinigung			☐
■ ...			☐

Teil 2
Woher bekommen Sie Infos für das Arbeitszeugnis?

Um ein Arbeitszeugnis zu erstellen, brauchen Sie natürlich vor allem Informationen. Dazu zapfen Sie am besten verschiedene Quellen an:

- ▶ den Vorgesetzten bzw. die Vorgesetzte des Mitarbeiters
- ▶ die Stellenbeschreibung
- ▶ Protokolle von Mitarbeitergesprächen
- ▶ die Mitarbeiterin bzw. den Mitarbeiter selbst
- ▶ das Zwischenzeugnis

In den nächsten Abschnitten gehen wir diese fünf Quellen durch und geben Ihnen Infos, Tipps, Checklisten und Bewertungsbögen an die Hand, damit Sie möglichst einfach das Zeugnis erstellen können.

Infos vom Fachvorgesetzten: Geben Sie ihm den Bewertungsbogen

Dem Fachvorgesetzten des Mitarbeiters reichen Sie am besten eine Liste, in der er schlicht die Bewertungen ankreuzen kann. Diese Liste finden Sie in der vorderen Umschlagtasche als Kopiervorlage und auf der CD-ROM. Gut zu Wissen: Sie folgt im Aufbau einem Urteil des Landesarbeitsgerichts Hamm (→ S. 55). So können Sie sicher sein, dass der Fachvorgesetzte keinen der Bestandteile auslässt, die ein Zeugnis beinhalten muss.

Der Vorgesetzte gibt (ausschließlich) Noten ...

Der Bewertungsbogen für den Vorgesetzten enthält absichtlich – außer dem Feld für die Tätigkeitsbeschreibung – nur Noten und keine Formulierungen. Denn die übliche Zeugnissprache weicht, wie Sie wissen, ein wenig von der normalen Sprachlogik ab. Wer hätte schon gedacht, dass die Aussage „Er besuchte mehrmals Seminarangebote unseres Unternehmens sowie externe Veranstaltungen, um sein Wissen stets auf dem neuesten Stand zu halten", den Aspekt Weiterbildung mit der Note 5 bewertet – es hört sich eigentlich besser an. Daher können einen Laien in Sachen Arbeitszeugnis die Formulierungen eher verwirren – und es ist sinnvoll, zunächst nur mit Noten zu bewerten. (Sie werden ja dem Fachvorgesetzten das Zeugnis auch noch einmal zu Durchsicht vorlegen.)

... dann kommt die Zeugnissoftware

Lassen Sie also den Fachvorgesetzten die Liste ausfüllen, und setzen Sie dann die Bewertung mit der Zeugnissoftware um, die Sie auf der CD-ROM finden. Dort ist dieselbe Schrittfolge eingehalten (abgesehen von der Einleitung mit der Art des Zeugnisses, den persönlichen Daten und der Überschrift, nach denen Sie die Software befragt). So haben Sie schnell ein schon weit gereiftes Zeugnis und können es nun dem Mitarbeiter zur Durchsicht aushändigen.

Bewertungsbogen 1

Für den Fachvorgesetzten

Erweiterter Bewertungsbogen für den Mitarbeiter
→ S. 24

Bewertungen für das Zeugnis von:					
Tätigkeitsbeschreibung (bitte stichwortartig ausfüllen)					

Fachwissen und Fachkönnen (bitte die entsprechende Note ankreuzen)

sehr gut	gut	befriedigend	ausreichend	mangelhaft	ungenügend

Weiterbildung (bitte die entsprechende Note ankreuzen)

sehr gut	gut	befriedigend	ausreichend	mangelhaft	ungenügend

Auffassungsgabe (bitte die entsprechende Note ankreuzen)

sehr gut	gut	befriedigend	ausreichend	mangelhaft	ungenügend

Denk- und Urteilsvermögen (bitte die entsprechende Note ankreuzen)

sehr gut	gut	befriedigend	ausreichend	mangelhaft	ungenügend

Leistungsbereitschaft (bitte die entsprechende Note ankreuzen)

sehr gut	gut	befriedigend	ausreichend	mangelhaft	ungenügend

Belastbarkeit (bitte die entsprechende Note ankreuzen)

sehr gut	gut	befriedigend	ausreichend	mangelhaft	ungenügend

Arbeitsweise (bitte die entsprechende Note ankreuzen)

sehr gut	gut	befriedigend	ausreichend	mangelhaft	ungenügend

Zuverlässigkeit (bitte die entsprechende Note ankreuzen)

sehr gut	gut	befriedigend	ausreichend	mangelhaft	ungenügend

Arbeitsergebnis (bitte die entsprechende Note ankreuzen)

sehr gut	gut	befriedigend	ausreichend	mangelhaft	ungenügend

Führungsfähigkeit (nur bei Führungskräften – bitte die entsprechende Note ankreuzen)

sehr gut	gut	befriedigend	ausreichend	mangelhaft	ungenügend

Zusammenfassende Leistungsbeurteilung (bitte die entsprechende Note ankreuzen)

sehr gut	gut	befriedigend	ausreichend	mangelhaft	ungenügend

Persönliche Führung (bitte die entsprechende Note ankreuzen)

sehr gut	gut	befriedigend	ausreichend	mangelhaft	ungenügend

Beendigungsgrund (bitte ankreuzen)

hat selbst gekündigt	Aufhebungsvertrag	wurde gekündigt

Schlussformulierung (bitte die entsprechende Note ankreuzen)

sehr gut	gut	befriedigend	ausreichend	mangelhaft	ungenügend

Begleitschreiben zum Bewertungsbogen

Sehr geehrte/r Frau/Herr ...

Sie erhalten hier den Bewertungsbogen für das Arbeitszeugnis von Frau/Herrn ... . Meine Bitte ist an Sie als Fachvorgesetzter/m von Frau/Herrn ..., die Bewertung für das Zeugnis vorzunehmen. Dazu möchte ich Ihnen zwei Wege vorschlagen:

Führen Sie ein Abschlussgespräch

mit Frau/Herrn ... in dem Sie unter anderem auch den Bewertungsbogen durchgehen und gemeinsam die Bewertungen vornehmen. (Eine gemeinsame Bewertung steigert die Zufriedenheit des Zeugnisempfängers mit dem Zeugnis und mindert das Risiko eines gerichtlichen Prozesses.) Sie leiten dann den Bewertungsbogen an mich weiter, ich erstelle das Zeugnis und sowohl der Zeugnisempfänger als auch Sie erhalten es nochmals zur Durchsicht. (In dem Abschlussgespräch ist es außerdem üblich, dem ausscheidenden Mitarbeiter Fragen zu stellen, auf die ein Mitarbeiter sonst eher zurückhaltend antworten wird. Z. B. Kritik an der Firma und der Führungsweise. Durch solch ein Abschlussgespräch können Sie an für die Firma wichtige Informationen kommen. Weitere Tipps erhalten Sie bei mir oder in den Haufe Business Tools „Arbeitszeugnisse erstellen und bewerten" → S. 31)

Oder füllen Sie nur den Bewertungsbogen aus:

Sie nennen die Tätigkeiten des Mitarbeiters und kreuzen die jeweiligen Benotungen an und leiten den Bogen dann an mich zurück. Ich erstelle das Zeugnis und lege es Ihnen zur Durchsicht vor. Der Zeugnisempfänger erhält die Möglichkeit, Änderungswünsche schriftlich oder in einem Gespräch mit mir vorzubringen.

Termine:

Damit Frau/Herr ... das Zeugnis am letzten Arbeitstag erhält, bitte ich Sie, den Bewertungsbogen bis zum _____ an mich zurückzugeben.

Hier noch ein paar Grundregeln und Tipps für die Bewertung:

1. Formulierung und Gestaltung des Zeugnisses obliegen dem Arbeitgeber.
2. Bewerten Sie sachlich. Lassen Sie sich möglichst nicht von der Sympathie (sowohl im Negativen wie im Positiven) leiten. Sicherlich wurden Sie selbst schon mal ungerecht bewertet.
3. Vergleichen Sie die Leistungen des Mitarbeiters mit denen der Kollegen.
4. Die beste Leistung unter sonst mangelhaften muss deswegen, weil sie die beste ist, noch lange nicht sehr gut sein.
5. Achten Sie darauf, dass die Bewertungen nicht allzu sehr voneinander abweichen: Die Bewertungen sollen ein stimmiges Gesamtbild ergeben.

Falls Sie Fragen haben, wenden Sie sich an mich.

Herzliche Grüße

Infos aus der Stellenbeschreibung: Raster für Tätigkeit und Bewertung

Die Stellenbeschreibung bietet ein gutes Raster für die Tätigkeitsbeschreibung im Arbeitszeugnis. Sie ist in vielen Fällen Bestandteil des Arbeitsvertrags und sollte ebenfalls in der Personalakte abgelegt sein.

Gleichen Sie die Tätigkeitsbeschreibungen miteinander ab

Ein quantitatives Raster für den Vergleich

Es ist meistens nicht sinnvoll, die in der Stellenbeschreibung genannten Tätigkeiten direkt in ein Zeugnis zu übernehmen. Besser ist es, die genannten Tätigkeiten aus der Stellenbeschreibung zu vergleichen mit der Beschreibung des Fachvorgesetzten (und der des Mitarbeiters) im Sinne einer Gegenüberstellung von Plan und Ist. Es geht dabei um den quantitativen Abgleich, um zu sehen, welche Aufgaben und Tätigkeiten der Mitarbeiter ausgeführt hat.

In der Gegenüberstellung von Stellenbeschreibung und der Liste des Fachvorgesetzten (bzw. des Mitarbeiters) sehen Sie, wo die Lücken in der Beschreibung des Fachvorgesetzten sind (was er vielleicht aus den Augen verloren hat), und umgekehrt, wo die Stellenbeschreibung nicht ausführlich genug ist. Dann ist es notwendig, beim Fachvorgesetzten (und beim Mitarbeiter) nochmals nachzufragen, was es mit den Lücken auf sich hat.

Checkliste

Wie gut ist die Stellenbeschreibung?

Doch bevor Sie die Stellenbeschreibung als Raster verwenden, sollten Sie die Stellenbeschreibung zuerst prüfen:

Frage	Erläuterung	ok?
Ist Sie noch aktuell?	Das wird kaum der Fall sein, wenn die Stellenbeschreibung zum Arbeitsvertrag eines Mitarbeiters gehört, der seit vier Jahren der Firma angehört. Hier wird es besser sein, einen Blick in die Protokolle der Mitarbeitergespräche zu werfen.	☐
Wird die richtige Stelle beschrieben?	Wird auch wirklich die Position beschrieben, die der Mitarbeiter zuletzt eingenommen hat? Oder ist er inzwischen in der Hierarchie aufgestiegen oder ist von einer Fach- zu einer Management-Laufbahn gewechselt?	☐

Wie viel Substanz bietet die Stellenbe-schreibung?	Geringer qualifizierte Positionen sind in der Regel in einer Stellenbeschreibung auch weniger ausführlich dargestellt als qualifizierte und hoch qualifizierte. Daher stellt sich die Frage, ob sie bei geringer qualifizierten Positionen überhaupt für ein Zeugnis herangezogen werden sollte.	☐
Technische Entwicklung	Bedenken Sie, dass Stellenbeschreibungen in gewissem Sinne „tote Buchstaben" sind und die Arbeit, die der Stelleninhaber ausgeführt hat, sich den alltäglichen Gegebenheiten, aber auch der (technischen) Entwicklung deutlich schneller anpasst.	☐

Welche Anforderungen wurden an den Mitarbeiter gestellt

Die Stellenbeschreibung bietet nicht nur ein quantitatives Raster (in dem Sinne „Welche Tätigkeiten hatte der Mitarbeiter ausgeführt?") sondern sie bietet auch Möglichkeiten einer Orientierung, was die Qualität der Tätigkeiten angeht. So sollten Sie einer Stellenbeschreibung entnehmen können, ob ein Produktverantwortlicher für zehn oder für 100 Produkte verantwortlich zeichnet und ob es sich dabei um schlichte Stühle handelt oder um Schreibtischstühle mit Pneumatik und mehreren Funktionen.

Verantwortung und Komplexität

Ordnen Sie diese Anforderung ein

Sind die Anforderungen sehr hoch, hoch, durchschnittlich oder gering. So erhalten Sie auch in qualitativen Aspekten wie Verantwortung und Komplexität ein grobes Raster, das Sie in die Lage versetzt, die Tätigkeitsbeschreibungen des Fachvorgesetzten bzw. des Mitarbeiters einordnen zu können. Die Frage dazu lautet: Sind die Anforderungen laut Darstellung nicht erreicht, erfüllt, oder übertroffen worden? Die jeweiligen Antwort übernehmen Sie entsprechend in das Zeugnis. Achten Sie darauf, dass aus der Beschreibung einer z. B. verantwortungsvollen Tätigkeit hervorgeht, dass sie verantwortungsvoll ausgeführt werden musste.

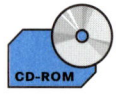

Stellenbeschreibungen: zwei Beispiele und ein Blanko-formular auf CD-ROM

Stellenbeschreibung für eine/n Elektriker/in

Stellenbezeichnung:	Elektriker
Stellennummer:	Elektro-AN-3
Beschäftigungsumfang:	100%
Der Stelleninhaber ist unterstellt:	Meister Elektrowerkstatt
Der Stelleninhaber wird vertreten von:	Meister Elektrowerkstatt, Elektriker 1
Der Stelleninhaber vertritt:	Elektriker 1
Aufgaben	• Instandsetzen von Betriebsmitteln • Instandhalten von Betriebsmitteln • Einrichtung von Betriebsmitteln • Wartung von benutzten Maschinen und Werkzeugen • Instandsetzung und -haltung von Anlagen • Mitarbeit bei der Überwachung von Fremdleistern • Mitarbeit beim Einkauf von Material und Werkzeugen • Mitarbeit bei der Lagerhaltung
Ziele	Instandsetzung und -haltung von Anlagen und Betriebsmitteln.
Kompetenzen und Verantwortungs-bereich:	• Ordnungsgemäßer Umgang mit allen • Betriebsmitteln und Einrichtungen • Einhaltung der Sicherheitsvorschriften und Arbeitsanweisungen
Informationspflichten:	Meister Elektrowerkstatt und Technischer Leiter in allen Belangen
Informationsbedarf:	Über sämtliche Vorgänge, die die Elektrik und Werkstatt betreffen.
Unterschriftsvollmacht:	Im eigenen Bereich gemäß Unterschrifts-regelung.
(Ausstellungsdatum)	(Unterschrift)

Für den (quantitativen) Abgleich der Tätigkeiten erhalten Sie hier Stichworte, die aber im Zeugnis noch konkreter benannt werden sollten (vgl. S. 66).

Einen qualitativen Rasterpunkt finden Sie in dem Begriff „Mitarbeit" – fragen Sie nach, ob das so war oder der Mitarbeiter doch hauptverantwortlich z.B. Fremdleister überwacht hat.

Stellenbeschreibung für eine/n Personalreferenten/in

Stellenbezeichnung:	Personalreferent/in
Stellennummer:	
Beschäftigungsumfang:	100%
Der Stelleninhaber ist unterstellt:	Abteilungsleiter Recht und Personal
Dem Stelleninhaber sind unterstellt:	Sachbearbeiter I Personal 100% Sachbearbeiter II Personal 60%
Der Stelleninhaber wird vertreten:	Führungsaufgaben Abteilungsleiter Recht und Personal
	Administrative Aufgaben: Sachbearbeiter I
Der Stelleninhaber vertritt:	Sachbearbeiter I und II – Mitwirkung
	Abteilungsleiter Personal und Recht in Teilbereichen
Aufgaben der Stelle:	Erstellen von personalpolitischen Grundlagenpapieren
	Mitwirkung bei der Personalplanung
	Personalbeschaffung im gewerblichen Bereich
	Beratung und Unterstützung der Vorgesetzten und Mitarbeiter in Personalsachfragen
	Überwachung und Kontrolle der Lohn- und Gehaltsabrechnungen
	Personalkostencontrolling/Budgetüberwachung
	Organisation von Personalanlässen, Einführungsveranstaltungen
	Mitwirkung bei der Weiterbildung
	Unterstützung von Projekten im Bereich Organisation/Weiterbildung
	Zusammenarbeit mit der Abteilungsleitung R+P, Sachbearbeiter I u. II, Weiterbildungsstelle, Abteilungs- und Direktionssekretariat
Ziele der Stelle:	Zielsetzung ist leistungsfähige und motivierte Mitarbeiter zu gewinnen und zu halten.

	Den Kundenservice ständig zu verbessern und dadurch das Außenbild positiv zu stärken.
Teilnahme/Mitwirkung in Arbeitsgruppen, an Sitzungen, Gremien etc.:	Teilnahme an Gruppenleitersitzungen Teilnahme an Abteilungssitzungen Personal und Recht
	Mitarbeit in der Erfa-Gruppe
	Mitwirkung in weiteren Gruppen nach Bedarf
	Jour-Fix mit Abteilungsleitung zweimal wöchentlich
Der Stelleninhaber hat folgende Kompetenzen, Verantwortungsbereich:	Festsetzung der Löhne/Gehälter im gewerblichen Bereich
	Einstellungsbefugnis im gewerblichen Bereich
	Rechtsverbindliche Auskunft
Informationspflichten:	Monatliche Auswertung Personalkosten, Stellenplan an GL, Jahresplanung und -bericht an GL, Neue Ideen/Konzepte an Abteilungsleitung, Statistiken an Externe, Zusammenarbeit mit BR, Alle wichtigen Informationen an Abteilungsleitung
Informationsbedarf:	Personalhandbuch, Weiterbildungskonzept, Weiterbildungsprogramm, Arbeitsanweisungen, GL-Protokolle, Pressespiegel, Personalrelevante Informationen aus den Abteilungen.
Unterschriftsvollmacht:	Im eigenen Bereich gemäß Unterschriftsregelung.
Ausstellungsdatum	Unterschrift

Infos aus Protokollen der Mitarbeitergespräche

Der Nutzen der Protokolle für Sie liegt darin, dass Sie die Bewertung des Vorgesetzten für das Zeugnis anhand der Protokolle abgleichen können.

Doch zunächst noch zwei Satze zu der Art der Bewertung in den Mitarbeitergesprächen. Hier sind es vor allem die Jahresmitarbeitergespräche, die Ihnen bei der Zeugniserstellung helfen können. Denn die Bewertung der geleisteten Arbeit ist ein wichtiger Punkt dieses Gesprächs. Dabei ist es meist nicht so, dass der Fachvorgesetzte alleine den Mitarbeiter beurteilt, sondern dass die Beurteilung im gemeinsamen Gespräch getroffen wird. Entsprechend ist es auch nicht üblich, mit Notenstufen zu beurteilen, sondern in der Abstufung „ist erreicht" oder „ist nicht erreicht". Manchmal sind es dagegen – wie bei Meinungsumfragen – Tendenzen, die abgefragt werden: In Schritten von 1 bis 10 wird gefragt, ob etwas zutrifft, oder nicht. Solche Tendenzen lassen sich nicht so einfach in Noten ummünzen.

Checkliste

Gleichen Sie die Bewertungen ab!

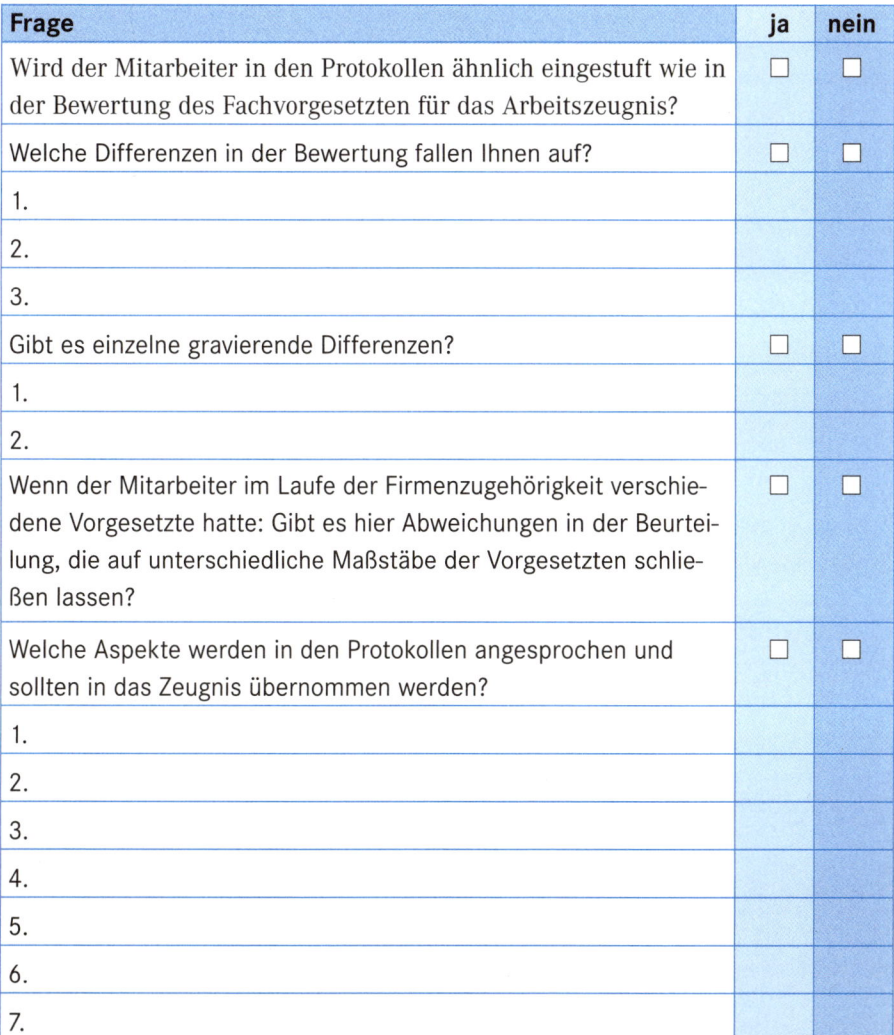

Frage	ja	nein
Wird der Mitarbeiter in den Protokollen ähnlich eingestuft wie in der Bewertung des Fachvorgesetzten für das Arbeitszeugnis?	☐	☐
Welche Differenzen in der Bewertung fallen Ihnen auf?	☐	☐
1.		
2.		
3.		
Gibt es einzelne gravierende Differenzen?	☐	☐
1.		
2.		
Wenn der Mitarbeiter im Laufe der Firmenzugehörigkeit verschiedene Vorgesetzte hatte: Gibt es hier Abweichungen in der Beurteilung, die auf unterschiedliche Maßstäbe der Vorgesetzten schließen lassen?	☐	☐
Welche Aspekte werden in den Protokollen angesprochen und sollten in das Zeugnis übernommen werden?	☐	☐
1.		
2.		
3.		
4.		
5.		
6.		
7.		

Infos vom Mitarbeiter: Lassen Sie ihm die Wahl!

Checkliste oder Entwurf? Das könnte die Wahl sein, vor die Sie Ihren Mitarbeiter stellen. Insbesondere, wenn es um ein Zwischenzeugnis geht, sollten Sie die Arbeit an ihn delegieren (→ Seite 51). Sie können Ihrem Mitarbeiter die folgende Checkliste zur Zeugniserstellung vorlegen. Sie können ihn aber auch zu einem Abschlussgespräch einladen (→ Seite 31). Und das sollten Sie auf jeden Fall tun, denn so können Sie außerdem Informationen erhalten, die über die Zeugniserstellung hinausgehen und Ihnen und der Firma nutzen können. Dazu schauen Sie in den nächsten Teil 3 „Holen Sie sich weitere Informationen im Abschlussgespräch". Aber das Gespräch schließt den Einsatz der Checkliste nicht aus (Begleitschreiben → S. 29). Ganz im Gegenteil!

> **GEHEN SIE IN DREI SCHRITTEN VOR:**
>
> ► Geben Sie Ihrem Mitarbeiter die Checkliste und lassen Sie ihn diese ausfüllen. Weisen Sie ihn auf das Begleitschreiben hin (→ S. 29).
>
> ► Erstellen Sie dann anhand der Checkliste und der weiteren Quellen das Zeugnis (→ Workflow Nr. 7 folgende) und überreichen Sie es ihm zur Durchsicht.
>
> ► Laden Sie ihn dann zu einem Gespräch ein (falls das nicht schon der Fachvorgesetzte getan hat), in dem der Mitarbeiter seine Änderungswünsche vorträgt und Sie gemeinsam zu einer Endfassung kommen, die von beiden Seiten vertreten werden kann.

Bewertungsbogen 2
Selbstauskunft und -bewertung des Mitarbeiters

Bewertungsbogen 1
für den Fachvorgesetzten
→ S. 15

1. Basisinformationen	
Vorname, Name	
Geburtsdatum	
Geburtsort	
Berufsausbildung/Studienabschluss	
Eintrittsdatum	
Austrittsdatum	
Position(en), Berufsbezeichnung(en)	

Mitarbeiter berichtet(e) an (Position)	
Mitarbeiter hat/hatte direkten Kunden-kontakt	
Kurzbeschreibung Unternehmen (inkl. Branche)	
Mitarbeiter benötigt ein Endzeugnis	
• Bei Endzeugnis: Grund für Aus-scheiden	
Mitarbeiter benötigt ein Zwischenzeugnis	
• Bei Zwischenzeugnis: Grund für Erstellung	

2. Informationen, die in Ihrem Zeugnis stehen müssen

Tätigkeitsbeschreibung (ausführlich!)

1.

2.

3.

4.

5.

6.

...

Fachwissen und Fachkönnen (bitte die entsprechende Note ankreuzen)

sehr gut	gut	befriedigend	ausreichend	mangelhaft	ungenügend

• Berufserfahrung

sehr gut	gut	befriedigend	ausreichend	mangelhaft	ungenügend

Weiterbildung (bitte die entsprechende Note ankreuzen)

sehr gut	gut	befriedigend	ausreichend	mangelhaft	ungenügend

Auffassungsgabe (bitte die entsprechende Note ankreuzen)

sehr gut	gut	befriedigend	ausreichend	mangelhaft	ungenügend

Denk- und Urteilsvermögen (bitte die entsprechende Note ankreuzen)

sehr gut	gut	befriedigend	ausreichend	mangelhaft	ungenügend

Leistungsbereitschaft (bitte die entsprechende Note ankreuzen)

sehr gut	gut	befriedigend	ausreichend	mangelhaft	ungenügend

Belastbarkeit (bitte die entsprechende Note ankreuzen)

sehr gut	gut	befriedigend	ausreichend	mangelhaft	ungenügend

Arbeitsweise (bitte die entsprechende Note ankreuzen)

sehr gut	gut	befriedigend	ausreichend	mangelhaft	ungenügend

• Eigeninitiative

sehr gut	gut	befriedigend	ausreichend	mangelhaft	ungenügend

• Selbstständigkeit

sehr gut	gut	befriedigend	ausreichend	mangelhaft	ungenügend

• Arbeitstempo

sehr gut	gut	befriedigend	ausreichend	mangelhaft	ungenügend

• Flexibilität

sehr gut	gut	befriedigend	ausreichend	mangelhaft	ungenügend

Zuverlässigkeit (bitte die entsprechende Note ankreuzen)

sehr gut	gut	befriedigend	ausreichend	mangelhaft	ungenügend

Arbeitsergebnis (bitte die entsprechende Note ankreuzen)

sehr gut	gut	befriedigend	ausreichend	mangelhaft	ungenügend

Führungsfähigkeit allgemein (nur bei Führungskräften)

sehr gut	gut	befriedigend	ausreichend	mangelhaft	ungenügend

• Führungsstil

autoritär	patriarcha-lisch	straff	kooperativ	kollegial	liberal

• Administrative Qualitäten

sehr gut	gut	befriedigend	ausreichend	mangelhaft	ungenügend

• Motivationsverhalten

sehr gut	gut	befriedigend	ausreichend	mangelhaft	ungenügend

• Personalentwicklungsbereitschaft

sehr gut	gut	befriedigend	ausreichend	mangelhaft	ungenügend

• Personalverantwortung

Mitarbeiterzahl nur projektbezogen?

Zusammenfassende Leistungsbeurteilung (bitte die entsprechende Note ankreuzen)

sehr gut	gut	befriedigend	ausreichend	mangelhaft	ungenügend

Persönliche Führung/Sozialkompetenz (bitte die entsprechende Note ankreuzen)

sehr gut	gut	befriedigend	ausreichend	mangelhaft	ungenügend

• Überzeugungskraft

sehr gut	gut	befriedigend	ausreichend	mangelhaft	ungenügend

• Durchsetzungsvermögen

sehr gut	gut	befriedigend	ausreichend	mangelhaft	ungenügend

• Kooperationsbereitschaft

sehr gut	gut	befriedigend	ausreichend	mangelhaft	ungenügend

• Teamorientierung

sehr gut	gut	befriedigend	ausreichend	mangelhaft	ungenügend

• Kontaktstärke

sehr gut	gut	befriedigend	ausreichend	mangelhaft	ungenügend

• Umgangsformen

sehr gut	gut	befriedigend	ausreichend	mangelhaft	ungenügend

Beendigungsgrund (bitte ankreuzen)

hat selbst gekündigt	Aufhebungsvertrag	wurde gekündigt

Schlussformulierung (bitte die entsprechende Note ankreuzen)

sehr gut	gut	befriedigend	ausreichend	mangelhaft	ungenügend

3. Zusätzliche Bewertungsaspekte

Selbstmanagement

	sehr hoch	hoch	mittel	niedrig	sehr niedrig
• Eigenmotivation					

• Aufge- schlossen- heit					
• Verantwor- tungsbe- wusstsein					

Methodenkompetenz

• Projektmanagementtechniken:

sehr gut	gut	befriedigend	ausreichend	mangelhaft	ungenügend

• Organisations- und Planungskompetenz:

sehr gut	gut	befriedigend	ausreichend	mangelhaft	ungenügend

• IT-Fähigkeiten:

sehr gut	gut	befriedigend	ausreichend	mangelhaft	ungenügend

• Besondere Arbeitstechniken und -methoden:

	Note	
	Note	
	Note	

Kommunikationsfähigkeit

• Gesprächsführung/Kommunikationsverhalten:

sehr gut	gut	befriedigend	ausreichend	mangelhaft	ungenügend

• 1. Fremdsprache

sehr gut	gut	befriedigend	ausreichend	mangelhaft	ungenügend

• 2. Fremdsprache

sehr gut	gut	befriedigend	ausreichend	mangelhaft	ungenügend

• 3. Fremdsprache

sehr gut	gut	befriedigend	ausreichend	mangelhaft	ungenügend

• Interkulturelle Verständigung:

sehr gut	gut	befriedigend	ausreichend	mangelhaft	ungenügend

Weitere Kompetenzen

• Kostenbewusstes Denken

sehr gut	gut	befriedigend	ausreichend	mangelhaft	ungenügend

• Verhandlungsgeschick

sehr gut	gut	befriedigend	ausreichend	mangelhaft	ungenügend

• Kundenorientierung:

sehr gut	gut	befriedigend	ausreichend	mangelhaft	ungenügend

• Urteilsfähigkeit

sehr gut	gut	befriedigend	ausreichend	mangelhaft	ungenügend

• Entscheidungsfähigkeit

sehr gut	gut	befriedigend	ausreichend	mangelhaft	ungenügend

• Zielorientierung

sehr gut	gut	befriedigend	ausreichend	mangelhaft	ungenügend

• Analysevermögen/analytisches Denkvermögen

sehr gut	gut	befriedigend	ausreichend	mangelhaft	ungenügend

• Problemlösungsfähigkeit

sehr gut	gut	befriedigend	ausreichend	mangelhaft	ungenügend

• Kreativität

sehr gut	gut	befriedigend	ausreichend	mangelhaft	ungenügend

Begleitschreiben zum Bewertungsbogen für den Mitarbeiter

Sehr geehrte/r Frau/Herr ...

Für Ihr Arbeitszeugnis überreiche ich Ihnen diesen Bewertungsbogen mit der Bitte, ihn auszufüllen und so tatkräftig an Ihrem Arbeitszeugnis mitzuwirken. Denn auch wenn die Formulierung und Gestaltung des Zeugnisses letztlich dem Arbeitgeber obliegen, so können Sie doch Einfluss auf die Gestaltung Ihres Zeugnisses nehmen.

Zunächst einige Infos zum Bewertungsbogen:
Der Bogen ist in drei Teile gegliedert von denen Sie bitte auf jeden Fall die ersten beiden Teile ausfüllen. Dabei reicht es, wenn Sie im zweiten Teil die fett gedruckten Rubriken ausfüllen. Die Untergliederung bietet Ihnen, wie der gesamte dritte Teil, die Möglichkeit noch weitere Aspekte über das rechtlich Notwendige hinaus in Ihr Zeugnis einzubringen.

Zum Vorgehen:

Wenn Sie den Bogen ausgefüllt haben, geben Sie ihn bitte bis ……. bei mir ab. Ihre Bewertungen gleiche ich dann mit denen des Fachvorgesetzten ab und erstelle ein Zeugnis. Dieses erhalten Sie zur Durchsicht und haben dann die Möglichkeit, Änderungsvorschläge zu machen. Diese können Sie entweder schriftlich vorlegen oder wir treffen uns zu einem Gespräch.

Beachten Sie:

Wenn Sie an dem Zeugnis mitarbeiten, können Sie Ihre beruflichen Chancen steigern. So beschreibt das Zeugnis nicht nur, was war, sondern erhält eine Zielrichtung, nämlich Sie in Ihrer beruflichen Entwicklung zu unterstützen. Heben Sie entsprechend in der Tätigkeitsbeschreibung die Dinge hervor, die wichtig sind für die Stelle, die Sie als nächste ergreifen wollen. Entsprechend können Sie auch die Kompetenzen aus dem dritten Teil des Bewertungsbogens nutzen. Aber beachten Sie, dass ein Zeugnis nicht an Glaubwürdigkeit gewinnt durch hervorragende Noten in allen Bereichen.

Herzliche Grüße

Nicht vergessen: Gibt es ein Zwischenzeugnis?

Wenn in der Personalakte ein Zwischenzeugnis vorliegt, so können Sie sich im Endzeugnis auch darauf berufen (→ S. 71 „Sind Zwischenzeugnisse bindend …"). Es erübrigt sich dadurch z. B. in der Tätigkeitsbeschreibung, die gesamte Entwicklung eines Mitarbeiters über Jahre nachzuvollziehen. Als Erleichterung bietet sich an, nur den Zeitraum und die Position zu bezeichnen und dann auf das Zwischenzeugnis zu verweisen (sehen Sie sich dazu auch das Musterzeugnis Nr. 7 *Bankkauffrau* → S. 116 und Nr. 33 *Gruppenleiter Wertpapierberatung* → S. 150 an).

ABER BEACHTEN SIE:

Ein Zwischenzeugnis hat eine bindende Wirkung, was die Bewertung angeht. Genaue Informationen erhalten Sie → S. 71.

Teil 3
Holen Sie sich weitere Informationen im Abschlussgespräch

In diesem Kapitel geht es um zwei Dinge:

► Einerseits Informationen für die Zeugniserstellung zu erhalten oder Änderungswünsche am Zeugnisentwurf zu besprechen

► andererseits ein Feedback vom Mitarbeiter zu erhalten.

Zum ersten Punkt erhalten Sie hier Informationen über berechtigte und unberechtigte Änderungswünsche, psychologisches zur Rollenverteilung und Tipps zur Gesprächsführung.

Zum zweiten Punkt geben wir Ihnen eine Checkliste an die Hand, mit der Sie das Abschlussgespräch protokollieren können.

Änderungswünsche des Zeugnisempfängers – berechtigt?

Berechtigte Änderungswünsche liegen insbesondere dann vor, wenn im Arbeitszeugnis

Berechtigte
Änderungswünsche

► Daten falsch angegeben werden

► Tätigkeiten falsch oder gar nicht wiedergegeben werden

► negative (nicht wohlwollende) und daher karriereschädigende Formulierungen vorliegen

► wichtige Elemente fehlen

Diese und andere berechtigte Änderungswünsche wollen wir im Folgenden nicht als typischen Gegenstand für Diskussionen betrachten, denn der Zeugnisaussteller ist hier qua Gesetz zu Änderungen verpflichtet (→ S. 92).

Es sind aber vor allem unberechtigte Änderungswünsche, die in einem Abschlussgespräche Diskussionsstoff liefern, wie z. B. missverständliche Formulierungen oder Punkte, die nicht im Zeugnis genannt werden müssen:

Unberechtigte
Änderungswünsche

BEISPIELE

► besondere Erfolge
► spezielle Aspekte der Tätigkeit
► zusätzliches Engagement wie z. B. Weiterbildungsveranstaltungen
► unklare Beurteilungsformulierungen
► fehlende Elemente wie z. B. das Bedauern über den Weggang

In diesem Abschnitt setzen wir insbesondere solche Fälle als Gründe für Änderungswünsche voraus.

Psychologisches zur Rollenverteilung

BITTE BEACHTEN:

Von großer Bedeutung für das Gespräch ist die psychologische Situation, in der Sie und der Mitarbeiter sind. Als Zeugnisaussteller befinden Sie sich gegenüber dem Zeugnisempfänger naturgemäß in einem Zustand des Machtgefälles. Sie, als Aussteller des Zeugnisses, sind der direkte oder indirekte Vorgesetzte und sprechen eine Beurteilung über den Mitarbeiter aus. Der Empfänger befindet sich in der schwächeren Position und muss das „Urteil" des Vorgesetzten zumindest zunächst akzeptieren.

Machtgefälle: Der Empfänger ist in der schwächeren Position

Zwar besitzt er Möglichkeiten, das Zeugnis anzufechten (→ S. 91), doch die werden immer erst zu einem späteren Zeitpunkt wirksam. Und Sie sollten vermeiden, es dazu kommen zu lassen: Gehen Sie daher mit dem Vorteil, in der Position des Stärkeren zu sein, verantwortungsbewusst um.

Wie wurde das Beschäftigungsverhältnis beendet?

Von zentraler Bedeutung für den Verlauf des Gesprächs ist sicherlich die Art, wie das Beschäftigungsverhältnis beendet wurde: Geht der Mitarbeiter aus freien Stücken, oder wurde ihm gekündigt? Darüber hinaus sind weitere Konstellationen denkbar, die jeweils unterschiedliche Auswirkungen auf das Gespräch haben. Diese Umstände können nun verschieden miteinander kombiniert sein und lassen sich andererseits wieder auf 5 häufige Situationen zurückführen:

5 typische Situationen

▶ Der Zeugnisempfänger verlässt das Unternehmen gegen seinen Willen, der Aussteller bleibt.

▶ Der Zeugnisempfänger verlässt das Unternehmen auf eigenen Wunsch.

▶ Der Aussteller verlässt das Unternehmen, der Empfänger bleibt.

▶ Beide verlassen das Unternehmen.

▶ Beide bleiben, der Empfänger wechselt auf eine andere Position.

Diese Situationen beschreiben wir Ihnen ab → S. 34 genauer – mit Hinweisen, was für Ziele der Zeugnisempfänger haben könnte und Tipps, wie Sie vorgehen sollten. Doch zunächst noch einige Grundregeln für das Gespräch.

Gesprächsführung: was stört – was fördert?

Ein Gespräch bietet immer viele Chancen, aber es birgt auch Gefahren. Ein versierter Gesprächsführer wird es immer schaffen, seine Ziele zu erreichen, idealerweise ohne sein Gegenüber zu verprellen. Wer in der Kommunikation nicht so geschickt ist, wird seine Ziele vermutlich nicht oder nicht vollständig erreichen und womöglich die Beziehung nachhaltig schädigen.

Deshalb ist es für beide Seiten, insbesondere jedoch für denjenigen, der das Gespräch im Wesentlichen steuert, enorm wichtig, die Grundgesetze der erfolgreichen Gesprächsführung zu beachten. In aller Regel ist derjenige mit der größeren Macht – in diesem Fall der Zeugnisaussteller – zu Beginn auch der aktive Lenker des Gesprächs. Er agiert, während der Zeugnisempfänger reagiert. Das kann sich später ändern, beispielsweise wenn der Empfänger mit den Vorschlägen des Ausstellers nicht einverstanden ist.

Der erfolgreiche Ausgang eines Gesprächs lässt sich mit einfachen Maßnahmen positiv oder negativ beeinflussen. Sie können in „Gesprächsstörer" und „Gesprächsförderer" eingeteilt werden.

Gesprächsstörer und Gesprächsförderer

Gesprächsstörer

	Beispiel
► Befehlen	„Akzeptieren Sie das Zeugnis, ein besseres werden Sie nicht bekommen!"
► Warnen und drohen	„Sie wissen genau, dass ich keine Probleme damit habe, unseren Hausjuristen an die Sache heranzulassen. Dann werden Sie ja sehen, wie Ihr Zeugnis ausfällt."
► Ironisieren	„Also, wenn Ihre Leistungen so toll sind, wie Sie in Ihrem Zeugnisvorschlag angeben, dann frage ich mich, warum Sie nicht längst in der Geschäftsführung sitzen."
► Herunterspielen	„Nun akzeptieren Sie das Zeugnis schon, so wichtig ist es für Ihre weitere Karriere auch wieder nicht."

Gesprächsförderer

	Beispiel
► Zusammenfassen	„Wir haben also folgende Situation: Sie möchten ..., ich habe ... Dann sollten wir jetzt zu einer Lösung kommen."
► In eigenen Worten wiederholen	„Ihr letzter Punkt stellt sich für mich, anders ausgedrückt, folgendermaßen dar ..."
► Wünsche herausarbeiten	„Mir scheint, Sie wünschen sich an dieser Stelle eine andere Formulierung."
► Synthesen (Win-Win-Situationen) bilden	„Ich mache Ihnen einen Vorschlag: Wir sollten unsere beiden Standpunkte folgendermaßen verbinden ..."

Natürlich lösen diese Gesprächsförderer allein noch keine Konfliktsituation – doch sie sind für den Erfolg eines Gesprächs eine unabdingbare Ausgangsbasis.

Bereiten Sie sich vor: fünf typische Gesprächssituationen

1. Der Empfänger verlässt das Unternehmen gegen seinen Willen

Diese Situation kommt insbesondere in konjunkturell schwierigen Zeiten häufig vor. Der Empfänger verlässt das Unternehmen gegen seinen Willen, wobei eine Kündigung aus betriebsbedingten Gründen hier der typischste Fall sein dürfte.

> **DER EMPFÄNGER MÖCHTE**
>
> ► ein möglichst gutes Zeugnis
> ► eine rasche Abwicklung des Verfahrens.

Dem Zeugnis kommt eine große Bedeutung zu

Das Arbeitszeugnis stellt für den Empfänger sehr wahrscheinlich ein wichtiges, möglicherweise das wichtigste Dokument dar, um eine neue Stelle zu bekommen. Folglich wird er alles daran setzen, ein gutes Zeugnis zu bekommen, da er seine weitere berufliche Existenz davon abhängig sieht. Diese Situation wird in vielen Fällen dazu führen, dass er sich massiv für positive Formulierungen im Zeugnis einsetzt. Häufig dürfte seine psychische Verfassung nicht sehr stabil sein, sodass er sich womöglich rasch aufregt und unsachlich wird.

Der Aussteller ist in der klar besseren Verhandlungsposition; andererseits sollte er verantwortungsbewusst handeln, weil er die Zukunft des Empfängers durch den Wortlaut des Zeugnisses unmittelbar mitbestimmt.

Wie könnte der Empfänger bei Differenzen reagieren?

► Er bittet in einer freundlichen Gesprächsatmosphäre um Änderungen im Zeugnis.
► Er versucht, wenigstens teilweise verbesserte Formulierungen durchzusetzen.
► Er droht mit der Einschaltung eines Rechtsanwaltes.

> **TIPPS FÜR DEN AUSSTELLER**
>
> ► Versuchen Sie, zu einem einvernehmlichen Abschluss zu kommen.
> ► Bleiben Sie ruhig, wenn der Zeugnisempfänger seine Forderungen massiv und eventuell unangemessen deutlich vertritt.
> ► Denken Sie immer an die unmittelbare Bedeutung des Zeugnisses für den Empfänger in seiner aktuellen beruflichen Situation.
> ► Zeigen Sie die Bereitschaft, ihm entgegenzukommen.

> ► Beharren Sie nicht auf jeder Formulierung, sondern bieten Sie Alternativen an.
> ► Spielen Sie bei einem Handel mit Formulierungen nur dann mit, wenn Sie auf diesem Gebiet Experte sind und Ihre Wahrheitspflicht nicht verletzt wird.
> ► Lassen Sie sich nicht von der Drohung des Empfängers, einen Rechtsanwalt einzuschalten, einschüchtern.

2. Der Empfänger verlässt das Unternehmen auf eigenen Wunsch

Diese Situation kommt im beruflichen Alltag sehr häufig vor: Der Zeugnisempfänger verlässt das Unternehmen, weil er eine andere Stelle in Aussicht hat.

Der Empfänger braucht das Zeugnis eher pro forma

ER MÖCHTE

> ► ein möglichst gutes Zeugnis
> ► eine schnelle Abwicklung des Verfahrens.

In aller Regel wird er das Zeugnis für die neue Position nur pro forma benötigen, weil er sie ja bereits sicher hat. Daher betrachtet er das Zeugnis als Investition in die Zukunft und hält es möglicherweise nicht für so wichtig. Gleichwohl dürfte er eine zügige Abwicklung des Verfahrens wollen.

Wie könnte der Empfänger bei Differenzen reagieren?

► Er fügt sich in sein Schicksal.

► Er bittet in einer freundlichen Gesprächsatmosphäre um Änderungen im Zeugnis.

► Er versucht, wenigstens teilweise verbesserte Formulierungen durchzusetzen.

► Er droht mit der Einschaltung eines Rechtsanwaltes.

TIPPS FÜR DEN AUSSTELLER

> ► Versuchen Sie, zu einem einvernehmlichen Abschluss zu kommen.
> ► Zeigen Sie die Bereitschaft, dem Empfänger entgegenzukommen.
> ► Beharren Sie nicht auf jeder Formulierung, sondern bieten Sie Alternativen an.
> ► Spielen Sie bei einem Handel mit Formulierungen nur dann mit, wenn Sie auf diesem Gebiet Experte sind und Ihre Wahrheitspflicht nicht verletzt wird.
> ► Lassen Sie sich nicht von der Drohung des Empfängers, einen Rechtsanwalt einzuschalten, einschüchtern.

3. Der Aussteller verlässt das Unternehmen

In dieser Situation ist es wichtig, dass der Zeugnisempfänger den Wunsch, ein Zwischenzeugnis zu bekommen, besonders deutlich äußert. Hier kann unklar sein, ob das Ausscheiden des Ausstellers im rechtlichen Sinn ein berechtigtes Interesse für den Mitarbeiter schafft, auf Grund dessen ein rechtlicher Anspruch auf ein Zwischenzeugnis besteht.

DER EMPFÄNGER MÖCHTE

▶ ein möglichst gutes (Zwischen-)Zeugnis für den Beurteilungszeitraum, den der scheidende Vorgesetzte (der Zeugnisaussteller) überblickt

▶ eine rasche Abwicklung des Verfahrens.

Leistungen sollen dokumentiert werden

In diesem Fall wird der Wunsch nach einem Arbeitszeugnis von einem hohen Sicherheitsbedürfnis seitens des Empfängers getragen. Eigentlich benötigt er kein Zeugnis, doch durch den Weggang des Vorgesetzten sieht er die Dokumentierung seiner (erfolgreichen) Arbeit gefährdet. Zu Recht, denn fehlt diese schriftliche Bestätigung, wird die Erstellung eines aussagekräftigen Endzeugnisses später einmal deutlich erschwert, weil der zuständige Vorgesetzte, der eine Beurteilung aussprechen könnte, nicht mehr im Unternehmen ist.

Der Empfänger befindet sich also in einer schwierigen Situation. Er ist auf den guten Willen und die Bereitschaft des Vorgesetzten angewiesen, das Zeugnis auszustellen. Häufig wird er anbieten, zwecks Arbeitserleichterung selbst ein Zeugnis zu formulieren, das der scheidende Vorgesetzte dann unterschreibt. Sträubt sich dieser, wird es für den Empfänger schwierig, die Ausstellung des Zeugnisses zu verlangen.

Wie könnte der Empfänger bei Differenzen reagieren?

Hat der Vorgesetzte ein Zeugnis ausgestellt, kann es natürlich auch in diesem Fall zu Meinungsverschiedenheiten bezüglich der Formulierungen kommen. Gleichwohl ist nicht zu erwarten, dass die Reaktion des Zeugnisempfängers allzu heftig ausfällt.

▶ Er bittet in einer freundlichen Gesprächsatmosphäre um Änderungen im Zeugnis.

▶ Er versucht, wenigstens teilweise verbesserte Formulierungen durchzusetzen.

▶ Versuchen Sie, zu einem einvernehmlichen Abschluss zu kommen.

▶ Zeigen Sie die Bereitschaft, dem Mitarbeiter entgegenzukommen.

▶ Beharren Sie nicht auf jeder Formulierung, sondern bieten Sie Alternativen an.

▶ Lassen Sie sich auf einen Handel mit Formulierungen nur ein, wenn Sie auf diesem Gebiet Experte sind und Ihre Wahrheitspflicht nicht verletzt wird.

▶ Sollte der Zeugnisempfänger (unberechtigte) Änderungswünsche unerwartet massiv vertreten, dann weisen Sie darauf hin, dass Sie bereits allein durch die Ausstellung des Zeugnisses Entgegenkommen gezeigt haben.

4. Der Empfänger wechselt die Position, bleibt aber im Unternehmen

Diese Konstellation führt zu einer typischen Zwischenzeugnis-Situation: Ein Mitarbeiter wechselt innerhalb des Unternehmens und bittet um ein Zwischenzeugnis, damit seine Arbeitsleitung für den zurückliegenden Zeitraum dokumentiert wird.

ER MÖCHTE

▶ ein möglichst gutes Zwischenzeugnis für den Beurteilungszeitraum, der die letzte Position abdeckt

▶ eine einvernehmliche Abwicklung des Verfahrens.

Der Zeugnisempfänger wünscht sich ein Zwischenzeugnis, weil er mit der Übernahme der neuen Position einen neuen Vorgesetzten erhält und dieser Schritt eine Zäsur in seiner Karriere darstellt. Das Besondere an der Situation ist, dass sowohl Empfänger als auch Aussteller im Unternehmen verbleiben. Eine solche Konstellation führt fast zwangsläufig zu nachhaltigen Missklängen, wenn es bezüglich des Zeugnisses zu ernsthaften Differenzen kommt. Da keine der beiden Personen das Unternehmen verlässt, werden sich ihre Wege vermutlich immer wieder kreuzen.

Differenzen können für die Zukunft problematisch werden

Der Zeugnisempfänger muss damit rechnen, dass der Aussteller in Zukunft möglicherweise versuchen wird, seine Karriere negativ zu beeinflussen, wenn er ihn wegen des Zeugnisses zu stark bedrängt. Der Aussteller wiederum muss davon ausgehen, dass sein ehemaliger Untergebener ihn möglicherweise einmal in der Hierarchie überholen und dann für ein schlechtes Zeugnis „Rache" nehmen wird.

Wie könnte der Empfänger bei Differenzen reagieren?

Aller Erwartung nach wird ein kritisches Gespräch in einer eher von Diplomatie und Einvernehmlichkeit geprägten Stimmung verlaufen:

► Der Zeugnisempfänger bittet in einer freundlichen Gesprächsatmosphäre um Änderungen im Zeugnis.

► Er versucht, wenigstens teilweise verbesserte Formulierungen durchzusetzen.

► Er fügt sich zunächst in sein Schicksal.

TIPPS FÜR DEN AUSSTELLER

► Versuchen Sie, zu einem einvernehmlichen Abschluss zu kommen.

► Zeigen Sie die Bereitschaft, dem Mitarbeiter entgegenzukommen.

► Beharren Sie nicht auf jeder Formulierung, sondern bieten Sie Alternativen an.

► Lassen Sie sich auf einen Handel mit Formulierungen nur ein, wenn Sie auf diesem Gebiet Experte sind und Ihre Wahrheitspflicht nicht verletzt wird.

► Triumphieren Sie nicht in Gegenwart des Empfängers, wenn er das vermeintlich schlechte Zeugnis akzeptiert. Er bleibt im Unternehmen, und Sie werden ihm womöglich unter anderen hierarchischen Umständen wieder begegnen.

---

5. Der Empfänger wechselt weder Unternehmen noch Stelle

Die Arbeitsleistung soll dokumentiert werden

Eine typische Zwischenzeugnis-Situation: Der Mitarbeiter bittet nach längerer Unternehmenszugehörigkeit um ein Zwischenzeugnis, damit seine Arbeitsleistung für den zurückliegenden Zeitraum dokumentiert wird.

ER MÖCHTE

► ein möglichst gutes Zwischenzeugnis für den Beurteilungszeitraum, der die aktuelle Position abdeckt

► eine einvernehmliche Abwicklung des Verfahrens.

Das Delikate an dieser Konstellation ist möglicherweise der Verdacht des Vorgesetzten, der Zeugnisempfänger wolle sich beruflich verändern und benötige deshalb ein Zeugnis.

Der Empfänger befindet sich in einer schwierigen Situation. Er muss gegen den Verdacht angehen, das Unternehmen insgeheim verlassen zu wollen. Dazu kommt, dass er seinen Vorgesetzten behalten wird, also kein Positionswechsel vorliegt. Und schließlich kann im juristischen Sinn zweifelhaft sein, ob in solchen Fällen ein berechtigtes Interesse und damit ein Anspruch auf ein Zwischenzeugnis besteht. Darüber hinaus muss der Empfänger befürchten, seine Position deutlich zu schwächen, wenn das Zeugnis nicht positiv ausfällt. Er ist also ein Stück weit auf das Entgegenkommen des Ausstellers angewiesen.

Wie könnte der Empfänger bei Differenzen reagieren?

Vermutlich wird das Gespräch in einer eher von Diplomatie und Einvernehmlichkeit geprägten Stimmung verlaufen:

► Der Zeugnisempfänger bittet in einer freundlichen Gesprächsatmosphäre um Änderungen im Zeugnis.
► Er versucht, wenigstens teilweise verbesserte Formulierungen durchzusetzen.
► Er fügt sich in sein Schicksal.

TIPPS FÜR DEN AUSSTELLER

► Versuchen Sie, zu einem einvernehmlichen Abschluss zu kommen.
► Beharren Sie nicht auf jeder Formulierung, sondern bieten Sie Alternativen an.
► Lassen Sie sich auf einen Handel mit Formulierungen nur ein, wenn Sie auf diesem Gebiet Experte sind und Ihre Wahrheitspflicht nicht verletzt wird.
► Gehen Sie nicht davon aus, den Zeugnisempfänger mit einem oberflächlichen oder schlechten Zeugnis abspeisen zu können – er wird sich möglicherweise auf subtile Weise an Ihnen rächen.

Es kommt nicht selten vor, dass der Arbeitgeber den Mitarbeiter darum bittet, die Informationen für das Zeugnis zusammenzutragen und anschließend selbst einen Zeugnisentwurf zu verfassen.

Diese Vorgehensweise hat durchaus einige Vorteile:

► Der Mitarbeiter weiß meistens genauer als der Arbeitgeber, welche Tätigkeiten er verrichtet und welche besonderen Erfolge er errungen hat.
► Der Arbeitgeber spart Zeit, denn es ist allemal einfacher, einen Zeugnisentwurf zu überarbeiten, als ein neues Zeugnis zu schreiben.
► Der Mitarbeiter fühlt sich ernst und in die Verantwortung genommen – er wird den Zeugnisprozess sehr wahrscheinlich konstruktiver begleiten.
► Insgesamt wird es dem persönlichen Verhältnis beider Parteien gut tun, wenn der Mitarbeiter einen Vorschlag unterbreiten darf.

Allerdings sind bei der korrekten Zeugniserstellung einige wichtige Punkte zu beachten, damit das Zeugnis entsprechend qualifiziert ausfällt. Auf diese sollten Arbeitgeber einen Mitarbeiter aufmerksam machen, der den Zeugnisentwurf selbst verfasst. Am wichtigsten ist, dass das Zeugnis alle notwendigen Beurteilungselemente enthält und kein relevanter Aspekt der Tätigkeit, Leistung und des persönlichen Verhaltens vergessen wird.

Im Folgenden haben wir eine Beurteilungscheckliste zusammengestellt, nach der ein Mitarbeiter die Basisinformationen für seinen Zeugnisentwurf festhalten kann. Sie gilt aber natürlich auch dann, wenn der Arbeitgeber diese Aufgabe selbst übernimmt.

Holen Sie sich vom ausscheidenden Mitarbeiter ein Feedback

Führen Sie das Abschlussgespräch immer, wenn ein Mitarbeiter sein Arbeitsverhältnis kündigt. Denn in diesem Moment gehen dem Unternehmen spezifische Fachkenntnisse und Branchen-Know-how, Kontakte und Potenzial verloren. Investitionen, die in die Aus- und Weiterbildung des Mitarbeiters getätigt wurden, haben sich möglicherweise noch nicht amortisiert.

Es kann auch sinnvoll sein, dass Sie ein Abgangsinterview führen, wenn das Unternehmen das Arbeitsverhältnis beendet hat (z. B. Ablauf Vertragsbefristung, betriebliche Gründe). Dies muss im Einzelfall entschieden werden, die Gesprächsinhalte sollten an die Umstände angepasst werden.

Rückmeldungen austretender Mitarbeiter erlauben es, Schwachstellen der Personalführung aufzudecken und Lösungen zu erarbeiten. Wenn sich ungewollte Fluktuation häuft, ist auch der Leidensdruck bei den Führungskräften so hoch, dass ungern gehörtes Feedback (Kritik an Führungsstil, Personalpolitik, Personalplanung u. a.) zumindest angehört und hoffentlich auch berücksichtigt wird. Der Personalverantwortliche hat die Chance, wirklich etwas zu verändern und zu bewegen und somit weiterer ungewollter Fluktuation vorzubeugen.

**Formular
Interview Leitfaden**

Angaben zur Person			
Name, Vorname		Austritts- bzw. Wechseldatum:	
Eintrittsdatum		Vorgesetzter:	
Bereich/Abteilung:		Position:	

Austrittsgrund					
auf eigenen Wunsch		familiäre Gründe	Befristungsablauf	Rente	
gesundheitliche Gründe		betriebliche Gründe	Kündigung durch den Arbeitgeber	Fortbildung	
Sonstiges		Anmerkungen:			

Chronologische Entwicklung im Unternehmen (Position, Abteilung, Dauer):

–

–

–

Projekt und/oder Sonderaufgaben (inkl. Dauer, Verantwortung und Lernmöglichkeiten):

–

–

–

Neue Tätigkeit
Zukünftige Position:
Neuer Arbeitgeber:

Einschätzung der Position(en), des Unternehmens und der Arbeitsbedingungen

	sehr gut	gut	befriedigend	ausreichend	mangelhaft	ungenügend
Menge der Aufgaben						
Schwierigkeit der Aufgaben						
Organisatorische Einbettung der Position						
Verantwortung/ Handlungsspielraum						
Weiterentwicklungsmöglichkeiten						
Teamarbeit/Zusammenarbeit						

Betriebsklima							
Informationspolitik							
Arbeitszeitgestaltung							
Vergütung/Sozial-leistungen							
Arbeitsumfeld/ Arbeitsplatz							
Unterstützung durch den Vorgesetzten							
Förderung durch den Vorgesetzten							

Bei Mitarbeiterkündigung

Hätte die Kündigung verhindert werden können?		ja	nein
Falls ja, wer hätte dies wie gekonnt?			
Würden Sie uns als Arbeitgeber weiterempfehlen?		ja	nein
Falls nein, warum nicht?			
Wären Sie in Zukunft an einer Wiedereinstellung interessiert?		ja	nein
Falls ja, unter welchen Bedingungen?			

(Datum des Gesprächs)   (Unterschrift Gesprächsführender)

Teil 4
Die zeugnisrechtlichen Standards

Prozesse wegen Änderungen von Arbeitszeugnissen werden oft geführt. Leider ist eine häufige Ursache fehlende Information – und das sowohl auf Seiten der Arbeitgeber wie auch bei den Mitarbeitern. Überzogenen Vorstellungen des Mitarbeiters von dem, was er vor Gericht durchsetzen kann, stehen auf Seiten des Arbeitgebers oft unzureichende Kenntnisse dessen, was in einem Zeugnis stehen muss, gegenüber. Um Ihnen solche Prozesse möglichst zu ersparen, haben wir Ihnen hier alle wichtigen Fragen in Sachen Zeugnisrecht zusammengestellt.

DIE SECHS GEBOTE DES ZEUGNISRECHTS

Der Gesetzgeber hat für die Ausfertigung eines Zeugnisses folgende Regelungen erlassen:

► Ein Mitarbeiter hat bei Beendigung eines Anstellungsverhältnisses Anspruch auf ein schriftliches Zeugnis.

► Das Zeugnis muss zumindest Angaben zu Art und Dauer der Tätigkeit enthalten (einfaches Zeugnis).

► Auf Verlangen des Mitarbeiters muss das einfache Zeugnis um Angaben zu Leistung und Verhalten ergänzt werden (qualifiziertes Zeugnis).

► Das Zeugnis muss klar und verständlich formuliert sein.

► Das Zeugnis darf keine Merkmale oder Formulierungen enthalten, die den Zweck haben, eine andere als die aus der äußeren Form oder dem Wortlaut ersichtliche Aussage über den Mitarbeiter zu treffen.

► Ein Zeugnis darf nicht in elektronischer Form erteilt werden.

Die Rechtsgrundlagen für den Zeugnisanspruch des ausscheidenden Mitarbeiters sind in § 630 BGB, § 109 GewO (für Auszubildende: § 8 BBiG) sowie in ggf. einschlägigen tariflichen Bestimmungen enthalten.

Fristen und Ansprüche: worauf müssen Sie achten?

Es gibt keinen förmlichen Rechtsbehelf eines „Widerspruches" gegen ein Arbeitszeugnis. Der Mitarbeiter kann sich zwar jederzeit nach Erhalt eines Arbeitszeugnisses an seinen Arbeitgeber wenden und Änderungswünsche geltend machen. Der Arbeitgeber ist jedoch nicht verpflichtet, diesen Wünschen zu folgen oder sie mit dem Mitarbeiter zu erörtern.

Erfüllt der Arbeitgeber den Anspruch auf Zeugniserteilung nicht oder nicht ordnungsgemäß, kann der Mitarbeiter vor dem Arbeitsgericht auf Ausstellung oder Berichtigung des Zeugnisses klagen. Hier sind Verjährung, Verwirkung, Verzicht und Ausschlussfristen zu beachten.

> **ACHTUNG: DER ANSPRUCH VERJÄHRT NACH DREI JAHREN**
>
> Für den Anspruch auf Ausstellung oder Berichtigung eines Zeugnisses besteht keine besondere Verjährungsregelung. Deshalb findet die regelmäßige Verjährungsfrist von drei Jahren gemäß § 195 BGB Anwendung. Sie beginnt mit dem Ende des Jahres, in dem der Anspruch entstanden ist. Vor Eintritt der Verjährung kann sich der Arbeitgeber allerdings ggf. auf eine Unmöglichkeit der Zeugniserteilung berufen, bzw. es kann eine so genannte Verwirkung des Anspruchs vorliegen.

Wann erlischt der Anspruch?

Unabhängig von der Verjährung kann der Zeugnisanspruch bereits dann erlöschen, wenn es dem Arbeitgeber nicht mehr möglich ist, ein Zeugnis auszustellen (z. B. wenn er aufgrund des Zeitablaufs nicht in der Lage ist, ein wahrheitsgemäßes Zeugnis auszustellen).

Die Ausstellung eines einfachen Zeugnisses zu Art und Dauer der Tätigkeit ist wegen der geringen Anforderungen in der Regel nach Beendigung des Anstellungsverhältnisses noch so lange möglich, wie Personalunterlagen vorhanden sind.

Beim qualifizierten Zeugnis, das auch Angaben zu Leistung und Führung enthält, ist die Lage etwas anders: Wenn der Arbeitgeber und seine mit der Zeugniserteilung befassten Vertreter sich an die Tatsachen zur Führung und Leistung des Mitarbeiters nicht mehr erinnern können und auch keine entsprechenden schriftlichen Personalunterlagen vorhanden sind, in denen Führung und Leistung festgehalten wurden, ist die Ausstellung eines qualifizierten Zeugnisses schlicht nicht mehr möglich.

Wann ist der Anspruch verwirkt?

Selbst wenn die Erfüllung des Anspruchs auf Zeugniserteilung noch möglich ist, kann der gerichtlichen Durchsetzung vor Verjährungseintritt die so genannte Verwirkung entgegengehalten werden. Für die Verwirkung eines

Anspruchs müssen zwei Aspekte erfüllt sein: das Zeitmoment und das Umstandsmoment.

Der anspruchsberechtigte Mitarbeiter muss seinen Zeugnisanspruch längere Zeit nicht geltend gemacht und dadurch beim Arbeitgeber die Überzeugung gefestigt haben, er werde kein Zeugnis mehr verlangen. Darauf muss sich der Arbeitgeber eingerichtet haben. Weiterhin muss ihm die Zeugnisausstellung nach Treu und Glauben unter Berücksichtigung der Umstände des Einzelfalles nicht mehr zumutbar sein. Zeit- und Umstandsmoment dürfen dabei nicht isoliert, sondern können nur in engem Zusammenhang gesehen werden; der Schwerpunkt liegt beim Umstandsmoment. Die Rechtsprechung hat bisher Verwirkung bei einem Untätigkeitszeitraum von zehn bis zu 15 Monaten angenommen (vgl. LAG Hamm, Urteil v. 17.12.1998, 4 Sa 1337/98, NZA-RR 1999, 459; LAG Köln, Urteil v. 8.2.2000, 13 Sa 1050/99, NZA-RR 2001, 130; LAG Hamm, Urteil v. 3.7.2002, NZA-RR 2003, 73 f.). Generell ist der Verwirkungszeitpunkt bei einem qualifizierten Zeugnis früher erreicht als bei einem einfachen Zeugnis, weil bei letzterem die notwendigen Angaben leichter und länger zur Verfügung stehen.

Wenn der Mitarbeiter mit der Bitte um Zeugniserstellung zu lange wartet, erlischt sein Anspruch

Die Berufung auf die Einrede der Verwirkung kann dem Arbeitgeber aber dann versagt sein, wenn Personalakten geführt werden und er auf zeugnisspezifische Angaben zurückgreifen kann. Dies gilt so lange, wie er verpflichtet ist, Lohnunterlagen aus steuerlichen Gründen aufzubewahren (bis zum Ablauf des sechsten Kalenderjahres, das auf die zuletzt eingetragene Lohnzahlung folgt), und/oder so lange, wie er Personalakten tatsächlich aufhebt.

Wann kann auf den Anspruch verzichtet werden?

Vor Beendigung des Anstellungsverhältnisses kann der Mitarbeiter auf den Anspruch auf Zeugniserteilung nicht verzichten. Gerichtlich ist noch nicht abschließend geklärt, ob nach Beendigung der Anstellung ein Verzicht rechtlich möglich ist. In den so genannten Ausgleichsquittungen ist jedenfalls kein Verzicht auf die Erteilung eines Zeugnisses zu sehen.

Ausgleichsquittungen gelten nicht als Verzicht auf das Zeugnis

Neben Verjährung, Verwirkung oder Unmöglichkeit kann der Zeugnisanspruch auch aufgrund von vertraglichen bzw. tariflichen Ausschlussfristen erlöschen. Allgemein gehaltene vertragliche Ausschlussklauseln erfassen jedoch nicht ohne weiteres auch Zeugnisansprüche. Im Einzelfall ist die Formulierung dieser Klauseln sorgfältig zu prüfen.

Oft sehen Ausschlussklauseln sehr kurze Fristen vor, innerhalb derer ein Anspruch aus dem Anstellungsverhältnis außergerichtlich oder gerichtlich geltend gemacht werden muss. Diese Frage sollte deshalb umgehend nach Beendigung des Anstellungsverhältnisses geprüft werden. Ist die kurze Ausschlussfrist, die oft nur wenige Monate beträgt, verstrichen, kann der Mitarbeiter seinen Anspruch nicht mehr geltend machen. Hinsichtlich des Zeugnisberichtigungsanspruchs auf Abänderung eines erteilten Zeugnisses hat die Rechtsprechung allerdings entschieden, dass dieser nicht tariflichen Verfallfristen unterliegt.

Zwischenzeugnis? Endzeugnis? Qualifiziertes Zeugnis? Was soll es sein?

Grundsätzlich unterscheidet man hinsichtlich Umfang und Inhalt zwischen einem einfachen und einem qualifizierten Zeugnis.

▶ Das einfache Zeugnis muss, wie erwähnt, mindestens Angaben zu Art und Dauer der Tätigkeit enthalten. Aussagen zu Leistung und Führung werden darin nicht getroffen.

▶ Das qualifizierte Zeugnis enthält neben den Angaben zu Art und Dauer der Tätigkeit auch Ausführungen zu Leistung und Verhalten / Führung des Mitarbeiters über die gesamte Dauer des Anstellungsverhältnisses.

Im Hinblick auf den Erstellungszeitpunkt wird noch einmal unterschieden; daraus ergeben sich sechs verschiedene Zeugnistypen:

▶ einfaches Zwischenzeugnis	▶ qualifiziertes Zwischenzeugnis
▶ einfaches vorläufiges Zeugnis	▶ qualifiziertes vorläufiges Zeugnis
▶ einfaches Endzeugnis	▶ qualifiziertes Endzeugnis

Der Mitarbeiter hat das Recht zu entscheiden, ob er ein einfaches oder ein qualifiziertes Zeugnis wünscht. Wurde ihm ohne seinen ausdrücklichen Wunsch ein qualifiziertes Zeugnis ausgestellt, kann er es zurückweisen und ein einfaches verlangen.

Umstritten ist, ob er nachträglich ein anderes Zeugnis verlangen kann, als er selbst zunächst forderte. Dies betrifft Fälle, in denen der Ausscheidende anfangs ein einfaches Zeugnis wollte, zu einem späteren Zeitpunkt aber ein qualifiziertes Zeugnis erstellt haben möchte (und umgekehrt). Experten meinen, dass unter dem Gesichtspunkt der nachwirkenden Fürsorgepflicht des Arbeitgebers keine Bedenken gegen die Erteilung eines Zweitzeugnisses bestehen, wenn dies der beruflichen Entwicklung des Mitarbeiters dient. Andere vertreten die Auffassung, dass der Mitarbeiter nicht nachträglich ein einfaches Zeugnis verlangen kann, wenn ihm zunächst auf seinen Wunsch ein qualifiziertes Zeugnis erteilt wurde.

Der Mitarbeiter sollte wissen, welches Zeugnis er benötigt

Wann wird ein Zwischenzeugnis ausgestellt?

Das Zwischenzeugnis erteilt man während des Anstellungsverhältnisses. Inhaltlich entspricht es dem Endzeugnis. Es ist auf Wunsch des Mitarbeiters dann zu erteilen, wenn ein berechtigtes Interesse vorliegt. Das besteht nach gegenwärtiger Rechtsprechung in folgenden Situationen:

Das Zwischenzeugnis wird während des Anstellungsverhältnisses erteilt

► wenn der Arbeitgeber die Kündigung in Aussicht stellt
► wenn der Mitarbeiter die Stelle wechselt
► wenn im Arbeitsbereich Änderungen wie Versetzung oder Wechsel des Vorgesetzten vorgenommen werden
► bei Insolvenz
► bei Bewerbungen
► bei Fort- und Weiterbildung
► bei einer längeren Arbeitsunterbrechung infolge Erziehungsurlaub, Wehr- oder Zivildienst
► zur Vorlage bei Gerichten, Behörden
► für Kreditanträge
► bei einem Betriebsübergang gemäß § 613 a BGB

Wann wird das vorläufige Zeugnis ausgestellt?

Das vorläufige Zeugnis ist eigentlich ein Endzeugnis, das wegen der noch bevorstehenden Beendigung des Anstellungsverhältnisses ausdrücklich als „vorläufiges Zeugnis" erteilt wird und es dem Mitarbeiter bereits während der Kündigungsfrist ermöglicht, sich zu bewerben. Bei Beendigung des Anstellungsverhältnisses wird es gegen das Endzeugnis ausgetauscht.

Wann wird das Endzeugnis ausgestellt?

Das Endzeugnis wird bei Beendigung des Anstellungsverhältnisses erteilt

Das Endzeugnis erteilt man bei Beendigung des Anstellungsverhältnisses. Ein Mitarbeiter hat spätestens bei Ablauf der Kündigungsfrist Anspruch darauf; so legte es das Bundesarbeitsgericht fest. Dies gilt auch dann, wenn Kündigungsschutzklage erhoben wurde und die Beendigung des Anstellungsverhältnisses damit bei Ablauf der Kündigungsfrist rechtlich noch nicht geklärt ist (vgl. BAG, Urteil v. 27.2.1987, 5 AZR 710/85, DB 1987, 1845).

Kann das Endzeugnis vorzeitig verlangt werden?

Ein Mitarbeiter, der gekündigt hat und sich umgehend nach einer neuen Stelle umsehen will, benötigt für seine Bewerbungen ein Endzeugnis. Eigentlich hat er aber erst bei Beendigung des Anstellungsverhältnisses Anspruch darauf. Was ist in diesem Fall zu tun?

> **DAS SAGEN EXPERTEN**
>
> Der Anspruch des Mitarbeiters auf ein Zeugnis entsteht bereits in dem Moment, in dem die Kündigung formuliert bzw. der Aufhebungsvertrag unterzeichnet wird. Bei befristeten Anstellungsverhältnissen, für deren Beendigung es keiner Kündigung bedarf, entsteht der Anspruch auf Erteilung eines Zeugnisses ab dem Zeitpunkt, welcher der gesetzlichen Kündigungsfrist gemäß § 622 BGB entsprechen würde.

Kann ein Mitarbeiter mehrere Zeugnisse verlangen?

Werden von einem Mitarbeiter gleichzeitig oder nacheinander verschiedene Funktionen bzw. Aufgabenbereiche wahrgenommen, sind diese im Endzeugnis alle zu erwähnen. Ein Anspruch auf getrennte Zeugnisse für die jeweilige Funktion besteht nicht. Eine Ausnahme gilt nur bei der im Anschluss an die Ausbildung fortgesetzten Beschäftigung gemäß § 8 BBiG.

Welche Änderungen sind möglich?

Es darf keine Änderungen in der Beurteilung geben

Handelt es sich bei den Änderungen durch den Arbeitgeber in Wahrheit um Abweichungen in der Bewertung (z. B. nur „volle Zufriedenheit" statt „vollste Zufriedenheit"), kann er dazu verurteilt werden, die Formulierungen des Zwischenzeugnisses in das Schlusszeugnis zu übernehmen.

Er kann sich nicht darauf berufen, dass der Autor des Zwischenzeugnisses für das Schlusszeugnis nicht mehr zur Verfügung stand, sofern der im Rahmen seiner Befugnisse gehandelt hatte und den Arbeitgeber wirksam hatte vertreten können.

Andererseits muss ein Mitarbeiter ein Endzeugnis, das auf einem Zwischenzeugnis beruht und nicht den gesetzlichen Anforderungen entspricht, nicht allein deshalb akzeptieren, weil er das in gleicher Weise mangelhafte Zwischenzeugnis nicht beanstandet hat (vgl. BAG Urteil v. 26.6.2001, 9 AZR 392/00, NZA 2002, 34).

Kann im Endzeugnis auf ein Zwischenzeugnis verwiesen werden?

Bei langen Beschäftigungszeiten mit wechselnden Tätigkeitsfeldern kann ein Zeugnis sehr umfangreich ausfallen. Gibt es bereits Zwischenzeugnisse, behilft man sich deshalb oft damit, auf sie zu verweisen und manche Punkte, die darin festgehalten wurden, im Endzeugnis nicht mehr ausführlich zu benennen.

Für dieses Vorgehen gibt es Für und Wider: Der Verweis auf Zwischenzeugnisse hat einerseits zur Folge, dass sich der künftige Arbeitgeber nicht anhand eines Zeugnisses ein Bild vom Bewerber machen kann; vielmehr muss er mehrere Zeugnisse (eventuell mit Wiederholungen) lesen.

Verweisen Sie im Endzeugnis auf das Zwischenzeugnis

Weiterhin kann die Frage aufkommen, ob sinnvollerweise erst das Endzeugnis vollständig und danach die Zwischenzeugnisse als Ergänzung zu lesen sind, oder ob man bei Verweisen im Endzeugnis sofort das Zwischenzeugnis zur Hand nehmen und danach mit dem Endzeugnis fortfahren soll.

Andererseits sind sehr ausführliche Zeugnisse auf Grund ihrer Länge für Bewerbungen nicht geeignet. Im Hinblick darauf ist man in der Praxis, wie gesagt, teilweise dazu übergegangen, im Endzeugnis auf erteilte Zwischenzeugnisse zu verweisen, soweit sie den jeweiligen Tätigkeitsabschnitt mit Leistungs- und Führungsbeurteilung umfassend abdecken. Im Schlusszeugnis finden sich dann nur relativ kurze, zusammenfassende Bemerkungen über Inhalt und Umfang des jeweiligen Tätigkeitsabschnittes und, in Anlage, Kopien der Zwischenzeugnisse.

SPRECHEN SIE DEN VERWEIS AUF ZWISCHENZEUGNISSE AN

In der Rechtsprechung ist bisher noch nicht entschieden, ob und unter welchen Voraussetzungen im Endzeugnis auf Zwischenzeugnisse verwiesen werden kann. Möchte man Endzeugnisse auf diese Art und Weise erstellen, sollte man das im Vorfeld mit dem betroffenen Mitarbeiter abstimmen, um eventuelle Auseinandersetzungen zu vermeiden. Ob darin auf die Zwischenzeugnisse verwiesen werden kann, hängt letztlich auch davon ab, welche Form sie haben.

Was für ein Zeugnis erhält ein freigestellter Mitarbeiter?

Häufig werden Mitarbeiter, sobald sie gekündigt haben oder gekündigt wurden, freigestellt. So soll verhindert werden, dass sie sensible Informationen erhalten, welche die Konkurrenz interessieren könnten. Doch was für ein Zeugnis erhält ein freigestellter Mitarbeiter? Schließlich besteht das alte Arbeitsverhältnis ja noch. In seinem solchen Fall wird entweder das Zwischen- oder das Endzeugnis ausgestellt. Zur Erinnerung:

▶ Das Zwischenzeugnis ist eine Beurteilung des Mitarbeiters bei fortbestehendem Anstellungsverhältnis.

▶ Das Schluss- bzw. Endzeugnis wird für den Fall des Ausscheidens aus dem Anstellungsverhältnis erstellt.

▶ Für beide gelten im Wesentlichen die gleichen Grundsätze hinsichtlich Form und Inhalt.

Zwischen- und Endzeugnis: Im Wesentlichen gelten die gleichen Grundsätze

Nach Ausspruch einer Kündigung ist der Arbeitgeber während der Kündigungsfrist verpflichtet, dem Mitarbeiter auf Wunsch ein Zwischenzeugnis zu erteilen. Der Mitarbeiter kann jedoch stattdessen auch das Endzeugnis verlangen, da der Zeitpunkt der Beendigung des Anstellungsverhältnisses bereits feststeht.

Als Arbeitgeber haben Sie das Recht, ein vor Beendigung des Anstellungsverhältnisses entstandenes Endzeugnis als „vorläufiges Zeugnis" zu kennzeichnen. Dann muss allerdings zum Beendigungszeitpunkt das vorläufige Zeugnis gegen das Endzeugnis ausgetauscht werden. Wichtig ist, dass Bewertungen, die im Zwischen- und im Endzeugnis gemacht wurden, übereinstimmen.

DAS SAGT DIE RECHTSPRECHUNG

Grundsätzlich tritt eine Selbstbindung des Arbeitgebers an das von ihm erteilte Zwischenzeugnis ein (vgl. LAG Hamm, Urteil v. 28.8.1997, 4 Sa 1926/96, NZA-RR 1998, 490). Bescheinigt der Arbeitgeber beispielsweise im Zwischenzeugnis, dass er den Mitarbeiter als „fleißigen, ehrlichen und gewissenhaften Mitarbeiter kennen gelernt" hat, so muss er für das Endzeugnis an dieser Formulierung festhalten. Nur nach einem längerem Zeitablauf (mindestens zehn bis zwölf Monate) kann der Arbeitgeber bei entsprechender Entwicklung von der im Zwischenzeugnis getroffenen Führungs- und Leistungsbeurteilung abweichen. Das Zwischenzeugnis sollte deshalb mit Blick auf das Endzeugnis bereits mit der erforderlichen Sorgfalt erstellt werden.

Von einem vorläufigen Endzeugnis, das für die Zeit der Kündigungsfrist zum Zwecke von Bewerbungen erteilt wird, darf der Arbeitgeber nur abweichen, wenn ihm ein Widerrufsrecht zusteht.

Kann bei kurzfristiger Tätigkeit ein Zeugnis verlangt werden?

Auch in diesem Fall kann der Mitarbeiter ein Zeugnis fordern. Die gesetzlichen Regelungen in § 630 BGB, § 109 GewO, differenzieren nicht nach der Dauer des Anstellungsverhältnisses. Ein Mitarbeiter, der nur kurz beschäftigt war, kann sogar ein qualifiziertes Zeugnis verlangen. Allerdings sind darin nur seine wesentlichen Tätigkeiten aufzuführen; er hat keinen Anspruch auf eine ausführliche Tätigkeitsbeschreibung mit unwesentlichen Tätigkeitsmerkmalen (vgl. LAG Frankfurt a. M., Urteil v. 8.8.2001, 7 Ca 8000/00, NZA-RR 2002, 182).

Es ist nicht zulässig, ein Zeugnis allein über die Leistung oder die Führung auszustellen (vgl. LAG Köln, Urteil v. 30.3.2001, 4 Sa 1485/00, BB 2001, 1959). Auch bei nur kurzzeitiger Beschäftigung muss der Arbeitgeber auf Verlangen des Mitarbeiters im qualifizierten Zeugnis eine Bewertung nach Leistung und Führung aufnehmen. Das ist nicht ganz unproblematisch: Führung und Leistung können in der Regel erst nach einer gewissen Beobachtungszeit beurteilt werden.

Auch Leistung und Führung sind zu bewerten

> **WAS TUN, WENN DIE BEURTEILUNG SCHWER FÄLLT?**
>
> Je nach Fall sollte der Arbeitgeber zum Ausdruck bringen, dass er wegen der kurzen Beschäftigungszeit von einer Führungs- und Leistungsbeurteilung absehen muss oder keine negativen Anmerkungen zum Führungs- und Leistungsverhalten zu machen hat.

Können Sie einen Zeugnisentwurf von Ihrem Mitarbeiter verlangen?

Es kommt immer häufiger vor, dass ausscheidende Mitarbeiter Wünsche für die Zeugniserstellung formulieren oder sogar einen vollständigen Zeugnisentwurf vorlegen. Viele Arbeitgeber begrüßen diesen Trend, weil sie so Zeit sparen. Dem Arbeitgeber ist es jedoch nicht erlaubt, von einem ausscheidenden Mitarbeiter einen Zeugnisentwurf einzufordern. Umgekehrt ist er nicht verpflichtet, dem Entwurf des Mitarbeiters zu folgen oder sich mit ihm detailliert darüber auseinander zu setzen.

Der Arbeitgeber hat dem Mitarbeiter nach § 630 BGB, § 109 GewO, bei Beendigung des Anstellungsverhältnisses ein Zeugnis über Art und Dauer des Arbeitsverhältnisses zu erteilen. Auf Verlangen des Mitarbeiters muss sich das Zeugnis auch auf Führung und Leistung erstrecken. Da die gesetzlichen Regelungen einen Anspruch des Mitarbeiters gegen den Arbeitgeber auf Erteilung eines Zeugnisses formulieren, kann Letzterer den Entwurf eines Zeugnisses vom ausscheidenden Mitarbeiter nicht einfordern.

Schreibt der Mitarbeiter das Zeugnis, gewichtet er nach eigenem Belieben

Eines sollten sich Chefs und Personaler klar machen: Wenn sie die Zeugniserstellung dem Mitarbeiter überlassen, spiegelt sich darin dessen Sichtweise wider, und die Themen werden oft zu umfangreich dargestellt bzw. falsch gewichtet. Möglicherweise treten zu einem späteren Zeitpunkt Probleme auf, beispielsweise weil nachfolgende Arbeitgeber bestimmte Punkte vermissen. Dann müssen Sie sich doch noch einmal mit dem Zeugnis befassen.

BESPRECHEN SIE IHREN ENTWURF MIT DEM MITARBEITER!

So können Sie Streit ums Zeugnis bzw. der nochmaligen Ausstellung wegen kleinerer Korrekturen vorbeugen. Eventuelle Missverständnisse oder Unstimmigkeiten lassen sich auf diesem Wege schnell und einfach ausräumen.

Der Arbeitgeber sollte darauf achten, dass das Zeugnis alle wesentlichen Tatsachen und Bewertungen enthält, die für die Beurteilung des Mitarbeiters von Bedeutung und für einen zukünftigen Arbeitgeber von Interesse sind (→Checkliste S. 58). Hier steht ihm ein gewisser Beurteilungsspielraum zu, welche positiven und negativen Leistungen und Eigenschaften des Mitarbeiters er eher betont oder vernachlässigt. Als Maßstab gilt dabei ein wohlwollender, verständiger Arbeitgeber, der seiner Bewertung Tatsachen, nicht aber Vermutungen oder Verdächtigungen zugrunde legt. Dieser (sehr abstrakte) Maßstab der Rechtsprechung eröffnet für die Zeugniserteilung im konkreten Fall ein weites Feld.

Auch Fachabteilungsleiter erstellen Zeugnisse

In einigen Unternehmen erstellt nicht der Personaler, sondern der direkte Vorgesetzte, meist der Fachabteilungsleiter, das Arbeitszeugnis. Viele Zeugnisempfänger reagieren darauf skeptisch, weil sie denken, der Vorgesetzte würde sich mit der Zeugnissprache weniger gut auskennen als der Personalreferent. Das muss jedoch nicht so sein, schon weil sich ein Vorgesetzter, der seinen Mitarbeiter wirklich schätzt, in die Thematik einarbeiten und das Zeugnis entsprechend hochwertig ausgestalten wird.

Zum Vorteil kann noch ein weiterer Grund gereichen: Oft verwenden Fachabteilungsleiter modernere, individuellere und sogar treffendere Formulierungen. Einerseits kennen sie den Beurteilten besser als der zuständige Referent aus der Personalabteilung, andererseits gehen sie oft unvoreingenommener an die Zeugniserstellung heran.

Fachabteilungsleiter schreiben oft die pfiffigeren Zeugnisse

Daher klingen ihre Zeugnisse nicht selten frischer und moderner – und zumindest teilweise unkonventionell: Man sieht es dem Zeugnis an, dass es nicht aus der Konserve kommt.

Insolvenz: Wer erteilt das Zeugnis?

War der Mitarbeiter bereits vor der Insolvenzeröffnung aus dem Anstellungsverhältnis ausgeschieden, bleibt der Arbeitgeber zur Ausstellung des Zeugnisses verpflichtet. Der Zeugnisanspruch für die gesamte Arbeitszeit richtet sich dann gegen den Insolvenzverwalter, wenn dieser das Anstellungsverhältnis fortgesetzt hat (vgl. LAG Köln, Urteil v. 30.7.2002, 2 Sa 1457/00, DB 2002, 433). Auf die Dauer der tatsächlichen Beschäftigung während der Insolvenz kommt es nicht an. Es ist Sache des Insolvenzverwalters, sich zur Beurteilung beim Arbeitgeber zu informieren.

Arbeitgeber bleibt verpflichtet

Kann der Arbeitgeber ein Zeugnis zurückhalten?

Der Arbeitgeber hat kein Recht, das Zeugnis wegen etwaiger Gegenansprüche aus dem Anstellungsverhältnis (z. B. Rückzahlung von Fortbildungskosten) zurückzuhalten. Hier steht der dadurch möglicherweise beim Mitarbeiter verursachte Schaden nicht im Verhältnis zu den Ansprüchen des Arbeitgebers.

Muss der Arbeitgeber das Zeugnis zusenden?

Der Mitarbeiter muss sein Zeugnis selbst abholen. Wie bei allen anderen Papieren ist das Zeugnis eine Holschuld im Sinne des § 269 Abs. 2 BGB. Hält der Arbeitgeber das rechtzeitig verlangte Zeugnis jedoch nicht bis spätestens zum letzten Tag des Ablaufs der Kündigungsfrist mit den anderen Arbeitspapieren zur Abholung bereit, muss er es auf seine Gefahr und Kosten dem Mitarbeiter übersenden.

> **HOLSCHULD**
>
> Wenn der Mitarbeiter es versäumt, sein Zeugnis, das der Arbeitgeber für ihn bereit hält, abzuholen, kann er vom Arbeitgeber nicht die Übersendung verlangen. Er muss es selbst abholen.

Beispiel

WENN DIE ABHOLUNG MIT PROBLEMEN VERBUNDEN IST

Nehmen wir an, der Mitarbeiter hat seinen Wohnsitz inzwischen an einen weiter entfernten Ort verlegt. In solchen Fällen kann der Arbeitgeber im Rahmen der nachwirkenden Fürsorgepflicht zur Übersendung des Zeugnisses verpflichtet sein. Die Abholung des Zeugnisses wäre nämlich für den Mitarbeiter mit unverhältnismäßig hohen Kosten oder besonderen Mühen verbunden (vgl. LAG Frankfurt, Urteil v. 1.3.1984, 10 Sa 858/83, DB 1984, 2200).

Wie muss ein Zeugnis aussehen?

Ein Zeugnis soll der Karriere dienen. Form und Inhalt werden von diesem Zweck bestimmt. Ein Zeugnis muss daher den im Geschäftsverkehr üblichen und von Dritten erwarteten Gepflogenheiten sowohl hinsichtlich der äußeren Form als auch der Wortwahl entsprechen und schriftlich ausgestellt werden.

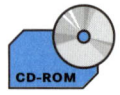
CD-ROM

Checkliste

Form des Zeugnisses	ok?
Das Zeugnis muss maschinenschriftlich bzw. mit dem PC erstellt sein.	☐
Das Zeugnis muss auf dem für die Geschäftskorrespondenz üblichen Geschäftspapier geschrieben bzw. gedruckt sein.	☐
Ist ein weißes Blatt für das Zeugnis verwendet worden, so sind die volle Firmenbezeichnung, Rechtsform und die derzeitige Anschrift anzuführen.	☐
Wird Geschäftspapier verwendet, darf das Anschriftenfeld nicht ausgefüllt werden.	☐
Hat das Zeugnis äußere Mängel wie Flecken, Durchstreichungen, Textverbesserungen u. Ä., kann der Mitarbeiter es zurückweisen.	☐
Schreibfehler müssen berichtigt werden, wenn sie negative Folgen für den Mitarbeiter haben könnten.	☐
Unzulässig sind Ausrufungs- oder Fragezeichen, Gänsefüßchen, Unterstreichungen oder teilweise Hervorhebungen durch Fettschrift.	☐
In elektronischer Form darf ein Zeugnis nicht ausgestellt werden. Dies wird nach den gesetzlichen Regelungen in § 630 BGB, § 109 GewO, ausdrücklich ausgeschlossen.	☐

> **FALTEN IST ERLAUBT**
>
> Das Bundesarbeitsgericht hat es als unbedenklich und nicht als unzulässiges Geheimzeichen angesehen, wenn der Arbeitgeber dem Mitarbeiter das Zeugnis übersendet und es deshalb faltet, um den Zeugnisbogen in einem Briefumschlag üblicher Größe unterzubringen. Voraussetzung ist allerdings, dass das Zeugnis kopierfähig ist, d. h., auf den Ablichtungen dürfen sich die Knicke nicht durch Schwärzungen abzeichnen (vgl. BAG, Urteil v. 21.9.1999, 9 AZR 893/98, NZA 2000, 257).

Falten ist erlaubt – muss aber nicht sein

Zeugnis in Deutsch – und auch in Englisch?

Die Zeugnissprache ist Deutsch – nach herrschender Auffassung kann deshalb jeder Mitarbeiter im Geltungsbereich des deutschen Arbeitsrechts ein Zeugnis in deutscher Sprache verlangen. Darüber hinaus kann es bei internationalen Unternehmen und bei Mitarbeitern, die international tätig sind, für die berufliche Zukunft des Mitarbeiters sinnvoll sein, ein Arbeitszeugnis in englischer Sprache auszustellen. Eine Rechtspflicht des Arbeitgebers hierzu besteht aber nicht. Diese Frage sollte deshalb im Vorfeld mit dem Mitarbeiter besprochen werden. Das Zeugnis muss klar und verständlich formuliert sein und darf keine Merkmale oder Formulierungen enthalten, die den Zweck haben, eine andere als die aus der äußeren Form oder aus dem Wortlaut ersichtliche Aussage über den Mitarbeiter zu treffen (vgl. § 109 Abs. 2 GewO).

Was muss ein Zeugnis beinhalten?

Der Arbeitgeber hat nicht nur die Zeugnissprache, sondern auch die gebräuchliche Gliederung eines qualifizierten Zeugnisses zu beachten, da sich diese inzwischen weitgehend standardisiert hat. Dabei ist in dem einen oder anderen Punkt noch umstritten, welche Grundelemente ein qualifiziertes Zeugnis zwingend beinhalten muss. Nicht in jedem Zeugnis müssen alle Gesichtspunkte ausführlich enthalten sein. Einzelne Aspekte können auch zusammengefasst werden.

Bestandteile eines qualifizierten Arbeitszeugnisses nach dem LAG Hamm ...

Das Landesarbeitsgericht Hamm (LAG Hamm) hat sich in der Vergangenheit intensiv und ausführlich mit Problemen des Zeugnisrechts auseinander gesetzt. Daher kommt seinen Entscheidungen im Zeugnisrecht eine gewisse

Leit- und Orientierungsrolle zu (vgl. LAG Hamm, Urteil v. 1.12.1994, 4 Sa 1631/94, LAGE Nr. 28 zu § 630 BGB; Urteil v. 27.2.1997, 4 Sa 1691/96, NZA-RR 1998, 151 ff.).

Für ein Arbeitszeugnis sind inhaltlich demnach folgende Bestandteile notwendig:

▶ Auf dem Firmenpapier steht zunächst die Überschrift, je nachdem um was für ein Zeugnis es sich handelt: Zeugnis oder Schlusszeugnis, Zwischenzeugnis, vorläufiges Zeugnis, Ausbildungszeugnis.

▶ Es folgt die Eingangsformel mit den Personalien des Mitarbeiters, falls vorhanden dessen akademischer Titel, die Dauer des Anstellungsverhältnisses und evtl. die Vordienst- und Ausbildungszeiten und etwaige Beschäftigungsunterbrechungen.

▶ Nun kommt der erste große Teil, die Tätigkeitsbeschreibung: Hier sollen genannt werden Unternehmen, Branche, Aufgabengebiet; hierarchische Position, Kompetenzen und Verantwortung, Art der Tätigkeit; Berufsbild, Berufsbezeichnung, berufliche Entwicklung im Unternehmen.

Sechs Merkmale der Leistungsbeurteilung

▶ Im zweiten großen Teil geht es um die *Leistungsbeurteilung:* Das LAG Hamm differenziert die Leistungsbeurteilung nach sechs Merkmalen in jeweils zwei Begriffspaaren, wobei die Übergänge oft fließend und Unschärfen deshalb nicht zu vermeiden sind. Bei *Arbeitsbefähigung* (oder Können) geht es in erster Linie um die Darstellung des Fachwissens und der Fachkenntnisse und der Umsetzung des theoretischen Wissens als Einstieg in die Leistungsbeurteilung. Dabei werden in der Praxis Fachwissen und -können in der Regel gleich bewertet und hängen eng zusammen. Im Sprachgebrauch ist oft eine synonyme Verwendung der Kategorien festzustellen. *Arbeitsbereitschaft* (oder Wollen) verlangt die Bewertung des Arbeitseinsatzes, Engagements, der Initiative und der Einsatzbereitschaft des Mitarbeiters. Hier geht es z. B. um sein Interesse und seine Bereitschaft zur Weiterbildung. Mit *Arbeitsvermögen* (oder Ausdauer) sind Arbeitsausdauer, Belastbarkeit und Arbeitsvermögen gemeint. Mit *Arbeitsweise* (oder Einsatz) sind Zuverlässigkeit, Selbstständigkeit und Gewissenhaftigkeit des Mitarbeiters zu bewerten. *Arbeitsergebnis* (oder Erfolg) meint Effizienz, Ökonomie und Tempo. Unter *Arbeitserwartung* (oder Potential) versteht das LAG Hamm schließlich Auffassungsgabe, Auffassungsvermögen, Verhandlungsgeschick sowie Urteilsvermögen.

▶ Es sollten nun noch einige kürzere Passagen im Zeugnis benannt werden wie herausragende Erfolge (oder Ergebnisse: Patente, Verbesserungsvorschläge), falls es solche gab.

▶ Dann die Führungsleistung (aber nur bei Vorgesetzten) in Hinsicht auf die Motivation der Mitarbeiter, die Abteilungs- und Gruppenleistung und das Arbeitsklima.

▶ Nun kommt die zusammenfassende Leistungsbeurteilung (Zufriedenheitsaussage; Erwartungshaltung, Verhaltensbeurteilung), die Beurteilung der Vertrauenswürdigkeit, Verantwortungsbereitschaft (Loyalität, Ehrlichkeit, Pflichtbewusstsein, Gewissenhaftigkeit) und des

▶ Sozialverhaltens (Verhalten zu Vorgesetzten, Gleichgestellten, Mitarbeitern, Dritten (z. B. Kunden); mit der zusammenfassenden Führungsbeurteilung)

▶ Schließlich kommen die Aussagen zur Beendigungsmodalität beim Schlusszeugnis bzw. der Grund der Zeugniserteilung beim Zwischenzeugnis und die *Schlussformel* (nur beim Schlusszeugnis): Dank, Bedauern, Zukunftswünsche, Wiedereinstellungszusage/Einstellungsempfehlung.

Unter dem Text stehen dann noch Ort, Datum und Name des Ausstellers in maschinenlesbarer Form evtl. mit Vertretungszusatz und der Original-Unterschrift.

... und die Synthese zwischen LAG Hamm und der Praxis

Für die Business-Tools und die Zeugnissoftware auf der CD-ROM haben wir die Anforderungen des LAG Hamm mit der betrieblichen Praxis der Zeugniserstellung abgeglichen und danach die Schrittfolge der Zeugnissoftware entwickelt. Die folgende Checkliste bietet Ihnen diese Schrittfolge zum Abgleich für Ihr Zeugnis. Die einzelnen Schritte werden teilweise durch weitere Begriffe konkreter dargestellt. So haben Sie genau im Blick, wo in Ihrem Zeugnis noch Lücken sein könnten.

Checkliste

Inhalt des Arbeitszeugnisses

	Bestandteil	Kommentar	ok?
1.	Überschrift		☐
2.	Einleitung	Vorname, Name, Geburtsdatum, akademischer Titel, Eintrittsdatum, Austrittsdatum (bei Endzeugnis), Tätigkeit	☐
3.	Tätigkeitsbeschreibung		☐
4.	Fachwissen und Fachkönnen	Ausbildung, Berufserfahrung, praktische Fähigkeiten, Nutzung und Anwendung des Fachwissens	☐
5.	Weiterbildung	Weiterbildung, Fortbildung	☐
6.	Auffassungsgabe	logisch-analytisches Denkvermögen, Systematik, Methodik	☐
7.	Denk- und Urteilsvermögen	Urteilsvermögen, Kreativität, Planung, Organisation	☐
8.	Leistungsbereitschaft	Einsatzwille, Einsatzbereitschaft, Engagement, Elan, Initiative, Dynamik	☐
9.	Belastbarkeit	Interesse, Bereitschaft zur Mehrarbeit, Stressfestigkeit	☐
10.	Arbeitsweise	Selbstständigkeit, Schnelligkeit, Genauigkeit	☐
11.	Zuverlässigkeit	Pflichtbewusstsein, Gewissenhaftigkeit, Vertrauenswürdigkeit, Loyalität	☐
12.	Arbeitsergebnis	Zielerreichung, Arbeitsmenge, Arbeitsgüte, Termintreue, Qualität, Quantität, Zeitausnutzung	☐
13.	Führungsfähigkeit	(nur bei Führungskräften) Motivation der Mitarbeiter, Abteilungsleistung, Arbeitsklima	☐
14.	Zusammenfassende Leistungsbeurteilung	Zufriedenheitsaussage, Erwartungshaltung, Loyalität, Ehrlichkeit, Pflichtbewußtsein, Gewissenhaftigkeit	☐
15.	Persönliche Führung	Verhalten zu Vorgesetzten, Gleichgestellten, Mitarbeitern und Dritten	☐
16.	Beendigungsgrund	beim Zwischenzeugnis steht hier der Grund für die Erstellung des Zeugnisses	☐
17.	Schlussformulierung		☐

Wie wird unterschrieben?

Weder ein Faksimile noch eine kopierte Unterschrift genügen; ein Zeugnis kann also nicht per E-Mail, Telefax oder durch eine Kopie übermittelt werden. Auch ein Kürzel als Unterschrift reicht nicht aus.

> **DAS SAGT DER GESETZGEBER**
>
> Die gesetzlich vorgeschriebene Schriftform für die Zeugnisausstellung verlangt den eigenhändig geschriebenen Namen des Unterzeichners unter seiner Erklärung (§ 126 Abs. 1 BGB).

Da die Unterschrift häufig nicht entziffert werden kann und das Zeugnis nicht anonym ausgestellt werden soll, bedarf es zusätzlich der maschinenschriftlichen/ gedruckten Namensangabe unter dem Text. Neben der Unterschrift sind auch Ort und Datum der Zeugnisausstellung anzugeben.

Genügt die Unterzeichnung nicht den gesetzlichen Anforderungen, ist das Zeugnis formal unvollständig. Die entsprechende Ergänzung, d. h. die korrekte Unterzeichnung durch den Aussteller, ist im Vollstreckungsverfahren durchzusetzen, denn die Ausstellung eines nicht ordnungsgemäßen Zeugnisses ist einer Nichterfüllung des Zeugnisanspruchs gleichzusetzen (vgl. LAG Hamm, Urteil v. 28.3.2000, 4 Sa 1588/99, NZA 2001, 576).

Die Unterzeichnung spielt eine sehr wichtige Rolle

Wer unterschreibt das Zeugnis?

Der Arbeitgeber ist nicht verpflichtet, das Zeugnis selbst anzufertigen oder durch sein gesetzliches Vertretungsorgan erstellen zu lassen. Auch muss keiner der beiden unterschreiben. Es genügt, wenn ein dem Unternehmen angehörender Vertreter des Arbeitgebers unterzeichnet. Im Zeugnis ist deutlich zu machen, dass dieser Vertreter dem Mitarbeiter gegenüber weisungsbefugt war (vgl. BAG Urteil v. 26.6.2001, 9 AZR 392/00, NZA 2002, 34).

Der Arbeitgeber muss das Zeugnis nicht selbst ausstellen

Dabei sind auch das Vertretungsverhältnis und die Funktion des Unterzeichners anzugeben. Der Grund: Erstens lässt sich an der Person und dem Rang des Unterzeichnenden die Wertschätzung des Mitarbeiters ablesen. Zweitens zeugt ein kompetenter Aussteller für die Richtigkeit der im Zeugnis getroffenen Aussagen. Seinen Zweck als Bewerbungsunterlage kann das Zeugnis nur erfüllen, wenn es von einem „erkennbar Ranghöheren" ausgestellt ist. Das Vertretungsverhältnis kann mit dem Zusatz ppa. oder i.V. kenntlich gemacht werden.

> **DIE ANGABE DES RANGES IST WICHTIG!**
>
> Es genügt nicht, wenn das Arbeitszeugnis eines Mitarbeiters, der Gesamtprokurist und direkt der Geschäftsleitung unterstellt war, lediglich von einem Mitglied der Geschäftsleitung unterzeichnet wird. Die Position des Ausstellers als Mitglied der Geschäftsleitung ist im Zeugnis auch ausdrücklich zu nennen. Bei leitenden Angestellten wird das Zeugnis in der Regel von einem Mitglied des gesetzlichen Vertretungsorgans unterzeichnet.

Hat der Arbeitgeber den Zeugnisanspruch des Mitarbeiters nicht ordnungsgemäß erfüllt, und haben sich die gesetzlichen Vertretungsverhältnisse des Arbeitgebers in der Zwischenzeit geändert, bleibt es dennoch grundsätzlich bei der Verpflichtung des Arbeitgebers, die früheren Vertretungsverhältnisse in das Zeugnis aufzunehmen.

> **GESCHÄFTSFÜHRUNG ODER GESCHÄFTSLEITUNG?**
>
> Oft sind Führungskräfte nicht der Geschäftsführung, sondern der „Geschäftsleitung" unterstellt. Üblicherweise setzt sich die Geschäftsführung ausschließlich aus den gesetzlichen Vertretern des Arbeitgebers zusammen (bei der GmbH die Geschäftsführer, bei der AG die Vorstände). Mit dem Begriff „Geschäftsleitung" wird dagegen oft ein größerer Personenkreis erfasst, der verantwortliche Entscheidungen im Unternehmen treffen kann. Besteht eine Unterstellung unter die Geschäftsleitung, hat der betreffende Mitarbeiter keinen Anspruch darauf, dass ein Mitglied der Geschäftsführung, d. h. ein vertretungsberechtigtes Organ, das Zeugnis unterschreibt.

Unzulässig ist es, das Arbeitszeugnis durch einen nicht im Unternehmen des Arbeitgebers angestellten Vertreter anfertigen zu lassen (z. B. durch einen Rechtsanwalt).

Besonderheiten bei Zeugnissen für Geschäftsführer und Vorstände?

Rechtsgrundlage ist hier § 630 BGB, wonach ein Geschäftsführer oder Vorstand ein schriftliches Zeugnis über das Dienstverhältnis und dessen Dauer fordern kann (einfaches Zeugnis). Auf sein Verlangen ist das Zeugnis auf die Leistungen und Führung im Dienst zu erstrecken (qualifiziertes Zeugnis). Auch in diesem Fall darf das Zeugnis nicht in elektronischer Form übermittelt werden.

Hinsichtlich Aufbau und Gliederung ergeben sich grundsätzlich keine Besonderheiten. Allerdings ist in Bezug auf die Unterschrift zu beachten, dass

gem. § 112 AktG das Zeugnis eines Vorstandsmitglieds einer Aktiengesellschaft von deren Aufsichtsrat und gem. § 46 GmbHG das Zeugnis eines Ge-
schäftsführers einer GmbH von den Gesellschaftern zu unterzeichnen ist.

Besonderheiten bei Ausbildungszeugnissen?

Bei Beendigung eines Berufsausbildungsverhältnisses hat der Auszubildende
dem Auszubildenden auch ohne Verlangen ein Zeugnis auszustellen (vgl.
§ 8 Abs. 1 Satz 1 BBiG), welches als „Ausbildungszeugnis" bezeichnet wird.
Analog gilt dies gemäß § 19 BBiG auch für ein Praktikantenverhältnis, nach
dessen Beendigung ein „Praktikantenzeugnis" zu erteilen ist.

Das Ausbildungszeugnis muss folgende Angaben enthalten (vgl. § 8 Abs. 2 Satz 1
BBiG):

▶ Art, Dauer und Ziel der Berufsausbildung
▶ erworbene Fertigkeiten und Kenntnisse des Auszubildenden

Auf Verlangen des Auszubildenden sind auch Angaben aufzunehmen über

▶ Führung
▶ Leistung
▶ besondere fachliche Fähigkeiten

Die Leistungsbeurteilung eines Auszubildenden muss u.a. folgende Punkte enthalten:

Leistungsbeurteilung

▶ Zielstrebigkeit
▶ Auffassungsgabe
▶ Fleiß, Eifer, Sorgfalt
▶ Interesse an der Ausbildung
▶ erreichter Kenntnisstand
▶ Verlässlichkeit
▶ Selbstständigkeit

*Was bei der Beurteilung
von Auszubildenden
beachtet werden muss,
lesen Sie → Seite 74*

Hinsichtlich des Sozialverhaltens des Auszubildenden sind folgende Punkte zu
beurteilen:

▶ Wesen und Aufgeschlossenheit
▶ Anpassungsfähigkeit
▶ Umgangsformen

Wie geht man im Zeugnis mit Daten zur Person um?

Der Mitarbeiter ist im Zeugnis mit Vor- und Familiennamen und ggf. dem Ge-
burtsnamen genau zu bezeichnen. Anschrift und Geburtsdatum sollten nur
mit seinem Einverständnis aufgenommen werden, da sie zur Identifikation

nicht erforderlich sind, aber bei Namensgleichheit mögliche Verwechslungen ausschließen. Aufgrund des verfassungsrechtlich geprägten allgemeinen Persönlichkeitsschutzes hat der Mitarbeiter einen Anspruch darauf, dass der Arbeitgeber seinen akademischen Grad im Geschäftsverkehr nach außen, also auch in einem Zeugnis, in seiner konkreten Bezeichnung korrekt verwendet. Besitzt der Mitarbeiter einen Studienabschluss mit dem Magistertitel, so hat er Anspruch darauf, dass in seinem Zeugnis dieser akademische Grad mit „M.A." hinter seinem Namen wiedergegeben wird. Hat ein Mitarbeiter als Absolvent einer Hochschule den Titel „Dipl.- Ing." erhalten, darf dem nicht der Zusatz „FH" hinzugefügt werden. Für die Anrede ist „Herr" oder „Frau" zu verwenden, es sei denn, die Mitarbeiterin wünscht ausdrücklich die Bezeichnung „Fräulein".

Welches Datum steht unter dem Zeugnis?

Jedes Zeugnis muss ein Ausstellungsdatum tragen; das ist in der Regel der Tag der tatsächlichen Erstellung. Aus diesem Datum lässt sich erkennen, bis zu welchem Zeitpunkt die Beurteilung erfolgt.

Meist wird das Datum des Vertragsendes angegeben

In der Praxis wird häufig das Datum der Beendigung des Anstellungsverhältnisses eingesetzt, auch wenn das Endzeugnis vor- oder nachher erteilt wurde. Dies ist eine Konsequenz aus dem Grundsatz der wohlwollenden Zeugniserstellung, da ein Ausstellungsdatum, das der rechtlichen Beendigung des Anstellungsverhältnisses nicht entspricht, zu nicht gerechtfertigten negativen Schlussfolgerungen führen kann. Bei einer nachträglichen Änderung (etwa aufgrund eines Gerichtsverfahrens) erhält das berichtigte Zeugnis das Datum des ursprünglichen Zeugnisses (vgl. BAG Urteil v. 9.9.1992, 5 AZR 509/91, NZA 1993, 698).

Wird der Mitarbeiter vorübergehend weiterbeschäftigt (z. B. während eines Kündigungsschutzprozesses), ist das Zeugnis später zu korrigieren. Jetzt wird der Zeitpunkt des tatsächlichen Ausscheidens eingetragen.

Fordert der Mitarbeiter allerdings erst nach seinem Ausscheiden ein Zeugnis an, darf es das spätere Ausstellungsdatum tragen. Der Mitarbeiter kann eine Rückdatierung auf den Tag der Beendigung des Anstellungsverhältnisses in diesem Fall nicht verlangen (vgl. BAG Urteil v. 9.9.1992, 5 AZR 509 / 91, NZA 1993, 698). Dem Arbeitgeber wird aber das Recht zugebilligt, das Zeugnis (wohlwollend) auf den Austrittstag zurückzudatieren.

Wenn der Arbeitgeber die Ausstellung des Endzeugnisses über längere Zeit hinaus ungerechtfertigt verzögert, darf er nicht das verspätete Ausstellungsdatum angeben. Auch in solchen Fällen ist das Datum der Beendigung des Beschäftigungsverhältnisses zu verwenden.

Muss „außerdienstliches Verhalten" im Zeugnis berücksichtigt werden?

Auch so genanntes „außerdienstliches Verhalten" kann die Führungsbeurteilung eines Mitarbeiters beeinflussen. Wenn der Angestellte in fahruntüchtigem Zustand unbefugt ein Dienstfahrzeug seines Arbeitgebers zu einer Privatfahrt benutzt hat und deswegen strafrechtlich verurteilt wird, kann er vom Arbeitgeber im qualifizierten Zeugnis nicht die Aussage verlangen, seine Führung sei „einwandfrei" gewesen. Ein derartiges Zeugnis wäre inhaltlich unwahr (vgl. BAG, Urteil v. 29.1.1986, 4 AZR 479/84, NZA 1987, 384).

Hingegen dürfen Ereignisse im Privatleben, die nicht in Bezug zur beruflichen Tätigkeit stehen, nicht in ein Zeugnis einfließen.

Können bestimmte Angaben weggelassen werden?

Der Arbeitgeber muss zwar Rücksicht auf die weitere berufliche Karriere des Mitarbeiters nehmen, doch diese Rücksichtnahme hat Grenzen. Schließlich kann der künftige Arbeitgeber erwarten, dass das Zeugnis eine zuverlässige Grundlage für seine Einstellungsentscheidung ist. Bestimmte Vorkommnisse, die für die Führungs- und Leistungsbewertung wesentlich sind, dürfen nicht verschwiegen werden.

Die Zeugniswahrheit hat Priorität

Im Interesse der Zeugniswahrheit darf ein Arbeitszeugnis auch dort keine Auslassungen enthalten, wo der Leser eine positive Hervorhebung erwartet (z. B. bei der Ehrlichkeit eines Kassierers). In entscheidenden Fragen (wie z. B. eben Ehrlichkeit eines Mitarbeiters in finanzieller Vertrauensposition oder Unfallfreiheit eines Berufskraftfahrers), bei denen die Antwort nur „Ja" oder „Nein" lauten kann, ist es bei negativen Vorkommnissen nicht zulässig, eine unzutreffende oder gar keine Aussage zu treffen.

Bei bestimmten Berufsgruppen (z. B. Kassierern, Verkäufern, Hotelpersonal, Außendienstmitarbeitern) kann die explizite Erwähnung der Ehrlichkeit gefordert werden, wenn davon auszugehen ist, dass sonst in der entsprechenden Branche Zweifel an der Ehrlichkeit des Mitarbeiters aufkommen. Die (negative) Tatsache muss in jedem Fall angesprochen werden, das Wohlwollen für den Mitarbeiter dann auf andere Weise zum Ausdruck gebracht werden.

Manche Arbeitgeber versuchen, die heiklen Punkte eines Zeugnisses zu umgehen, indem sie sich missverständlich oder mehrdeutig ausdrücken. Dies ist jedoch nicht gestattet.

DAS SAGT DIE RECHTSPRECHUNG

Enthält ein Arbeitszeugnis widersprüchliche, verschlüsselte bzw. doppelbödige Formulierungen, so sind diese ersatzlos zu streichen (vgl. LAG Hamm, Urteil v. 17.12.1998, 4 Sa 630/98, BB 2000, 1090).

Die ersatzlose Streichung dieser (isolierten) Formulierungen führt im Ergebnis dazu, dass die Zeugniswahrheit auf der Strecke bleibt, denn der Arbeitgeber hätte das Zeugnis insgesamt sonst ja völlig anders formuliert.

ZEUGNISSE BIETEN IMMER INTERPRETATIONSSPIELRAUM

Wer meint, dass ein Zeugnis allein durch die Anwendung der Zeugnissprache und die daraus resultierenden Formulierungen eindeutig ist, irrt. Zeugnisse sind nicht eindeutig interpretierbar.

Sie werden immer im Zusammenhang interpretiert, wodurch sich, je nach Situation, unterschiedliche Bewertungen ergeben können. Einen Konsens wird man wahrscheinlich recht schnell bei den jeweiligen Kernsätzen der Beurteilung, also der zusammenfassenden Leistungs- und Führungsbeurteilung sowie der Schlussformel erzielen. Dieser Konsens dürfte schon deshalb leicht zu erzielen sein, weil die Kernsätze justiziabel und einer Notenstufe zuzuordnen sind.

Aber ein Zeugnis besteht meist nicht nur aus den Kernsätzen, sondern auch aus zahlreichen ergänzenden Formulierungen. Hier bleibt sehr viel Raum zur Interpretation, weil diese Formulierungen in der Regel individuell und nicht eindeutig einer Notenstufe zuzuordnen sind. Bei der Interpretation spielen auf Seiten des Zeugnislesers verschiedene Faktoren eine Rolle:

Entscheidend ist das Gesamtbild

• Welche Formulierungen kennt er?

• Welche Formulierungen empfindet er als übertrieben?

• Wägt er jedes Wort genau ab?

• Ist er auf bestimmte Branchengepflogenheiten fixiert?

• Welchen Zeugnisumfang erwartet er?

Die individuelle Herangehensweise an diese Fragen bestimmt die Interpretation.

Es gibt deshalb viele Ansatzpunkte für Missverständnisse. Ein geübter Zeugnisleser wird sich immer ein Gesamtbild machen und einen wirklich interessanten Bewerber auch aufgrund seines Profils zu einem Vorstellungsgespräch einladen. Gleichwohl wird das Zeugnis die Erwartungshaltung des Personalentscheiders beeinflussen. Zeugnisse sollten daher insgesamt vor allem schlüssig und in sich harmonisch formuliert sein, um Missverständnisse zu minimieren.

Tipps für die heiklen Punkte im Zeugnis

Wenn der Mitarbeiter oft krank war

Eine Krankheit darf im Zeugnis grundsätzlich nicht erwähnt werden, auch dann nicht, wenn sie den Kündigungsgrund darstellt. Krankheitsbedingte Fehlzeiten können nur dann genannt werden, wenn sie in keinem Verhältnis zur tatsächlichen Arbeitsleistung mehr stehen.

Krankheiten dürfen grundsätzlich nicht erwähnt werden

Die Verhältnismäßigkeit ist überschritten, wenn die krankheitsbedingten Fehlzeiten etwa die Hälfte der gesamten Beschäftigungszeit ausmachen (vgl. LAG Chemnitz, Urteil v. 30.1.1996, 5 Sa 996/95, NZA-RR 1997, 47).

Liegen sie unter dieser Grenze, könnte der Arbeitgeber im Zeugnis Folgendes schreiben: „Herr XY trat am ... bei uns als ... ein. Er hat sein Arbeitsverhältnis zum ... gekündigt."

Durch die Formulierung „trat" statt „beschäftigt" werden nicht unerhebliche Fehlzeiten zum Ausdruck gebracht. Wenn also in einem Zeugnis nur die rechtliche Existenz eines Anstellungsverhältnisses angegeben wird, kann dies Fehlzeiten andeuten, deren explizite Aufzählung dem Arbeitgeber verwehrt ist.

BITTEN SIE BEWERBER UM LÜCKENLOSE ANGABEN!

Lassen Sie sich im Zweifelsfall von Bewerbern – generell oder bezogen auf einzelne Abschnitte des Berufslebens – ausdrücklich bestätigen, dass die genannten Tätigkeiten in der angegebenen Zeit auch tatsächlich ausgeübt worden sind. Der Bewerber muss die Frage nach dem Lebenslauf und dem beruflichen Werdegang wahrheitsgemäß beantworten (vgl. LAG Köln, Urteil v. 13.11.1995, 3 Sa 832/95, NZA-RR 1996, 403).

Bei einer außerordentlichen Kündigung

Wenn dem Mitarbeiter zu Recht außerordentlich gekündigt wurde, genügt es, dies allein durch die Angabe des Beendigungszeitpunktes der Beschäftigung zum Ausdruck zu bringen. Bei einem „krummen" Beendigungszeitpunkt (abweichend von Monatsmitte, Monats- oder Quartalsende) verdeutlicht das den Umstand der fristlosen Kündigung ausreichend (vgl. LAG Hamm, Urteil v. 24.9.1995, 13 Sa 833/ 85, NZA 1986, 99).

Wenn ein Vertragsbruch vorliegt

Schwierig wird es, wenn ein Mitarbeiter wegen Vertragsbruchs aus der Firma ausscheiden muss. Wie kann eine für ihn ungünstige Formulierung im

Zeugnis vermieden werden? Hier lässt sich nicht allgemein sagen, welche Formulierungen zulässig und welche unzulässig sind.

In der Abwägung zwischen Wahrheitspflicht und Wohlwollen ist es praktisch fast ausgeschlossen, einen Vertragsbruch des Mitarbeiters erkennbar werden zu lassen. Deshalb kann der Arbeitgeber der Wahrheitspflicht in diesem Fall kaum gerecht werden.

DAS SAGT DIE RECHTSPRECHUNG

In puncto Vertragsbruch hat die Rechtsprechung die Anforderung aufgestellt, dass eine entsprechende Formulierung mit Hinblick auf einen „sorgfältigen Leser" erfolgen müsse (vgl. LAG Hamm, Urteil v. 24.9.1995, 13 Sa 833/85, NZA 1986, 99). Das heißt im Klartext: Einem „normalen Leser" darf sie nicht ins Auge springen.

Wie ausführlich muss die Tätigkeitsbeschreibung sein?

Der zukünftige Arbeitgeber soll sich ein klares Bild vom Aufgabenbereich des Mitarbeiters machen können. Das Zeugnis hat daher die Tätigkeiten, die ein Mitarbeiter während seines Anstellungsverhältnisses ausgeübt hat, mit ihren typischen Merkmalen vollständig und genau zu beschreiben.

Wesentliche und typische Tätigkeiten sind aufzuführen

Dabei ist die Grenze zwischen der Art der Beschäftigung und der Beschreibung des Aufgabenbereichs meist fließend. Veränderten sich die Aufgaben im Laufe des Anstellungsverhältnisses, sind die einzelnen Stationen der beruflichen Entwicklung des Mitarbeiters zu beschreiben. Unwesentliche Tätigkeiten, denen bei einer Bewerbung keine Bedeutung zukommt, brauchen nicht erwähnt zu werden.

KEINE AUSUFERNDE TÄTIGKEITSBESCHREIBUNG!

Ein oft beobachtetes Phänomen in Zeugnissen ist die quantitative Überbetonung der Tätigkeitsbeschreibung. Während sie manchmal bis zu 3/4 des Zeugnisses einnimmt, fallen Leistungs- und Verhaltensbeurteilung dagegen häufig deutlich ab. Dies suggeriert eine Bedeutung der Tätigkeitsbeschreibung, die in Wirklichkeit nicht gegeben ist.

Die Ursache liegt wahrscheinlich darin, dass die Tätigkeitsbeschreibung vergleichsweise objektiv dokumentiert werden kann, die Leistungs- und die Verhaltensbeurteilung dagegen nicht. Deshalb legen auch viele Zeugnisleser großen Wert auf die Tätigkeitsbeschreibung, weil sie dem Rest nicht so ganz trauen.

Das ist natürlich nachvollziehbar, denn auch in vielen Führungspositionen wird noch ein gewisses Maß an Fachkenntnis und vor allem Erfahrung verlangt, die sich in der Tat am neutralsten an der Tätigkeitsbeschreibung ablesen lässt. Das Problem ist: Anhand der Tätigkeitsbeschreibung kann man sich noch kein Bild von der Persönlichkeit eines Bewerbers machen. Dieses Gesamtbild entsteht erst im Zusammenspiel mit anderen Faktoren, z. B. den sozialen Kompetenzen.

Wie sollte das Verhältnis Tätigkeits- zu Leistungsbeschreibung aussehen?

Ein Zeugnis muss immer ausgewogen sein; Tätigkeitsbeschreibung und Leistungsbeurteilung sollten idealerweise im Verhältnis 50:50 stehen. Natürlich ist das bei sehr umfangreichen oder häufig wechselnden Tätigkeiten kaum einzuhalten und auch nicht sinnvoll. Zu vermeiden ist aber in jedem Fall ein krasses Missverhältnis dieser beiden Zeugnisteile.

In einer ausführlichen Leistungs- und Verhaltensbeurteilung liegt für den potenziellen Arbeitgeber die große Chance, einen Bewerber schon vorab genauer kennen zu lernen und sich ein präziseres Bild von ihm zu machen. Die Leistungs- und Verhaltensbeurteilung sollte deshalb gerade bei Führungskräften auf wichtige Kernkompetenzen und Schlüsselqualifikationen eingehen, und eben nicht nur aus zwei oder drei Sätzen bestehen, die gerade einmal die Gesamtnote und vielleicht ein einwandfreies Verhalten zum Ausdruck bringen.

Die Beschreibung der Kernkompetenzen ist insbesondere bei Führungskräften wichtig

Die Dauer der Beschäftigung und der Qualifikationsgrad bestimmen letztlich den Umfang der Tätigkeitsbeschreibung. So ist die Berufsbezeichnung zwar zu erwähnen, doch sie genügt nicht als Ersatz für eine detaillierte Tätigkeitsbeschreibung.

Das sollte die Tätigkeits-/Aufgabenbeschreibung enthalten:
► Unternehmen/Branche
► hierarchische Position
► Berufsbild/-bezeichnung
► Aufgabengebiete
► Art der Tätigkeit
► berufliche Entwicklung

SO SPAREN SIE SICH ARBEIT!

Wenn die Stellenbeschreibung laufend fortgeschrieben wurde, können Sie die Tätigkeitsbeschreibung aus der Stellenbeschreibung in das Zeugnis übernehmen. Sehen Sie sich dazu unsere Tipps an → S. 18.

Müssen Vollmachten im Zeugnis erwähnt werden?

Vollmachten sprechen für tadellose Leistung und Verantwortung

Vollmachten lassen Rückschlüsse auf die Stellung im Betrieb und die hierarchische Position zu. Für die Darstellung der Kompetenzen und der Verantwortung des Mitarbeiters ist die Angabe von Vollmachten in einem Zeugnis daher sehr wichtig. Hier ist insbesondere von Interesse, ob ein Mitarbeiter Generalvollmacht, Abschlussvollmacht (§ 55 Abs. 1 HGB), Handlungsvollmacht (§ 54 Abs. 1 HGB) oder Prokura (§ 48 Abs. 1 HGB) hatte. Waren die handelsrechtlichen Vollmachten beschränkt – z. B. Gesamtprokura (§ 48 Abs. 2 HGB) oder Filialprokura (§ 50 Abs. 3 HGB) –, ist dies ebenfalls anzugeben (vgl. LAG Hamm, Urteil v. 17.6.1999, 4 Sa 309/98, ZfPR 2000, 197).

Wie bewerten Sie richtig?

Mit der Bewertung sind wir an einem wichtigen und problematischen Punkt eines qualifizierten Arbeitszeugnisses angelangt. Um überprüfbar – also systematisch und immer auf der derselben Basis – zu urteilen, orientiert sich die Rechtsprechung an folgenden drei Kriterien und sechs Hauptmerkmalen: Inhaltlich muss das qualifizierte Zeugnis eine

► wahrheitsgemäße

► nach sachlichen Maßstäben ausgerichtete und

► nachprüfbare Gesamtbewertung

der Leistung und Führung des Mitarbeiters enthalten (vgl. LAG Düsseldorf, Urteil v. 2.7.1976, 9 Sa 727/76, DB 1976, 2310).

EINZELBEURTEILUNGEN UND SCHLUSSNOTE MÜSSEN SICH DECKEN

Werden die einzelnen Leistungen eines Mitarbeiters im Zeugnis ausnahmslos mit „sehr gut" und die Tätigkeit darüber hinaus mit „sehr erfolgreich" bewertet, so ist eine Gesamtbeurteilung mit der Formulierung, der Mitarbeiter habe seine Aufgaben „immer zu unserer vollen Zufriedenheit gelöst" (das entspräche der Note 2), nicht vereinbar. Der bescheinigten sehr guten Leistung in den Einzelbeurteilungen entspricht nur die zusammenfassende Beurteilung „zur vollsten Zufriedenheit" (BAG, Urteil v. 23.9.1992, 5 AZR 573/91, EZA Nr. 16 zu § 630 BGB).

Welche Noten können Sie geben?

Sechs- bzw. siebenstufige Notenskala

In der Praxis und verschiedenen Zeugnishandbüchern wird für die zusammenfassende Schlussnote oft eine sechsstufige Notenskala (1 = sehr gut, 2 = gut, 3 = befriedigend, 4 = ausreichend, 5 = mangelhaft, 6 = ungenügend) verwendet.

Der Mitarbeiter hat die ihm übertragenen Aufgaben ...

... stets zu unserer vollsten Zufriedenheit erledigt	= sehr gute Leistungen	Note 1
... stets zu unserer vollen Zufriedenheit erledigt	= gute Leistungen	Note 2
... stets zu unserer Zufriedenheit erledigt	= befriedigende Leistungen	Note 3
... zu unserer Zufriedenheit erledigt	= ausreichende, unterdurchschnittliche Leistungen	Note 4
... im Großen und Ganzen zu unserer Zufriedenheit erledigt	= mangelhafte Leistungen	Note 5
... zu unserer Zufriedenheit zu erledigen versucht	= unzureichende Leistungen	Note 6

Die Rechtsprechung hat diese Notenskala um eine Zwischenstufe für „voll befriedigende Leistungen" erweitert und für die Note drei die Formel genannt: „Der Mitarbeiter hat die ihm übertragenen Aufgaben zu unserer vollen Zufriedenheit erledigt", was als voll befriedigende Leistung oder Normalleistung gilt. Alle weiteren in der Liste genannten Noten verschieben sich dann um eine Notenstufe nach „unten" (vgl. LAG Hamm, Urteil v. 13.2.1992, 4 Sa 1077 / 91, LAGE Nr. 16 zu § 630 BGB).

Wann gibt man „sehr gut"?

Eine Leistungsbewertung mit „sehr gut" erfolgt dann, wenn der Mitarbeiter seine Arbeit ohne jede Beanstandung erbracht hat und darüber hinaus besonders auszeichnende Umstände vorliegen wie z. B. die Entwicklung neuer Ideen oder die schnellere Erledigung der Aufgaben.

Allerdings ist die dafür übliche Phrase „stets zur vollsten Zufriedenheit" grammatikalisch nicht korrekt (voll kann nicht gesteigert werden – wenn ein Glas voll ist und man schenkt weiter ein, wird es nicht voller, sondern es läuft über). Wenn Sie wollen, können Sie stattdessen eine andere Formulierung wählen, um die Note „sehr gut" auszudrücken:

▶ „Wir waren mit den Leistungen stets außerordentlich zufrieden."

▶ „Seine/Ihre Leistungen haben jederzeit und in jeder Hinsicht unsere volle Anerkennung gefunden."

▶ „Wir waren mit den Leistungen stets in jeder Hinsicht außerordentlich zufrieden."

Im Zweifel: Anspruch auf Note 3

Der Mitarbeiter hat im Zweifel Anspruch auf eine durchschnittliche Bewertung „voll befriedigende Leistungen" das entspricht der Note 3 in der siebenstufigen Notenskala des LAG Hamm. Er würde dann die Darlegungs- und Beweislast tragen, wenn er eine bessere Bewertung wünschte. Erteilt der Arbeitgeber eine schlechtere Bewertung, obliegt ihm diese Last (vgl. LAG Köln, Urteil v. 2.7.1999, 11 Sa 255/99, NZA-RR 2000, 235). Welche Formulierung die so genannte Mitte darstellt und damit den Durchschnitt angibt, hängt auch von der verwendeten Notenskala ab. Um aus einer unterdurchschnittlichen Bewertung, die in der Formulierung „zu unserer Zufriedenheit" zum Ausdruck kommt, eine durchschnittliche zu machen, ist in der Regel der Zusatz eines Zeitfaktors wie „stets", „immer" oder „jederzeit" erforderlich.

Sie müssen wohlwollend beurteilen! Aber was ist wahr?

Ein Zeugnis darf kein Stolperstein für die Karriere sein

Häufig steckt der Arbeitgeber in einer Zwickmühle: Einerseits soll es das Zeugnis dem zukünftigen Arbeitgeber ermöglichen, sich ein Bild von den Kenntnissen, Fähigkeiten und dem Verhalten des Mitarbeiters gegenüber Kollegen, Vorgesetzten und Kunden zu machen. Aus diesem Grund muss es inhaltlich der Wahrheit entsprechen. Andererseits ist es für den Mitarbeiter im Hinblick auf seine berufliche Zukunft von großer Bedeutung – und könnte unter Umständen ein Karrierehindernis sein.

> **DAS SAGT DIE RECHTSPRECHUNG**
>
> Grundsätzlich hat der Arbeitgeber das Zeugnis im Interesse des Mitarbeiters mit *Wohlwollen* zu erstellen (vgl. BGH, Urteil v. 26.11.1963, VI ZR 221/62, AP Nr. 10 zu § 826 BGB). Das heißt aber nicht, dass nur positive, für den Mitarbeiter günstige Bewertungen aufgenommen werden dürfen. Ein solches Zeugnis würde dem obersten Grundsatz der Wahrheitspflicht widersprechen.

Verlangt ein Mitarbeiter ein qualifiziertes Zeugnis, muss er damit rechnen, dass darin auch negative Aussagen enthalten sind. „Wohlwollend" bedeutet deshalb in diesem Zusammenhang, dass das Zeugnis aus der Sicht eines verständigen Arbeitgebers abzufassen ist und nicht durch Vorurteile oder Voreingenommenheit bestimmt sein darf, die den weiteren Berufsweg des Mitarbeiters unnötig erschweren. Im Rahmen der Zeugniserteilung dürfen deshalb auch negative Eigenschaften und Vorfälle nur in einer adäquaten Weise zum Ausdruck kommen (vgl. LAG Bremen, Urteil v. 9.11.2000, 4 Sa 101/00, NZA-RR 2001, 287).

Das Bundesarbeitsgericht hat dieses Spannungsverhältnis so formuliert: Bei der Wertung der Tragweite des Zeugnisses gilt zunächst, dass es wahr zu sein hat, auch wenn es vom verständigen Wohlwollen gegenüber dem Mitarbeiter getragen sein muss und ihm das weitere berufliche Fortkommen nicht ungerechtfertigt erschweren soll.

Dieser Grundsatz hat zur Folge, dass der Mitarbeiter, wenn sich das Zeugnis auf sein Verlangen hin auch auf Leistung und Führung erstrecken soll, mit negativen Aussagen rechnen muss, die für sein weiteres Fortkommen nachteilig sein können. Die Wahrheitspflicht hat Vorrang (vgl. BGH, Urteil v. 22.9.1970, VI ZR 193/69, BB 1970, 1395).

Die Wahrheitspflicht hat Vorrang

Der Mitarbeiter muss mit negativen Aussagen rechnen

KEINE FAULEN KOMPROMISSE

Um des lieben Friedens willen werden oft gerichtliche Vergleiche geschlossen, in denen sich z. B. Aussagen über die Gründe für die Beendigung des Anstellungsverhältnisses finden, die nicht unbedingt den Tatsachen entsprechen. Die Aufnahme derselben Aussage in ein qualifiziertes Zeugnis kann dem Grundsatz der Zeugniswahrheit widersprechen und daher unzulässig sein.

Die Zeugniswahrheit lässt es nicht zu, in einem qualifizierten Zeugnis einen Beendigungsgrund für das Anstellungsverhältnis zu nennen, der ohne gerichtliche Feststellung lediglich als Kompromissformel in einen Prozessvergleich aufgenommen worden ist (vgl. LAG Frankfurt, Urteil v. 18.2.1983, 13 Sa 1102/82, AuR 1984, 53). Die Zeugniswahrheit steht auch dem Verlangen des Mitarbeiters entgegen, ein Arbeitszeugnis nur auf einen bestimmten Zeitraum eines langjährigen Anstellungsverhältnisses zu beschränken.

Sind Zwischenzeugnisse in der Bewertung bindend?

Von der Erteilung eines Zwischenzeugnisses bis zur Ausstellung des Endzeugnisses vergeht manchmal viel Zeit. Kann der Arbeitgeber deshalb im Endzeugnis andere Bewertungen vornehmen als im Zwischenzeugnis?

Mit dem Zwischenzeugnis entsteht für den Arbeitgeber hinsichtlich des beurteilten Zeitraumes des Anstellungsverhältnisses eine gewisse Bindungswirkung. Er kann bei gleicher Beurteilungslage seine im Zwischenzeugnis zum Ausdruck gekommenen Bewertungen im Schlusszeugnis also nicht ändern. Was bedeutet aber „gleiche Beurteilungslage"?

DAS SAGT DIE RECHTSPRECHUNG

Bei einem fünfjährigen Anstellungsverhältnis geht die Rechtsprechung davon aus, dass die Beurteilungslage gleich geblieben ist, wenn das Schlusszeugnis nur zehn Monate nach dem Zwischenzeugnis verfasst wurde (vgl. LAG Köln, Urteil v. 22.8.1997, 11 Sa 235/97, NZA 1999, 771).

Was ist persönliche Führung und Führungsleistung?

Der Begriff („persönliche") „Führung" umfasst das allgemeine Sozialverhalten, die Fähigkeit, mit anderen zusammenzuarbeiten (Kooperations- und Kompromissbereitschaft), Vertrauenswürdigkeit, Verantwortungsbereitschaft und die Beachtung der betrieblichen Ordnung. Dabei kommt es auf das dienstliche Verhalten an; außerdienstliches Verhalten ist nur von Relevanz, soweit es das dienstliche Verhalten beeinflusst (→ Muss „außerdienstliches Verhalten" im Zeugnis berücksichtigt werden? S. 63).

In diesem Teil des Zeugnisses gibt man ein zusammenfassendes Urteil über die Eigenschaften und das gesamte dienstliche Verhalten des Mitarbeiters ab. Hier sind das betriebliche Zusammenwirken, das Verhalten gegenüber Vorgesetzten, gleichgeordneten Arbeitskollegen, nachgeordneten Mitarbeitern und auch gegenüber Kunden zu erfassen. Dabei ist es wichtig, dass alle Verhaltensrichtungen beurteilt werden, da Auslassungen bzw. Nichterwähnung einer Gruppe Rückschlüsse auf Verhaltens-, Anpassungs-, Kontakt- oder Führungsschwierigkeiten zulassen (so genanntes „beredtes Schweigen" → S. 77).

Bei Führungskräften benennt die Führungsleistung als Grundelement des qualifizierten Zeugnisses die Qualität der Mitarbeiterführung durch einen Vorgesetzten, das Führungsverhalten und den Führungsstil. Je nach Führungsebene ist hier eine Reihe von Merkmalen wichtig.

Was muss bei der Beurteilung der Führung berücksichtigt werden?

Zur Beurteilung der persönlichen Führung gehört auch das eventuelle Fehlverhalten des Mitarbeiters. Dabei kann die Bewertung von vielen Faktoren abhängen wie z. B. der eigenen Einstellung des Beurteilers gegenüber dem Mitarbeiter, seinen Erfahrungen und seiner Erwartungshaltung.

Will der Arbeitgeber einem Mitarbeiter im Schlusszeugnis lediglich eine durchschnittliche Führung bescheinigen, so genügt er seiner Darlegungspflicht, wenn er sich darauf beruft, dass er sich von dem Mitarbeiter aus verhaltensbedingten Gründen durch Kündigung oder Aufhebungsvertrag getrennt hat.

Will der Arbeitgeber dagegen unterdurchschnittliche Leistungen bescheinigen, muss er darlegen und ggf. beweisen, dass das Verhalten des Mitarbeiters fehlerhaft war. Wenn andererseits der Mitarbeiter eine gute Führungsbewertung im Zeugnis durchsetzen will, muss er darlegen und ggf. beweisen, inwieweit sein Verhalten diese Anerkennung verdient.

Bei der Führungsbeurteilung ist also auch eventuelles arbeitsvertragswidriges Verhalten zu berücksichtigen. Eine objektiv richtige Beurteilung der Führung des Mitarbeiters kann einen Vertragsbruch, der eine vorzeitige Beendigung des Anstellungsverhältnisses zur Folge hatte, nicht unberücksichtigt lassen. Es ist in der Praxis daher durchaus üblich, vertragswidriges Verhalten auch im Zeugnis zu erwähnen, wenn das Verschweigen bestimmter, für die Führung bedeutsamer Vorkommnisse die für die Beurteilung des Mitarbeiters wesentliche Gesamtbewertung in erheblichem Maße als unrichtig erscheinen lässt (z. B. wenn der Mitarbeiter in seinem Beruf straffällig geworden ist).

Allerdings gilt der Grundsatz, dass die Aufnahme des Verdachts einer strafbaren Handlung in das Zeugnis im Allgemeinen mit Treu und Glauben nicht vereinbar und daher unzulässig ist.

> **EINGESCHRÄNKTE AUSSAGE ZUM FÜHRUNGSVERHALTEN**
>
> In einem solchen Fall kann der Arbeitgeber das gestörte Vertrauensverhältnis (bei Verdacht einer strafbaren Handlung) dadurch zum Ausdruck bringen, dass er keine Aussage über das Führungsverhalten des Mitarbeiters zu seinen Vorgesetzten, d. h. zum Arbeitgeber macht. Aus einem solchen „beredten Schweigen" zu diesem für die Bewertung des Führungsverhaltens maßgeblichen Punkt können entsprechende Berufskreise nach Auffassung der Rechtsprechung die notwendigen Rückschlüsse ziehen.

Für die Einordnung von Formulierungen zur Bewertung des Führungsverhaltens hat sich – ähnlich wie bei der Leistungsbeurteilung – eine differenzierende Formulierungspraxis entwickelt. Im Interesse der wohlwollenden Zeugniserteilung werden abgestufte positive Formulierungen mit bewussten Auslassungen (beredtes Schweigen) kombiniert, um (eindeutige) negative Aussagen zu vermeiden. Die Rechtsprechung hat folgende Abstufung der Beurteilung zum Verhalten gegenüber Vorgesetzten und Kollegen vorgeschlagen (vgl. LAG Hamm, Urteil v. 8.7.1993, 4 Sa 171/93):

Sein/Ihr Verhalten zu Vorgesetzten, Arbeitskollegen ...

... war stets vorbildlich	= sehr gute Führung	
... war vorbildlich	= gute Führung	
... war stets einwandfrei/korrekt	= voll befriedigende Führung	
... war einwandfrei/korrekt	= befriedigende Führung	
... war ohne Tadel	= ausreichende Führung	
... gab zu keiner Klage Anlass	= mangelhafte Führung	
Über ihn/sie ist uns Nachteiliges nicht bekannt geworden.	= unzureichende Führung	

In der Praxis hat sich eine leicht modifizierte Abstufung der Führungsbewertung herausgebildet. Derartige zusammenfassende Bewertungen haben allerdings nur einen geringen Informationswert, wenn das Zeugnis nicht entsprechende Erläuterungen/Kommentare enthält.

Wie beurteilen Sie die Mitarbeiterführung eines Vorgesetzten?

Wichtig bei der Beurteilung der Führungsleistung ist, dass das Zeugnis dazu Stellung nimmt, wie sich die Führung auf die Motivation der Mitarbeiter (Betriebsklima) und auf ihre Leistung (Arbeitsergebnis) auswirkt. So lässt z. B. die Senkung der Fluktuationsrate oder der Abwesenheitsquote auf ein gutes Betriebsklima schließen.

Stets zu beurteilen ist das Durchsetzungsvermögen der Führungskraft. Mangelt es ihr daran, ist dies ein Zeichen von Führungsschwäche (vgl. LAG Hamm, Urteil v. 27.4.2000, 4 Sa 1018/99, BB 2001, 629).

> **AUSZUBILDENDE NICHT ZU STRENG BEURTEILEN!**
>
> Bei einem Ausbildungszeugnis ist zu beachten, dass sich der junge Mensch noch im Entwicklungsstadium befindet. Er sollte hinsichtlich seiner Führung deshalb nicht nach allzu strengen Maßstäben bewertet und damit womöglich für sein ganzes weiteres Berufsleben negativ gekennzeichnet werden.

Hat ein nach seiner Berufsausbildung bzw. Praktikantenzeit übernommener Mitarbeiter kein Ausbildungs- bzw. Praktikantenzeugnis erhalten, kann sich das Zeugnis bei Beendigung des Anstellungsverhältnisses nur eingeschränkt über die gesamte Beschäftigungszeit, d. h. über die Ausbildungs- bzw. Praktikantenzeit und die Beschäftigungszeit als Mitarbeiter, erstrecken. Hier ist wie folgt zu differenzieren:

Die spezifischen Angaben über die erworbenen Fähigkeiten und Kenntnisse sowie über besondere fachliche Fähigkeiten und Neigungen des Auszubildenden bzw. Praktikanten gehören nicht in ein Arbeitszeugnis, selbst wenn es einheitlich für beide Zeitabschnitte erstellt wird. Dies hat seinen Grund in der unterschiedlichen Zweckbestimmung von Ausbildungszeugnis einerseits und Arbeitszeugnis andererseits. Das Arbeitszeugnis soll ...

▶ über die während des Anstellungsverhältnisses unter Beweis gestellten Fähigkeiten, Fertigkeiten und Kenntnisse Aufschluss geben sowie Angaben über die berufliche Entwicklung des Mitarbeiters enthalten.

▶ zeigen, in welchem Aufgabengebiet der fertig ausgebildete bzw. geschulte Mitarbeiter tatsächlich eingesetzt wurde, mit welchen Tätigkeiten er betraut war, wie er sein erlerntes Wissen in der Praxis umgesetzt und wie er sich in dem erlernten Beruf bewährt hat. Soweit es dem Mitarbeiter auch auf die während der Ausbildungszeit erworbenen Fertigkeiten und Kenntnisse, die besonderen fachlichen Neigungen und Fähigkeiten ankommt, hat er die Möglichkeit, sich ein separates Ausbildungs- bzw. Praktikantenzeugnis ausstellen zu lassen.

Anders ist die Situation bei der Führungs- und Leistungsbeurteilung. Hierbei handelt es sich um ein Werturteil, und dies kann sich auch darauf erstrecken, ob der Mitarbeiter so zuverlässig gewesen ist, wie das während der Ausbildungs- bzw. Praktikantenzeit der Fall war, oder ob er nachgelassen hat. In diesem Zusammenhang kann auch die Umsetzung des Erlernten in die tägliche Praxis beurteilt werden, sofern sich der Arbeitgeber nicht auf eine zusammenfassende Führungs- und Leistungsbeurteilung beschränkt.

Was gilt bei der Führungs- und Leistungsbeurteilung?

Hat das an das Ausbildungsverhältnis anschließende Anstellungsverhältnis nur eine kurze Zeit (z. B. ein halbes Jahr) gedauert, kann das Arbeitszeugnis auch das Sozialverhalten des Mitarbeiters für den gesamten Zeitraum (Ausbildungszeit und Anstellungsverhältnis) umfassen.

Auch wenn ein separates Ausbildungs- bzw. Praktikantenzeugnis erteilt wurde, ist im anschließenden Arbeitszeugnis beim gleichen Arbeitgeber zumindest die Ausbildungs- bzw. Praktikantenzeit zu erwähnen.

Zeugnissprache – Fachsprache oder Geheimsprache?

Spezielle Techniken der Zeugnissprache

Ja, es gibt mittlerweile eine Zeugnissprache mit speziellen Techniken, die z. B. als Positiv-Skala-Technik, Leerstellentechnik, Reihenfolgetechnik, Ausweichtechnik, Einschränkungstechnik, Andeutungstechnik, Knappheitstechnik oder Widerspruchstechnik bezeichnet werden (vgl. Arnulf Weuster, „Zeugnisgestaltung und Zeugnissprache zwischen Informationsfunktion und Werbefunktion", 1992, S. 58).

Diese Zeugnissprache als überbetriebliche Sprachregelung hat sich durch eine allmähliche Normierung der Zeugnisformulierungen in den Unternehmen herausgebildet. Praxisratgeber, Trainingsseminare für Zeugnisaussteller, wissenschaftliche Fachliteratur sowie die Rechtsprechung der Arbeitsgerichte haben ihren Teil dazu beigetragen. Der Normierungsgrad ist dabei unterschiedlich hoch: Die allgemeine Leistungsbeurteilung mit der so genannten „Zufriedenheitsskala" ist heute Standard. Bei der Beurteilung des Sozial- und Führungsverhaltens gibt es eine größere Vielfalt von Formulierungen.

DAS SAGT DER GESETZGEBER

Formulierungen sind wegen Verstoßes gegen § 109 Abs. 2 GewO unzulässig, wenn:
► nur noch Eingeweihte das Zeugnis lesen bzw. bewerten können und der „Hintersinn" der Worte verbal nicht mehr deutlich wird
► Informationen verschleiert werden
► der Leser harmlosen oder positiv klingenden Formulierungen aufsitzt
► widersprüchliche, verschlüsselte bzw. doppelbödige Formulierungen gewählt werden

---

Viele Mitarbeiter können ihr Zeugnis nicht „lesen"

Die Zeugnissprache stellt für viele Mitarbeiter ein Problem dar, weil sie sie in der Regel nicht beherrschen und glauben, ein gutes Zeugnis erhalten zu haben. Oftmals können die Mitarbeiter ihr eigenes Zeugnis nicht „deuten" und werden zum Überbringer einer Nachricht degradiert, die sie selbst nicht verstehen. Solange auf die gesetzlich nicht vorgegebene, aber in der Praxis übliche Zeugnissprache nicht verzichtet, also nicht „Klartext" gesprochen wird (was einen Umgewöhnungsprozess voraussetzen würde), empfiehlt es sich, den allgemein anerkannten Formulierungen zu folgen, um Missdeutungen oder gerichtliche Auseinandersetzungen zu vermeiden.

Welche Verschlüsselungstechniken gibt es?

Über den „Geheimcode" ist viel geschrieben worden. Dies vorweg: Die meisten Experten gehen davon aus, dass es einen wirklichen Geheimcode nicht gibt. Das wird schon darin deutlich, dass mittlerweile eine beachtliche Anzahl von verklausulierten Formulierungen bekannt, der „Geheimcode" also keinesfalls mehr geheim ist.

Man spricht in diesem Zusammenhang deshalb zutreffender von Verschlüsselungstechniken, die Außenstehenden, d. h. vornehmlich Zeugnisempfängern, nicht in der erforderlichen Tiefe bekannt sind. Nach Weuster kann man die einzelnen Techniken wie folgt beschreiben:

Positiv-Skala-Technik

Die Wohlwollenspflicht bei der Zeugniserstellung hat dazu geführt, dass offen negative Aussagen weitgehend vermieden werden. Beurteilungen erfolgen deshalb anhand der inzwischen standardisierten Notenskalen, welche fein abgestufte positive oder nur schwach negative Aussagen enthalten. Das denkbare Beurteilungsspektrum positiver und negativer Aussagen wird dabei verbal auf den feiner unterteilten Positivbereich transformiert.

Negative Aussagen werden positiv umschrieben

Negative Aussagen kann man mit Formulierungen wie „noch gut" und „teilweise gut" umschreiben. Es kommt demnach nicht darauf an, dass ein Mitarbeiter im Zeugnis gelobt wird, sondern in welchem Maße dies geschieht. Das spiegelt sich in der heute gebräuchlichen Zufriedenheitsskala wider. Die Positiv-Skala-Technik erscheint auf den ersten Blick als eine Wohlwollens-Technik. Hier liegt die Annahme zugrunde, dass der einzelne Mitarbeiter eine verdeckte Kritik einer offenen vorzieht, da ihm die verdeckte bei Bewerbungen mehr Chancen lässt.

Die Positiv-Skala-Technik wirkt aber nur gegenüber Zeugnislesern, die sie nicht kennen. Problematisch ist, dass sie vielen Mitarbeitern nicht bekannt ist. Das hat zur Folge, dass sie ihr Zeugnis bei Bewerbungen im besten Glauben einsetzen und sich Absagen bereits im Rahmen der Bewerbervorauswahl nicht erklären können.

Leerstellen-Technik

Die Leerstellen-Technik besteht darin, anstatt einer negativen gar keine Aussage zu machen. Diese Technik kann allerdings der Wahrheitspflicht widersprechen, wenn sie den Grundsatz der Vollständigkeit des Zeugnisses verletzt oder bei Dritten unberechtigt zu negativen Schlüssen führt.

Fehlt in einem Zeugnis eine Beurteilung, oder legen qualifizierte Bewerber nur ein einfaches Zeugnis vor, so liegt der Verdacht nahe, dass sie auf eine Beurteilung verzichtet haben, um einer deutlichen Kritik auszuweichen.

Wenn eine ganze Zeugniskomponente fehlt, ist denkbar, dass zwar eine ganz gute Leistung, nicht aber das wenig akzeptable Sozialverhalten beurteilt wird (oder umgekehrt). Das fiele dann unter die Kategorie beredtes Schweigen.

Am häufigsten fehlen innerhalb einer Zeugniskomponente einzelne Aussagen oder in Aussagen einzelne Wörter. Bei jedem Mitarbeiter ist im Rahmen der Arbeitsbefähigung das Fachwissen zu bewerten. Hier sind „Leerstellen" hinsichtlich des Umfangs, der Tiefe des Fachwissens und des möglichen praktischen Nutzens des Fachwissens für das Unternehmen möglich. So kann man z. B. die Leistungsbeurteilung mit ihren Unterkomponenten, bei denen wiederum eine Reihe funktions- und berufsspezifischer „Leerstellen" möglich sind, entsprechend variieren.

Dabei kommt es insbesondere auf berufs- und tätigkeitsspezifische Besonderheiten an. Z. B. wird bei Konstrukteuren, Werbefachleuten und Forschern bei der Arbeitsbefähigung eine Wertung ihrer Kreativität (mögliche Leerstelle) erwartet. Bei Systemanalytikern und Organisatoren muss bei der Arbeitsbefähigung das logische und analytische Denkvermögen bewertet werden. Bei der Chefsekretärin fällt womöglich der Hinweis auf die Selbstständigkeit unter den Tisch, bei der Führungskraft fehlt jeglicher Hinweis auf das Vertrauensverhältnis zu den Untergebenen, beim Verkäufer auf das Verhältnis zu seinen Kunden usw.

Reihenfolge-Techniken

Bei den Reihenfolge-Techniken (Anordnungs-, Satzstellungs-, Kleimax-Technik) erfolgt eine Abwertung in der Weise, dass unwichtige oder weniger wichtige Aussagen vor wichtige gesetzt werden. Wenn der Einkäufer z. B. für „Büromaterial, Werkzeuge und Maschinen" zuständig war, dann klingt das anders als „Maschinen, Werkzeuge und Büromaterial". Diese Kodierungstechniken haben die Funktion, trotz des Wohlwollens-Gebotes die Informationsfunktion des Zeugnisses zu sichern. So kann z. B. die Zeugniskomponente Verhaltensbeurteilung vor die Leistungsbeurteilung gezogen werden. Fällt die Verhaltensbeurteilung dann auch noch besser aus als die Leistungsbeurteilung, wird damit deutlich gemacht, dass der Mitarbeiter zwar ein netter Kollege mit guten Umgangsformen war, es mit seiner Arbeitsleistung aber nicht zum Besten stand.

Weiter können innerhalb der Aufgabenbeschreibung die Neben- vor den Hauptaufgaben genannt werden. Damit würde die scheinbar wertfreie Aufgabenbeschreibung indirekt zur Bewertung eingesetzt.

Eine weitere Variante ist die Einfügung der Leistungsbeurteilung in die Aufgabenbeschreibung. Das geschieht insbesondere dann, wenn der Mitarbeiter
aufgrund einer Versetzung unterschiedliche Stellen im Unternehmen inne-
hatte. Der Einschub hat zur Folge, dass die nach der Leistungsbeurteilung
folgenden Aufgaben nicht mehr beurteilt werden. Geschieht dies bei einer
Versetzung, und verlässt der Mitarbeiter das Unternehmen danach, liegt der
Verdacht nahe, dass er mit der zweiten, ggf. anspruchsvolleren Aufgabe
nicht zurechtgekommen ist. Mit dieser Technik kann das Zeugnis allerdings
gegen die Wahrheitspflicht verstoßen, wenn es infolge der gewählten Satzstellung zu Irrtümern oder Mehrdeutigkeiten bei Dritten führt.

Ausweich-Technik

Bei dieser Technik wird Unwichtiges, weniger Wichtiges oder Selbstverständli-
ches anstelle von Wichtigem hervorgehoben. Wenn Nebensächlichkeiten
und Selbstverständlichkeiten, wie z. B. das gepflegte Äußere eines Firmen-
repräsentanten, besonders betont werden, ist Misstrauen angesagt. Dadurch
wird der Beurteilte abgewertet. Hinsichtlich der Fachkenntnisse wirkt es
z. B. abwertend, wenn nur Basisqualifikationen oder technisch rückständige
bzw. überholte Qualifikationen genannt werden. Hier ist allerdings zu berücksichtigen, dass der forderbare Qualifikationsgrad funktionsabhängig ist
– so bedeutet „technisches Verständnis" im Zeugnis einer Sekretärin eine
Anerkennung, während es bei einem Diplom-Ingenieur einer technischen
Fachrichtung eine Abwertung darstellt.

Einschränkungs-Technik

Diese Technik besteht in einer subtilen Einschränkung der räumlichen oder
zeitlichen Geltung von Aussagen. Beispiele: „Er arbeitete stets zur vollen
Zufriedenheit seines direkten Vorgesetzten" (= aber nicht zur allgemeinen
Zufriedenheit); „Er kümmerte sich auch (= leider zu wenig) um die Reklamationen unserer Kunden." „Bei uns galt er als Experte", oder „Im Fachver-
band X schätzte man ihre Kompetenz" (anderswo allerdings nicht).

Oft finden sich auch Aussagen, die eine eindeutige und am allgemeinen Maßstab orientierte Beurteilung vermissen lassen: „die ihm eigene Genauigkeit", „die für sie typische Vorgehensweise", „sprechen für sich selbst" usw.

Einschränkungen werden dabei insbesondere durch Relativsätze zum Ausdruck gebracht, z. B.: „Die Aufgaben, die wir ihm übertrugen (= sonst keine), erledigte er zu unserer Zufriedenheit."

Eine weitere Gestaltung besteht in der Verwendung von Aussagen bzw. Verben, die nur Anforderungen, Erwartungen, Bereitschaft und Zuständigkeiten ausdrücken oder lediglich den Beginn von Arbeiten beschreiben, ohne dass Aussagen über die Erfüllung der Anforderungen und Erwartungen oder die Erledigung der Arbeiten folgen. Ein Beispiel: „Die Tätigkeiten, die er aufgriff (= aber nicht erledigte), bearbeitete er mit regem Interesse."

Andeutungs-Technik

Die Andeutungs-Technik („Orakel-Technik") legt dem Leser negative Schlüsse nahe. Dies erfolgt durch beliebig auslegbare Leerformeln und die Verwendung von Verben, die in der Alltagssprache mehrdeutig gebraucht werden. Auch mehrdeutige Adjektive und Adverbien werden gerne eingesetzt, wie z. B.: anspruchsvoll (war nie zufrieden), kritisch (mäkelte andauernd herum), leistungswillig (sie wollte, aber sie schaffte es nicht), kommunikationsbereit (sie redete ständig mit ihren Kollegen) usw.

Für die Zeugnissprache ergibt sich daraus, dass bei Unklarheiten fast immer eine negative Wertung gemeint ist. Wörtern wie „Gelegenheit" oder „Bemühen", die in der Alltagssprache neutral oder positiv verwendet werden, wird in der Zeugnissprache durch Uminterpretation ein negativer Sinn gegeben.

Die Andeutungs-Technik liefert dem kundigen Zeugnisleser deutliche negative Aussagen. Gebräuchlich ist hier vor allem die gehäufte Passivierung, bei welcher der Mitarbeiter im Zeugnis durchgängig als unselbstständiges Objekt und damit ohne Initiative und ohne Engagement beschrieben wird („wurde versetzt …, … wurde damit betraut …, … wurde (dann) von uns eingesetzt in …").

Eine Spielart der Andeutungs-Technik ist die Negations-Technik, die in der Verneinung des Gegenteils oder in der Verneinung negativ besetzter Begriffe besteht. In der Alltagssprache bedeutet das oft eine besonders positive Hervorhebung, in der Zeugnissprache gilt das Gegenteil. Formulierungen wie „nicht unbedeutende Ergebnisse", „nicht unerhebliche Erfolge", „war nicht zu beanstanden" sind typische Beispiele für diese Technik.

Knappheits-Technik

Bei dieser Technik erfolgt die Abwertung durch ein betont kurzes Zeugnis oder durch lakonische Aussagen zu einzelnen Zeugniskomponenten. Sehr kurze

Zeugnisse, die noch dazu in einzeiliger Schreibweise verfasst werden, signalisieren – ähnlich wie einfache Zeugnisse – bei qualifizierten Mitarbeitern eine bewusste Abwertung.

Widerspruch-Technik

Widersprüche und inhaltlich/stilistische Brüche in Zeugnissen sind oft das Ergebnis von Verhandlungen über den Zeugnisinhalt, bei denen der Mitarbeiter eine verdeckte Kritik aus Unkenntnis übersieht oder bei denen er nur einige Verbesserungen durchsetzen kann. Widersprüchlich und daher nicht glaubwürdig wirken z. B. Aufgabenbeschreibungen, in denen neben sehr bedeutsamen und verantwortungsvollen Aufgaben auch einfache Arbeiten und Hilfsarbeiten aufgeführt werden.

Ein deutlicher Widerspruch ergibt sich auch dann, wenn auf eine sehr gute oder gute Leistungs- und Verhaltensbeurteilung im Schlusssatz keine Dankes- / Bedauernsformel folgt. Widersprüchlich wirkt es, wenn in diese Formel und in die Zukunftswünsche Kritik gelegt wird (z. B. „er hat sich im Rahmen seiner Fähigkeiten sehr engagiert, wofür wir uns bedanken").

Der Geheimcode – 40 Phrasen und was sie bedeuten

Eines vorweg: Nicht immer bedeuten die folgenden Formulierungen wirklich etwas Negatives. Es kommt auf den Kontext an. Bedenklich wird es, wenn sie einzeln erscheinen und nicht näher spezifiziert werden.

NUANCEN ENTSCHEIDEN ÜBER DEN SINN

In einem Zeugnis heißt es: Der Mitarbeiter war mit „Fleiß und Interesse" bei der Sache, was sich in „glänzenden Ergebnissen widerspiegelte". Erst wenn die zweite Aussage *fehlt*, handelt es sich bei der Formulierung um eine codierte Aussage (er war eifrig bei der Sache, nur das Ergebnis stimmte nie). Die Bescheinigung der Eigenschaft „Fleiß" ist nur dann positiv, wenn sich die Leistungsbewertung nicht allein darin erschöpft und der Fleiß des Mitarbeiters im Zusammenhang mit der übrigen, insbesondere einer zusammenfassenden Leistungsbewertung steht. Selbst dann ist aber nicht gesagt, dass Willkür vorliegt. Vielleicht war der Zeugnisaussteller ungeschickt und hatte einfach kein Gespür für die Doppeldeutig- und Feinsinnigkeiten der Zeugnissprache. Entscheidend ist der Zusammenhang, in dem die Formulierungen stehen.

Floskel	Bedeutung
Sie hat alle Arbeiten mit großem Fleiß und Interesse erledigt.	Sie war zwar fleißig und interessiert, aber nicht erfolgreich.
Er machte sich stets mit großem Eifer an die ihm übertragenen Aufgaben.	Er war zwar sehr eifrig, aber sein Erfolg ließ zu wünschen übrig.
Sie hatte/zeigte stets Verständnis für ihre Arbeit.	Sie leistete keine gute Arbeit.
Er war stets (nach Kräften) bemüht, die Arbeiten zu unserer vollen Zufriedenheit zu erledigen.	Er hat sich angestrengt, aber Erfolg hatte er nicht.
Die Aufgaben, die wir ihr übertrugen, hat sie zu unserer Zufriedenheit erledigt.	Sie erledigte wirklich nur die Aufgaben, die man ihr explizit übertrug. Ansonsten blieb sie passiv, war also allenfalls Durchschnitt.
Sie erledigte alle Aufgaben pflichtbewusst und ordnungsgemäß.	Sie war zwar pflichtbewusst, es mangelte ihr jedoch an Initiative.
Er arbeitete mit größter Genauigkeit.	Er war ein erbsenzählender, langsamer und unflexibler Pedant.
Sie verstand es, alle Aufgaben stets mit Erfolg zu delegieren.	Sie drückte sich vor der Arbeit, wo sie nur konnte.
Die angebotenen Leistungen lagen stets im Bereich seiner Fähigkeiten.	Seine Fähigkeiten waren sehr schlecht, weshalb er dem Unternehmen nichts brachte.
Sie hat unseren Erwartungen im Wesentlichen entsprochen.	Ihre Leistungen waren schlichtweg mangelhaft.
Sie zeigte sich den Belastungen gewachsen.	Sie war nicht besonders, allenfalls ausreichend belastbar.
Er war seinen Mitarbeitern jederzeit ein verständnisvoller Vorgesetzter.	Er war nicht durchsetzungsfähig und besaß keine Autorität.
Sie koordinierte die Arbeit ihrer Mitarbeiter und gab klare Anweisungen.	Sie beschränkte sich auf Anweisen und Delegieren.
Sein Verhalten gegenüber Kollegen und Vorgesetzten war stets vorbildlich.	Er hatte Probleme mit seinen Vorgesetzten (weil diese im Satz erst nach den Kollegen erwähnt werden).
Er hat alle Aufgaben in seinem und im Interesse der Firma gelöst.	Er beging Diebstahl und/oder schwere andere Unkorrektheiten.
Sie war sehr tüchtig und wusste sich gut zu verkaufen.	Sie war eine impertinente Wichtigtuerin.

Im Umgang mit Kollegen und Vorgesetzten zeigte er durchweg eine erfrischende Offenheit.	Er war immer sehr vorlaut.
Durch ihre Geselligkeit/ihre gesellige Art trug sie zur Verbesserung des Betriebsklimas bei.	Sie neigte zu übertriebenem Alkoholgenuss.
Für die Belange der Belegschaft bewies er stets (großes) Einfühlungsvermögen.	Er flirtete heftig und war ständig auf der Suche nach Sexualkontakten.
Für die Belange der Mitarbeiter hatte er ein umfassendes Verständnis.	Er war homosexuell, bzw. sie war lesbisch.
Seine umfangreiche Bildung machte ihn stets zu einem gesuchten Gesprächspartner.	Bildung hin oder her – er war geschwätzig und führte lange Privatgespräche im Dienst.
Sie trat sowohl innerhalb als auch außerhalb unseres Unternehmens engagiert für die Interessen der Kolleginnen und Kollegen ein.	Sie war im Betriebsrat tätig, bzw. sie hat sich gewerkschaftlich betätigt.
Seine Auffassungen wusste er intensiv zu vertreten.	Er besaß ein übersteigertes Selbstbewusstsein.
Sie zeichnete sich insbesondere dadurch aus, dass sie viele Verbesserungsvorschläge zur Arbeitserleichterung machte.	Die Vorschläge waren aber nicht erfolgreich, denn von einer Umsetzung ist hier nicht die Rede.
Er setzte sich im Rahmen seiner Fähigkeiten ein.	Seine Fähigkeiten waren sehr begrenzt.
Sie verfügte über Fachwissen und ein gesundes Selbstvertrauen.	Sie überspielte geringes Fachwissen mit einer großen Klappe.
Wir bestätigen gerne, dass er mit Fleiß, Ehrlichkeit und Pünktlichkeit an seine Aufgaben herangegangen ist.	Ihm fehlte die fachliche Qualifikation.
Vorgesetzten und Mitarbeitern gegenüber war sie durch ihre aufrichtige und anständige Gesinnung eine angenehme Mitarbeiterin.	Ihr mangelte es an Tüchtigkeit.
Er hat an allen ihm gestellten Aufgaben mit großem Fleiß gearbeitet.	Leider hatte er dabei nie Erfolg.
Die ihr gemäßen Aufgaben ...	Die anspruchslosen Aufgaben ...

Im Kollegenkreis galt er als toleranter Mitarbeiter.	Gegenüber den Vorgesetzten war er dies nicht.
Wir lernten sie als umgängliche Kollegin kennen.	Viele sahen sie lieber gehen als kommen.
Aufgrund seiner anpassungsfähigen und freundlichen Art war er im Betrieb sehr beliebt.	Er hatte Alkoholprobleme während der Arbeitszeit.
Neue Aufgaben betrachtete sie als Herausforderung, der sie sich mutig stellte.	Sie hatte aber keinen Erfolg.
Er hatte Gelegenheit, sich das notwendige Fachwissen anzueignen.	Er nutze die Gelegenheit jedoch nicht.
Bei unseren Kunden war sie schnell beliebt.	Sie machte schnell Zugeständnisse.
Bei allen auftretenden Problemen war er stets kompromissbereit.	Er war besonders nachgiebig.
Unsere besten Wünsche begleiten sie/Wir wünschen ihr für die Zukunft alles nur erdenklich Gute/ Wir wünschen ihr alles Gute, vor allem Gesundheit.	Die Gegenwart und Vergangenheit waren offenbar nicht von Erfolg bestimmt.
Wir wünschen ihm für den weiteren Weg in einem anderen Unternehmen viel Erfolg.	Möge er dort den Erfolg haben, der ihm hier versagt geblieben ist.
Wir wünschen ihm auf seinem künftigen Lebensweg viel Erfolg.	Er hatte bisher wenig Erfolg.

Was darf in einem Zeugnis nicht erwähnt werden?

Die Punkte, die nicht in einem Arbeitszeugnis erwähnt werden dürfen, sind nicht immer eindeutig zu bestimmen. Vieles, das nicht explizit genannt wird, findet dennoch den Weg in das Zeugnis, etwa durch verklausulierte Formulierungen. Bei manchen Punkten sind sich auch Experten nicht einig, ob man sie nennen darf oder nicht.

Abmahnungen

Abmahnungen dürfen grundsätzlich nicht explizit erwähnt werden.

Alkoholkonsum

Alkoholkonsum gehört dann nicht ins Arbeitszeugnis, wenn er lediglich den privaten Bereich betrifft. Über die Erwähnung von Alkoholmissbrauch im Dienst herrscht keine Einigkeit. So müsste z. B. die Trunksucht eines Kraftfahrers durchaus erwähnt werden, um Schadensansprüche des neuen Arbeitgebers wegen Täuschung zu vermeiden.

Arbeitslosigkeit/Arbeitsamt

Eine dem Arbeitsverhältnis vorausgegangene Arbeitslosigkeit oder die Vermittlung durch das Arbeitsamt dürfen in einem Arbeitszeugnis nicht erwähnt werden.

Aufsichtsratstätigkeit als Arbeitnehmervertreter

(siehe „Betriebsrats- und Sprecherausschusstätigkeit")

Beendigungsgründe

Die Umstände, unter denen das Anstellungsverhältnis beendet wurde, sind nur auf Wunsch des Mitarbeiters in das Zeugnis aufzunehmen. Ist das Anstellungsverhältnis auf den Auflösungsantrag des Mitarbeiters gemäß §§ 9, 10 KSchG durch Urteil des Arbeitsgerichts aufgelöst worden, kann der Mitarbeiter verlangen, dass der Beendigungsgrund mit der Formulierung erwähnt wird, das Anstellungsverhältnis sei „auf seinen Wunsch hin" beendet worden (vgl. LAG Köln, Urteil v. 29.11.1990, 10 Sa 801/90, LAGE Nr. 11 zu § 630 BGB).

Behinderung

Um Missverständnissen vorzubeugen, kann eine Erwähnung schwerer Behinderungen in Einzelfällen sinnvoll sein. Generell unterbleibt die Erwähnung (siehe auch „Krankheit").

Betriebsrats- und Sprecherausschusstätigkeit

Hier lehnt die Rechtsprechung eine Erwähnung im Zeugnis grundsätzlich ab. Eine Ausnahme wird nur für den Fall zugelassen, dass der Mitarbeiter vor seinem Ausscheiden lange Zeit ausschließlich für den Betriebsrat tätig war und der Arbeitgeber deshalb nicht mehr in der Lage ist, seine Leistungen und Führung verantwortlich zu beurteilen (vgl. LAG Frankfurt a. Main, Urteil v. 10.3.1977, 6 Sa 779/76, DB 1978, 167), oder wenn der Mitarbeiter durch die Freistellung von seinem Arbeitsplatz entfremdet wurde.

Einkommen

Sind nicht zu erwähnen.

Freistellung bei Betriebsratsmitgliedern

Darf nur erwähnt werden, wenn auch die inner- und außerbetrieblichen Maßnahmen der Berufsbildung angeführt werden. Freistellungen aus anderen Gründen dürfen nicht erwähnt werden.

Fristlose Kündigung

Auch wenn der Arbeitgeber dem Mitarbeiter zu Recht fristlos gekündigt hat, darf er dies nur durch die Angabe des Beendigungszeitpunktes zum Ausdruck bringen, nicht jedoch, indem er die außerordentliche Kündigung erwähnt (vgl. LAG Düsseldorf, Urteil v. 22.1.1988, 2 Sa 1654/87, NZA 1988, 399).

Geheimzeichen

Geheimzeichen (wie ein Strich neben der Unterschrift), die auf Gewerkschaftszugehörigkeit oder ein politisches Engagement hinweisen, sind verboten. Die Existenz solcher Zeichen wird nicht geleugnet, aber man geht davon aus, dass sie höchst selten vorkommen. Man kennt folgende Zeichen:

- senkrechter Strich mit dem Kugelschreiber links von der Unterschrift: Mitglied der Gewerkschaft
- Häkchen nach rechts: Mitglied einer rechts stehenden Partei
- Häkchen nach links: Mitglied einer links stehenden Partei
- Doppelhäkchen: Mitglied einer linksgerichteten, verfassungsfeindlichen Organisation

Gesundheitszustand

Angaben zum Gesundheitszustand des Mitarbeiters gehören ebenfalls nicht in das Zeugnis. Umstritten ist, ob dann etwas anderes gilt, wenn das Anstellungsverhältnis durch den Gesundheitszustand grundsätzlich beeinflusst wird.

Krankheiten

Krankheiten haben im Arbeitszeugnis normalerweise nichts zu suchen, auch wenn sie den Kündigungsgrund darstellten. Allerdings herrscht Uneinigkeit darüber, ob Krankheiten erwähnt werden sollten, falls eine Gefährdung Dritter nicht auszuschließen ist.

Krankheitsbedingte Fehlzeiten

Eine Krankheit darf im Zeugnis wie gesagt grundsätzlich nicht vermerkt werden. Krankheitsbedingte Fehlzeiten dürfen nur dann Erwähnung finden, wenn sie außer Verhältnis zur tatsächlichen Arbeitsleistung stehen, d. h. wenn sie etwa die Hälfte der gesamten Beschäftigungszeit ausmachen (vgl. LAG Chemnitz, Urteil v. 30.1.1996, 5 Sa 996/95, NZA-RR 1997, 47).

Kündigungsgründe

Kündigungsgründe können nur auf Wunsch des Mitarbeiters erwähnt werden.

Modalitäten der Beschäftigungsbeendigung

Nicht genannt werden dürfen die Modalitäten, die zwischen den Parteien bei der Beendigung des Anstellungsverhältnisses vereinbart wurden. Das betrifft zum Beispiel den Widerruf der Prokura (vgl. BAG Urteil v. 26.6.2002, 9 AZR 392/00, NZA 2002, 34).

Privatleben

Alles, was das Privatleben betrifft, also auch eine eventuelle Nebentätigkeit, das Sexualverhalten, eine Schwangerschaft, wird nicht erwähnt. Allerdings kann es von besonderer Wertschätzung zeugen, wenn der Arbeitgeber dem Zeugnisempfänger beispielsweise in der Schlussformel „für die Zukunft beruflich wie privat (oder persönlich) alles Gute und weiterhin viel Erfolg" wünscht.

Straftaten

Weder Vorstrafen noch Straftaten gehören in ein Arbeitszeugnis. Ausnahme: eine im Dienst begangene, rechtskräftig verurteilte Straftat, die zur Kündigung geführt hat.

Vertragsbruch

Im Hinblick auf eine wohlwollende Zeugnisformulierung sind für den Mitarbeiter ungünstige Formulierungen zu vermeiden. Hinsichtlich eines Vertragsbruchs lässt sich nicht allgemein festhalten, welche Formulierungen zulässig und welche unzulässig sind. Maßstab für die Arbeitsgerichte ist, dass bei einer Abwägung zwischen Wahrheitspflicht und Wohlwollen der betroffene Mitarbeiter in seinem beruflichen Fortkommen nicht behindert werden soll: Die Formulierung müsse so gewählt werden, dass ein „sorgfältiger Leser" entnehmen könne, dass der Mitarbeiter aufgrund von Vertragsbruch ausgeschieden sei (vgl. LAG Hamm, Urteil v. 24.9.1985, 13 Sa 833/85, NZA 1986, 99).

Probleme mit dem Zeugnis? Widerruf, Haftung, Schadensersatz ...

Nur wer sich in wichtigen Punkten geirrt hat, kann widerrufen

Hat sich der Arbeitgeber bei der Erstellung des Zeugnisses im Hinblick auf schwer wiegende Umstände geirrt, und ist es deshalb unrichtig, kann er gegen Erteilung eines neuen Zeugnisses die Herausgabe des alten verlangen.

In folgenden Fällen darf er das Zeugnis nicht widerrufen:

► Wenn das Zeugnis bewusst falsch ausgestellt wurde. Hat der Arbeitgeber z. B. trotz Geltendmachung von Schadensersatzansprüchen eine vorbehaltlos positive Beurteilung des Mitarbeiters vorgenommen („Gefälligkeitszeugnis"), kann er im Nachhinein davon nicht mehr abrücken (vgl. BAG, Urteil v. 3.3.1993, 5 AZR 182/92, DB 1993, 1624).

► Wenn er durch Vergleich oder Urteil zu einer bestimmten Formulierung verpflichtet war. Will der Arbeitgeber trotzdem eine Änderung des Zeugnisses erreichen, muss er zunächst den Rechtstitel im Wege einer Vollstreckungsgegenklage vom Arbeitsgericht aufheben lassen. Die Beweislast für die Unrichtigkeit des Zeugnisses trägt hier der Arbeitgeber.

Der Widerruf des Zeugnisses wird wirksam, wenn er dem Mitarbeiter zugeht. Deshalb sollte er aus Beweisgründen schriftlich erklärt werden.

Ein Zwischenzeugnis kann der Arbeitgeber bereits dann zurückverlangen, wenn die Beurteilung aufgrund des Verhaltens des Mitarbeiters nach Ausstellung nicht mehr den Tatsachen entspricht oder sich die Leistungsbeurteilung wegen nachhaltiger Mängel geändert hat.

> **DAS SAGT DIE RECHTSPRECHUNG**
>
> Die Beweislast für die Voraussetzungen des Widerrufs sowie für die Richtigkeit des neuen Zeugnisses trägt der Arbeitgeber (vgl. LAG Hamm, Urteil v. 1.12.1994, 4 Sa 1540/94, LAGE Nr. 25 zu § 630 BGB).

Haftet der Arbeitgeber für falsche Arbeitszeugnisse?

Hier ist zunächst zwischen den Ansprüchen des Mitarbeiters gegen den (alten) Arbeitgeber und möglichen Ansprüchen des neuen Arbeitgebers gegen den alten zu unterscheiden.

Der Mitarbeiter kann einen Schadensersatzanspruch gegen den (alten) Arbeitgeber stützen auf:

► Verzug wegen Nichterfüllung, Nichterteilung oder verspäteter Erteilung des Zeugnisses

► Pflichtverletzung wegen unvollständiger oder unrichtiger Zeugniserteilung

Kommt der Arbeitgeber seiner Pflicht, dem Mitarbeiter rechtzeitig ein ordnungsgemäßes Zeugnis zu erteilen, schuldhaft nicht nach, haftet er für den Minder-
verdienst, der dem Mitarbeiter dadurch entsteht, dass er bei Bewerbungen kein
ordnungsgemäßes Zeugnis vorweisen kann. Dabei hat der Mitarbeiter die Voraussetzungen des Schadensersatzanspruchs zu beweisen, d. h., er muss nach-
weisen, dass ihm wegen der verspäteten oder nicht ordnungsgemäßen Erteilung des Zeugnisses ein Schaden entstanden ist. In dieser Hinsicht wird es ihm
aber nicht allzu schwer gemacht, denn er braucht nur die Umstände darzule-
gen und zu beweisen, aus denen sich nach dem gewöhnlichen Verlauf der Dinge oder den besonderen Umständen des Einzelfalls die Wahrscheinlichkeit des
entgangenen Verdienstes ergibt (vgl. § 287 Abs. 1 ZPO).

Bei schuldhaftem Verhalten haftet der Arbeitgeber

Von den Arbeitsgerichten werden keine zu strengen Anforderungen an den
Vortrag des Mitarbeiters gestellt. Er muss die tatsächlichen Grundlagen für
die vom Arbeitsgericht vorzunehmende Schätzung darlegen. Hierbei kann
es bereits ausreichend sein, dass ein bestimmter Arbeitgeber ernsthaft an
seiner Einstellung interessiert war und die Zeugnisfrage zur Sprache gebracht wurde (vgl. BAG, Urteil v. 16.11.1995, 8 AZR 983/94, AuR 1996, 195).

Wegen unrichtiger Zeugniserteilung kann sich der alte Arbeitgeber aber auch
gegenüber dem neuen gemäß § 826 BGB schadensersatzpflichtig machen.

DAS SAGT DIE RECHTSPRECHUNG

Der Bundesgerichtshof hat den Grundsatz aufgestellt, dass ein Dienstzeug-
nis für denjenigen, den es später angeht, eine nach Treu und Glauben un-
erlässliche Mindestgewähr für die Richtigkeit der Angaben beinhalten soll.
Die Wahrheitspflicht beschränke sich dabei allerdings auf bedeutsame
Punkte, welche die Verlässlichkeit des Zeugnisses bzw. die Gesamtbewertung in ihrem Kern berührten (z. B. Diebstahl). Eine Haftung ist beispielsweise dann gegeben, wenn dem Mitarbeiter „äußerste Zuverlässigkeit in
einer treu erfüllten Vertrauensstellung" bescheinigt wird, obwohl er einen
größeren Geldbetrag entwendet hat (vgl. OLG München, Urteil v. 30.3.2000,
1 U 6245, OLGR München 2000, 337).
Darüber hinaus besteht keine Haftung, wenn dem Aussteller die Unrichtigkeit des ausgestellten Zeugnisses durch bloße Nachlässigkeit nicht bewusst
war und von ihm auch nachträglich nicht erkannt wurde.
Hat der Aussteller eines Zeugnisses jedoch nachträglich erkannt, dass dieses grob unrichtig ist und dass ein bestimmter Dritter durch Vertrauen auf
dieses Zeugnis Schaden nehmen kann, haftet er für den durch die Unter-
lassung einer Warnung entstehenden Schaden nach vertraglichen bzw. ver-
tragsähnlichen Grundsätzen (vgl. BGH, Urteil v. 15.5.1979, VI ZR 230/76,
DB 1979, 2378).

Die Wahrheitspflicht beschränkt sich auf bedeutsame Punkte

Entsteht bei Einstellung aufgrund eines gefälschten Zeugnisses ein Schadensersatzanspruch?

Es kommt nicht oft vor, dass sich ein Mitarbeiter mit Hilfe eines gefälschten Zeugnisses eine Stelle verschafft. In solchen Fällen kann der Arbeitgeber einen Schadensersatzanspruch haben.

DAS SAGT DIE RECHTSPRECHUNG

Täuscht ein Mitarbeiter den Arbeitgeber im Rahmen seiner Bewerbung mit Hilfe eines gefälschten Zeugnisses über seine Qualifikation und erreicht dadurch seine Einstellung, so hat der Arbeitgeber gegenüber dem Mitarbeiter Schadensersatzanspruch auf Erstattung der aufgewendeten Vergütung einschließlich der Arbeitgeberanteile zur Sozialversicherung, wenn die Arbeitsleistung des Mitarbeiters nicht verwertbar war (vgl. LAG Köln, Urteil v. 16.6.2000, 11 Sa 1511/99, NZA-RR 2000, 630).

Ein Schadensersatzanspruch besteht nur insoweit nicht, wie die Tätigkeit des Mitarbeiters zu tatsächlichen Einnahmen für den Arbeitgeber geführt hat. Die Darlegungs- und Beweislast für die Voraussetzungen dieser so genannten „Vorteilsausgleichung" trägt der Mitarbeiter.

Grundsatz in der Rechtsprechung

Die Rechtsprechung hat den Grundsatz aufgestellt, dass sich der Mitarbeiter nicht auf die Vermutung berufen kann, im Arbeitsverhältnis entsprächen sich Leistung und Gegenleistung tatsächlich. Diese Vermutung gilt gerade dann nicht, wenn die Vereinbarung auf einer Täuschung des Bewerbers über seine Qualifikation beruht.

Wann muss der Arbeitgeber ein Zeugnis neu erstellen?

Was verloren gegangen ist, muss ersetzt werden

Es kommt gelegentlich vor, dass ein ehemaliger Mitarbeiter die Neuausstellung eines inhaltlich richtigen und nicht beanstandeten Zeugnisses verlangt, weil es beschädigt oder verloren wurde. In diesen Fällen ist der Arbeitgeber aufgrund seiner nachvertraglichen Fürsorgepflicht grundsätzlich verpflichtet, auf Kosten des ehemaligen Mitarbeiters ein neues Zeugnis zu erteilen (vgl. LAG Hamm, Urteil v. 17.12.1998, 4 Sa 1337/98, DB 1999, 1610).

Entscheidend ist dabei die Frage, ob dem Arbeitgeber die Neuausstellung zugemutet werden kann, weil er das Zeugnis z. B. anhand noch vorhandener Personalunterlagen ohne großen Arbeitsaufwand erneut schreiben lassen kann.

WAS GILT BEI TRANSSEXUELLEN PERSONEN?

Selbst dann, wenn die Personalakte einer transsexuellen Person infolge Zeitablaufs vernichtet ist, kann der Arbeitgeber die Neuerteilung eines Zeugnisses mit geändertem Vornamen bzw. mit geändertem Geschlecht nicht unter Berufung auf Verwirkung verweigern. Die transsexuelle Person kann das ursprünglich erteilte Zeugnis schließlich zurückgeben, und der Arbeitgeber ist in der Lage, ohne jegliche inhaltliche Überprüfung Geschlecht, Name und die daraus resultierenden grammatikalischen Änderungen vorzunehmen. Da über einen Mitarbeiter lediglich eine einzige Beurteilung existieren darf, ist der Arbeitergeber allerdings nur dann verpflichtet, ein neues Zeugnis zu erteilen, wenn das beanstandete zurückgegeben wurde.

Tipps für Auseinandersetzungen und Rechtsstreite

Was kann der Mitarbeiter unternehmen, wenn der Arbeitgeber kein Zeugnis ausstellt?

Der Arbeitgeber ist nicht verpflichtet, von sich aus ein Zeugnis zu erteilen. Der Mitarbeiter muss es grundsätzlich verlangen. Er kann deshalb den Arbeitgeber (in nachweisbarer Form) auffordern, das Zeugnis auszustellen. Dabei muss er angeben, ob er ein einfaches oder ein qualifiziertes Zeugnis wünscht.

Der Mitarbeiter muss die Initiative ergreifen

Kommt der Arbeitgeber dieser Aufforderung nicht nach, kann der Mitarbeiter seinen Anspruch auf erstmalige Erteilung oder Berichtigung des Zeugnisses durch Klage zum Arbeitsgericht verfolgen. In Eilfällen ist gegebenenfalls auch der Antrag auf Erlass einer einstweiligen Verfügung möglich (§ 940 ZPO). Dafür muss der Mitarbeiter darlegen, dass ihm bei einer Verzögerung der Zeugniserteilung wesentliche Nachteile für seine Karriere drohen. Hat der Arbeitgeber kein Zeugnis ausgestellt, richtet sich der Klageantrag auf die Erteilung des einfachen bzw. qualifizierten Zeugnisses. Es ist dagegen nicht möglich, ein selbst formuliertes Zeugnis einzuklagen.

DER ZEUGNISANSPRUCH KANN VERFALLEN!

Wartet der Mitarbeiter mit der Geltendmachung der Ansprüche auf Erteilung eines Zeugnisses nach seinem Ausscheiden zu lange, kann der Arbeitgeber sich womöglich auf Verwirkung berufen. Wie schon erwähnt, verfällt der Anspruch der gegenwärtigen Rechtsprechung zufolge nach zehn bis 15 Monaten.

Wann kann der Mitarbeiter ein Zwischenzeugnis einfordern?

Ein Zwischenzeugnis kann der Mitarbeiter dann einfordern, wenn auf seiner Seite ein berechtigtes Interesse vorliegt (→ S. 47)

Auch im Falle eines Betriebsüberganges gemäß § 613 a BGB ist auf Wunsch des Mitarbeiters wegen der für ihn oft nicht vorhersehbaren Auswirkungen des Arbeitgeberwechsels ein Zwischenzeugnis zu erteilen. Dieser Anspruch kann sowohl gegen den alten wie auch gegen den neuen Arbeitgeber geltend gemacht werden. Zu beachten ist, dass der Anspruch auf ein Zwischenzeugnis ebenso wie der auf das Endzeugnis nach längerem Zeitablauf verwirken kann (vgl. LAG Köln, Urteil v. 8.2.2002, 13 Sa 1050/99, NZA-RR 2001,130).

> **EIN ZWISCHENZEUGNIS IST NICHT ERSETZBAR!**
>
> Eine so genannte „fachliche Beurteilung", eine „Arbeitsbescheinigung" oder ein „Referenzzeugnis" erfüllen nicht den Anspruch auf Erteilung eines Zwischenzeugnisses.

Wenn ein Unternehmen oder eine ganze Branche in Verruf gerät (etwa durch Bilanzbetrug), ist zu beobachten, dass sich Mitarbeiter Zwischenzeugnisse ausstellen lassen, um bei eventuellen Verdachtsmomenten gegen das eigene Unternehmen die persönliche Positionierung durch das im Zeugnis schriftlich Verbürgte zu verbessern. Aus Mitarbeitersicht ist diese Strategie durchaus sinnvoll, und sie dürfte auch erfolgreich sein.

Wie kann der Mitarbeiter Änderungen im Zeugnis gerichtlich durchsetzen?

Hat der Arbeitgeber den Anspruch auf Zeugniserteilung noch nicht oder nicht ordnungsgemäß erfüllt, kann der Mitarbeiter vor dem Arbeitsgericht Klage auf Ausstellung oder Berichtigung erheben (s.o.). Der Klageantrag muss die Änderungswünsche enthalten.

Geht es lediglich um die Korrektur eines bereits erteilten Zeugnisses, ist im Klageantrag im Einzelnen anzugeben, was in welcher Form geändert werden soll (vgl. LAG Düsseldorf, Urteil v. 26.2.1985, 8 Sa 1873/84, DB 1985, 2692). Das Zeugnis ist dann insgesamt neu zu formulieren, wenn anderenfalls die Gefahr von Sinnentstellungen und Widersprüchlichkeiten droht.

Für das Verfahren vor dem Arbeitsgericht muss kein Anwalt als Prozessbevollmächtigter beauftragt werden. Der Mitarbeiter kann den Prozess selbst führen. Kommt es im Gerichtsverfahren nicht zu einer gütlichen Einigung, entscheidet das Arbeitsgericht durch Urteil über die teilweise oder vollständige Stattgabe der Klage oder ihre Abweisung. Wird der Arbeitgeber zur vollständigen oder teilweisen Korrektur des Zeugnisses entsprechend des Klageantrages verurteilt und kommt er dem Urteil nicht nach, kann dies im Wege der Zwangsvollstreckung durchgesetzt werden.

Welche Formulierungen kann der Mitarbeiter gerichtlich durchsetzen?

Ein Zeugnis muss alle wesentlichen Tatsachen und Bewertungen enthalten, die für die Beurteilung des Mitarbeiters von Bedeutung und für einen künftigen Arbeitgeber von Interesse sind. Der bisherige Arbeitgeber entscheidet allein, welche Leistungen und Eigenschaften seines Mitarbeiters er hervorheben will. Das Zeugnis muss lediglich wahr sein und darf dort keine Auslassungen aufweisen, wo der Leser eine positive Bemerkung erwartet.

Der Arbeitgeber muss der Verkehrssitte Rechnung tragen und auch bei qualifizierten Zeugnissen die gebräuchliche Gliederung beachten, die inzwischen weitgehend standardisiert ist. Weder Wortwahl noch Satzstellung oder Auslassungen dürfen dazu führen, dass bei Dritten der Wahrheit nicht entsprechende Vorstellungen geweckt werden. Der Arbeitgeber ist bei den Bewertungen in diesem Rahmen frei, welche Formulierungen er wählt.

Das Zeugnis darf nicht mit geheimen bzw. verschlüsselten Kennzeichen (Geheimzeichen) oder Formulierungen versehen werden, die den Zweck haben, den Mitarbeiter in einer aus dem Wortlaut des Zeugnisses nicht ersichtlichen Weise zu charakterisieren (§ 109 Abs. 2 GewO). Deshalb kann der Mitarbeiter im Grunde nur die im Rahmen der Verkehrssitte üblichen Formulierungen gerichtlich durchsetzen. Standardformulierungen, die weitgehend bekannt sind, muss er hinnehmen; er kann keine individuellen Formulierungen durchsetzen.

Was kann der Mitarbeiter vor Gericht nicht durchsetzen?

In der Praxis wird vor den Arbeitsgerichten deshalb in der Regel nicht darum gestritten, welche vom Mitarbeiter gewünschten (Wertungs-)Formulierungen in das Zeugnis aufzunehmen sind, sondern meistens darum, welche Formulierungen falsch, widersprüchlich oder verschlüsselt bzw. doppelbödig sind und deshalb ersatzlos gestrichen werden sollen (vgl. die Rechtsprechung zur „verschlüsselten Zeugnissprache", LAG Hamm, Urteil v. 17.12.1998, 4 Sa 630/98, BB 2000, 1090).

Falsche, widersprüchliche oder verschlüsselte Formulierungen werden ersatzlos gestrichen

Ein Zeugnis darf nicht in sich widersprüchlich sein. Mit Hilfe von Widersprüchen darf auch keine Herabsetzung der Beurteilung erfolgen. Im Fall einer widersprüchlichen Formulierung muss die gesamte Formulierung, die geeignet ist, den Mitarbeiter in seiner beruflichen Karriere zu behindern, entfernt werden.

Dies gilt nach der Rechtsprechung unabhängig davon, wie das Führungsverhalten des Mitarbeiters tatsächlich zu bewerten ist. Eine Ausnahme bildet die zusammenfassende Leistungs- und Führungsbeurteilung, bei der sich die Gerichte inzwischen an einem standardisierten, abgestuften Noten- und Formulierungskatalog orientieren. Hinsichtlich der Leistungs- und Führungsbeurteilung kann der Mitarbeiter gegebenenfalls eine andere Bewertung und die damit korrespondierende Formulierung gerichtlich durchsetzen.

Negativanspruch

Dem Mitarbeiter steht deshalb hinsichtlich der bewertenden Formulierungen im Zeugnis grundsätzlich nur ein „Negativanspruch" zu – er kann nur Streichungen durchsetzen. Anders ist es, wenn das Zeugnis hinsichtlich der Darstellung von Tatsachen (z. B. Qualifikationen), welche für die Beurteilung der Führung und Leistung charakteristisch sind, unvollständig ist. In dieser Hinsicht kann der Mitarbeiter die Aufnahme in das Zeugnis auch gerichtlich durchsetzen.

VERWIRREND FORMULIERT

Ein Zeugnis enthielt die folgenden Formulierungen: „Ihre Leistungen lagen stets über dem Durchschnitt. Die ihr übertragenen Aufgaben erfüllte sie zur vollen Zufriedenheit. Sowohl Vorgesetzte als auch Kollegen schätzen Frau XY's sachliche Art der Zusammenarbeit. Sie war sehr tüchtig und in der Lage, ihre eigene Meinung zu vertreten."

Der letzte Satz ist ein deutlicher Bruch gegenüber den vorangehenden Formulierungen. Mit der nochmaligen Bewertung des Leistungsverhaltens („sie war sehr tüchtig") und der Vermischung mit dem Führungsverhalten („und in der Lage, ihre eigene Meinung zu vertreten") wird die durchweg positive Bewertung der Leistung wieder herabgesetzt. (vgl. LAG Hamm, Urteil v. 17.12.1998, 4 Sa 630/98, BB 2000, 1090).

Achten Sie deshalb auf eine stimmige und klare Struktur. Insbesondere sollten Aussagen zu Dauer, Tätigkeiten, Leistungen und Führung klar voneinander abgegrenzt sein und Wiederholungen nicht im falschen Kontext stehen.

Kann der Mitarbeiter eine Schlussformel gerichtlich durchsetzen?

In der Praxis hat es sich als üblich herausgebildet, zum Abschluss eines End-zeugnisses eine Dankes-/Bedauernsformel mit Zukunftswünschen zu ver-wenden. Oft wird dabei der Dank für geleistete Arbeit bzw. das Bedauern über das Ausscheiden durch die Würdigung bleibender Verdienste, eine Einstellungsempfehlung, ein Wiedereinstellungsversprechen oder die Bitte um Wiederbewerbung z. B. nach Abschluss einer Weiterbildung ergänzt. Derartige Formulierungen sind geeignet, ein Zeugnis abzurunden – ihr Feh-len wird daher oft auch negativ beurteilt.

DAS SAGT DIE RECHTSPRECHUNG

Das Bundesarbeitsgericht hat klargestellt, dass dennoch kein Rechtsan-spruch auf die Aufnahme von Schlusssätzen besteht (vgl. BAG Urteil v. 20.2.2001, 9 AZR 44/ 00, NZA 2001, 843). Nach Auffassung des Bundesar-beitsgerichts gehören Schlusssätze nicht zum gesetzlich geschuldeten In-halt eines Arbeitszeugnisses; sie sind nicht Bestandteil der geschuldeten Führungs- und Leistungsbeurteilung. Ein Mitarbeiter hat keinen Anspruch darauf, dass in einem qualifizierten Arbeitszeugnis die Formel „Wir wün-schen ihm für die Zukunft alles Gute und viel Erfolg" enthalten ist. Das Ar-beitszeugnis muss nicht mit einem Schlusssatz enden, in dem das Bedau-ern über das Ausscheiden des Mitarbeiters ausgedrückt wird.
Nach Auffassung des Bundesarbeitsgerichts macht das Fehlen von Schluss-sätzen ein Endzeugnis nicht unvollständig; dies sei kein unzulässiges Ge-heimzeichen. Die Rechtsprechung zur unzulässigen Auslassung, dem be-redten Schweigen, betrifft nur den gesetzlich geschuldeten Zeugnisinhalt, d. h. die Art und Dauer der Tätigkeit sowie die Leistungs- und Führungs-beurteilung. Die Grundsätze dieser Rechtsprechung werden auf das Fehlen von Schlusssätzen nicht übertragen.

Schlusssätze sind kein Muss

Zwar erkennt auch das Bundesarbeitsgericht an, dass Schlusssätze nicht „be-urteilungsneutral" sind, sondern geeignet, die objektiven Zeugnisaussagen zu Führung und Leistung des Mitarbeiters und die Angaben zum Grund der Beendigung des Anstellungsverhältnisses zu bestätigen oder zu relativie-ren. Aus der Tatsache, dass ein Zeugnis mit „passenden" Schlusssätzen auf-gewertet werde, lässt sich nach Auffassung des Bundesarbeitsgerichts aber nicht folgern, dass ein Zeugnis ohne jede Schlussformulierung in unzuläs-siger Weise „entwertet" wird. Formulierung und Gestaltung des Zeugnisses obliegen dem Arbeitgeber; zu seiner Gestaltungsfreiheit gehört auch die Entscheidung, ob er das Endzeugnis um Schlusssätze anreichert.

Fast immer schließt man mit Zukunftswünschen

Es stellt sich die Frage, ob die Abweichung von einer gefestigten Übung im Arbeits- und Geschäftsleben den Mitarbeiter nicht der Gefahr aussetzt, dass ein künftiger Arbeitgeber Abweichungen von dieser Übung als verdeckte negative Beurteilung deutet. Aber ab wann ist eine derartige Übung als gefestigt anzusehen? Diese Frage ist nicht leicht zu beantworten. Eine relativ sichere Antwort lässt sich nur aus einer Analyse zahlreicher Zeugnisse gewinnen.

Zu diesem Thema hat Arnulf Weuster im Rahmen einer umfassenden empirischen Untersuchung ermittelt, dass bei 669 Endzeugnissen 94,9 % diese Zukunftswünsche enthalten, bei Führungskräften sogar 96,5 % (vgl. Weuster, „Personalauswahl und Personalbeurteilung in Arbeitszeugnissen", 1994, S. 148). Angesichts dieses Ergebnisses liegt die Annahme nahe, dass die Zukunftswünsche eine gefestigte Übung darstellen und zum Arbeitszeugnis gehören, obwohl das Bundesarbeitsgericht gegenwärtig einen Rechtsanspruch auf eine solche Schlussformel verneint.

Soweit Arbeitgeber Schlussformulierungen verwenden, müssen diese mit dem übrigen Zeugnisinhalt, insbesondere der Leistungs- und Führungsbewertung, schlüssig übereinstimmen. Unterlassene negative Werturteile dürfen nicht mit einer knappen und „lieblosen" Schlussformel versteckt nachgeholt werden – hier kann der Mitarbeiter eine entsprechende Korrektur auch gerichtlich durchsetzen.

Wer muss vor Gericht was beweisen?

Die Darlegungs- und Beweislast für die inhaltliche Richtigkeit der Tatsachen, die in einem Zeugnis genannt werden, liegt grundsätzlich beim Arbeitgeber. Deshalb muss er darlegen und gegebenenfalls beweisen, dass die Tatsachen erfüllt sind, aus denen der Zeugnisanspruch abgeleitet ist. Dazu gehören die ein formell einwandfreies, inhaltlich vollständiges und in der Bewertung durchschnittliches Zeugnis ausmachenden Tatsachen (vgl. LAG Bremen, Urteil v. 9.11.2000, 4 Sa 101/00, NZA-RR 2001, 287).

Wenn Aufgabenumfang und Gesamtbeurteilung strittig sind

Ist dagegen der Umfang der dem Mitarbeiter übertragenen Aufgaben im Streit, muss zunächst der Mitarbeiter darlegen und beweisen, dass ihm diese Aufgaben übertragen waren und er sie auch tatsächlich wahrgenommen hat.

Der Mitarbeiter muss bei durchschnittlicher Beurteilung beweisen, dass er besser ist

Für die Gesamtbeurteilung, d. h. den bewertenden Teil des Zeugnisses, gilt nach der Rechtsprechung der Instanzgerichte eine abgestufte Darlegungs- und Beweislast: Der Mitarbeiter ist vertraglich zur Leistung von Arbeit

„mittlerer Art und Güte" verpflichtet und muss daher eine durchschnittliche Leistung (Normalleistung) erbringen. Deshalb kann er ohne nähere Darlegung anspruchbegründender Tatsachen für eine durchschnittliche Leistung eine durchschnittliche Bewertung verlangen. Beansprucht er die Bescheinigung überdurchschnittlicher Leistungen, trägt er die Beweislast für die Tatsachen, die eine bessere Bewertung rechtfertigen. Erst nach seinem schlüssigen Tatsachenvortrag für eine günstigere Bewertung ist es Sache des Arbeitgebers, diese zu erschüttern.

Will dagegen der Arbeitgeber von der durchschnittlichen Benotung nach unten abweichen, trägt er die Beweislast für unterdurchschnittliche Leistungen. Er muss dann darlegen und beweisen können, dass der Mitarbeiter Fehler gemacht hat und seine Arbeitsleistung nicht den durchschnittlichen Anforderungen genügte.

Hat der Arbeitgeber die Leistungen des Mitarbeiters während des Anstellungsverhältnisses nicht beanstandet, müssen sie deshalb noch nicht mit „sehr gut" bewertet werden. In der Regel kann er eine durchschnittliche Leistung bescheinigen.

GEHEN SIE MIT DEM ENTWURF IN DEN VERGLEICH!

Oft wird in gerichtlichen Vergleichen zur Beendigung des Anstellungsverhältnisses formuliert, dass der Arbeitgeber dem Mitarbeiter ein „wohlwollendes" Zeugnis erteilen wird. Dies hat aber nicht automatisch zur Folge, dass der Mitarbeiter die Bescheinigung „guter" Leistungen verlangen kann. Auch die Beurteilung als durchschnittliche Leistung kann wohlwollend erfolgen. Im Nachhinein führt das oft noch einmal zum Streit. Wir empfehlen deshalb zur Vermeidung weiterer Auseinandersetzungen, den Entwurf des Zeugnisses gleich mit zum Inhalt des Vergleichs zu machen.

Was kostet ein Streit vor Gericht?

Die Kosten im arbeitsgerichtlichen Verfahren hängen vom so genannten Gegenstandswert bzw. Streitwert ab.

WIE HOCH IST DER STREITWERT?

Der Streitwert einer Klage auf Erteilung eines qualifizierten Zeugnisses beträgt ein Bruttomonatsgehalt des Anstellungsverhältnisses, aus dem das Zeugnis eingeklagt wird. Bei einer Klage auf Berichtigung eines bereits erteilten Zeugnisses kommt je nach dem Verhältnis der Bedeutung des konkreten Berichtigungsbegehrens zum Gesamtwert des Zeugnisses ein Abschlag von diesem Regelstreitwert in Betracht (vgl. LAG Köln, Beschluss v. 29.12.2000, 8 Ta 299/00, NZA-RR 2001, 324).

Wird ein Rechtsanwalt mit der Vertretung im Prozess beauftragt, entstehen für jede Instanz zumindest zwei Rechtsanwaltsgebühren (eine Prozess-, eine Verhandlungsgebühr). Wird ein Vergleich geschlossen, kommt eine Vergleichsgebühr dazu. Wenn das Arbeitsgericht eine Beweisaufnahme zum Zeugnis durchführt, erhöhen sich die Anwaltsgebühren um eine Beweisgebühr. Zusätzlich kann der Rechtsanwalt eine Auslagenpauschale von ¤ 20,00 beanspruchen. Zu diesen Gebühren ist die gesetzliche Umsatzsteuer hinzuzurechnen.

In der ersten Instanz vor dem Arbeitsgericht müssen die eigenen Anwaltsgebühren von jeder Partei selbst getragen werden. Dies gilt auch für den Fall des Obsiegens; die erstinstanzlichen Anwaltsgebühren im Arbeitsgerichtsverfahren werden nicht von der unterlegenen Partei ersetzt.

Wie hoch sind die Gerichtskosten?

Auch für die Höhe der Gerichtskosten kommt es auf den Gegenstandswert/ Streitwert an. Sie sind je nach Ausgang des Verfahrens anteilig von beiden Parteien oder von einer Partei alleine zu tragen. Es entstehen keine Gerichtskosten, wenn das Verfahren ohne streitige Verhandlung durch einen im Gütetermin abgeschlossenen oder durch einen außergerichtlichen Vergleich beendet wird.

Anwaltsgebühren nach der Bundesrechtsanwaltsgebührenordnung

Bruttomonats- gehalt in EURO	zwei Anwalts- gebühren (ohne MWSt.)	drei Anwalts- gebühren (ohne MWSt.)	vier Anwalts- gebühren (ohne MWSt.)
3.000,–	378,–	567,–	756,–
bis 3.500,–	434,–	651,–	868,–
bis 4.000,–	490,–	735,–	980,–
bis 4.500,–	546,–	819,–	1.092,–
bis 5.000,–	602,–	903,–	1.204,–
bis 6.000,–	676,–	1.014,–	1.352,–
bis 7.000,–	750,–	1.125,–	1.500,–
bis 8.000,–	824,–	1.236,–	1.648,–
bis 9.000,–	898,–	1.347,–	1.796,–
bis 10.000,–	972,–	1.458,–	1.944,–
bis 13.000,–	1.052,–	1.578,–	2.104,–

(Alte Bundesländer; der bisherige Abschlag von 10% für die neuen Bundesländer ist nach einer neuen Entscheidung des Bundesverfassungsgerichts verfassungswidrig und wird wohl ab 1. Juli 2003 nicht mehr zur Anwendung kommen.)

Gerichtsgebühren für das arbeitsgerichtliche Verfahren

Bruttomonatsgehalt in EURO	Gerichtsgebühr in EURO
3.000,–	120,–
3.500,–	140,–
4.000,–	160,–
4.500,–	180,–
5.000,–	200,–
6.000,–	240,–
7.000,–	280,–
8.000,–	320,–
9.000,–	360,–
10.000,–	400,–
11.000,–	440,–
über 12.000,–	500,–

Teil 5
In 15 Minuten zum rechtssicheren Zeugnis

Mit der Zeugnissoftware auf CD-ROM

1.

Klicken Sie unter Zeugniserstellung auf „Neues Zeugnis erstellen", um in 15 Minuten mit der Zeugnis-Software ein rechtssicheres Zeugnis zu verfassen.

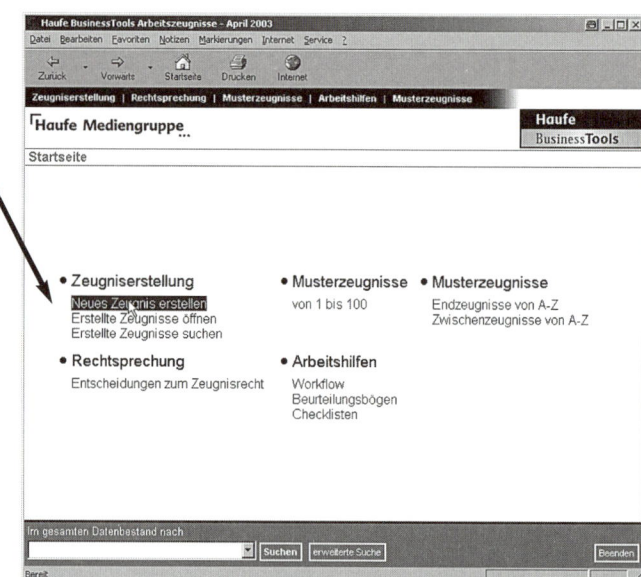

2.

Tragen Sie die persönlichen Daten der/s Mitarbeiters/in ein – auf jeden Fall in den rot markierten Rubriken (hier ist das nicht sichtbar, aber bei Ihnen auf dem Bildschirm).

Für ein Endzeugnis tragen Sie auch das Austrittsdatum ein.

Klicken Sie dann rechts unten auf den Button „Weiter" (falls Sie später noch etwas korrigieren wollen, klicken Sie links unten auf den Button „Zurück").

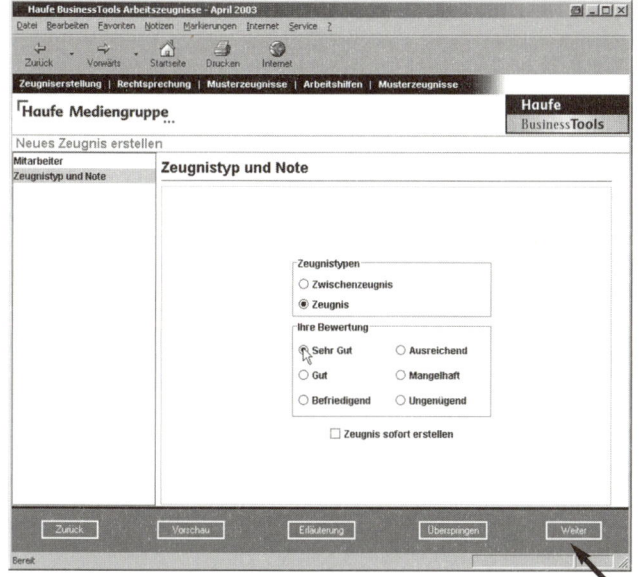

3.

Wählen Sie nun, ob Sie ein Zwischenzeugnis oder ein Endzeugnis verfassen wollen.

Der schnellste Weg zum Zeugnis:

Sie wählen jetzt eine Notenstufe für das gesamte Zeugnis aus. Klicken in „Zeugnis sofort erstellen" und dann unten rechts auf „Weiter". Sie entscheiden sich noch für eine Tätigkeitsbeschreibung (→ Schritt 5.), klicken nochmals auf „Weiter" und das Zeugnis wird Ihnen fertig zusammengestellt angezeigt (s. u.).

Der beste Weg:

Wenn Sie die Bewertung differenzieren wollen, klicken Sie jetzt einfach auf „Weiter". Sie können bei den folgenden Schritten (→ Schritt 6.) die Note jeweils individuell auswählen.

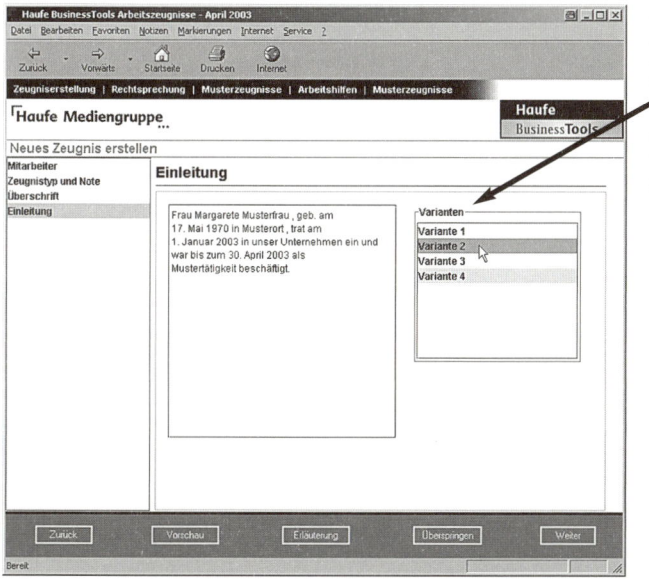

4.

Für die Einleitung wählen Sie eine der vier Varianten aus.

Die persönlichen Daten werden automatisch aus der ersten Seite übernommen.

5.

Für die Tätigkeitsbeschreibung stehen Ihnen 10 Varianten zur Verfügung.

Sie können aber auch Ihre eigene Tätigkeitsbeschreibung eingeben und speichern (wie bei jedem anderen Schritt auch.)

Schreiben Sie Ihren Text in das große Feld und klicken Sie dann auf den Button „Als eigene Variante speichern".

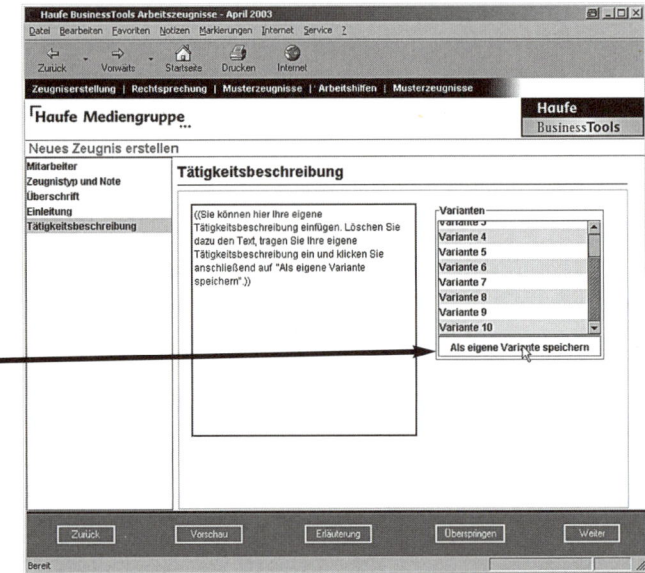

6.

Ab dem Schritt Fachwissen haben Sie bei allen folgenden Schritten (bis auf „Beendigungsgrund") die Möglichkeit nicht nur zwischen verschiedenen Textvarianten sondern auch verschiedenen Notenstufen zu wählen.

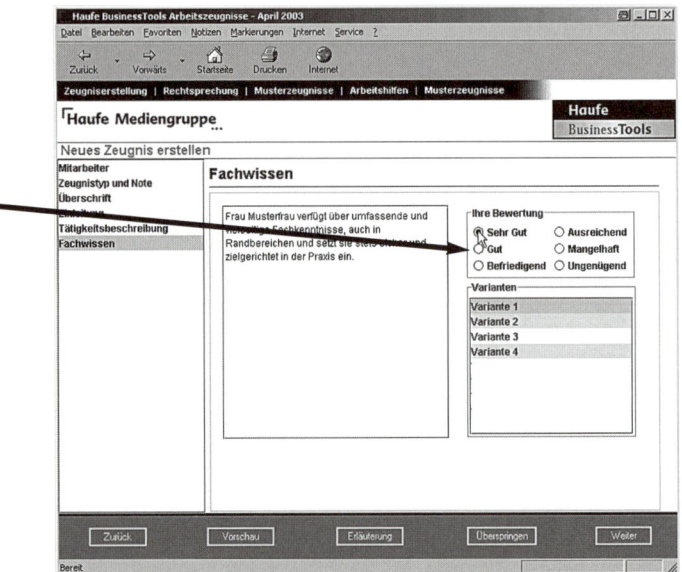

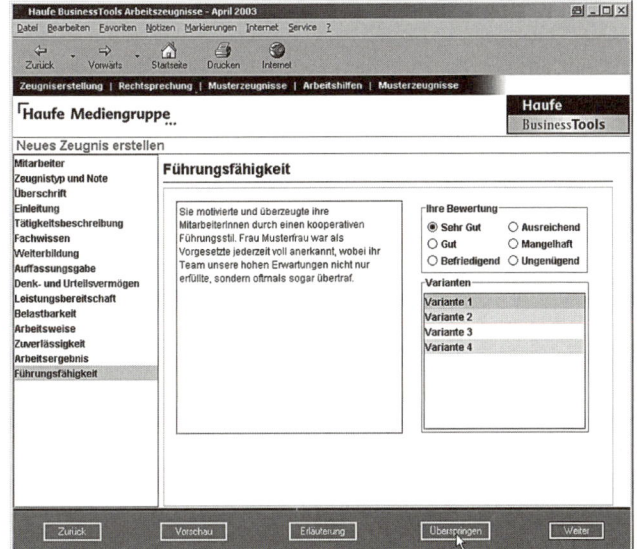

7.

Achtung: Der Schritt „Führungsfähigkeit" wird nur bei Mitarbeitern mit Führungsverantwortung eingefügt und ansonsten übersprungen. Klicken Sie dazu auf den Button „Überspringen" (links neben dem Button „Weiter").

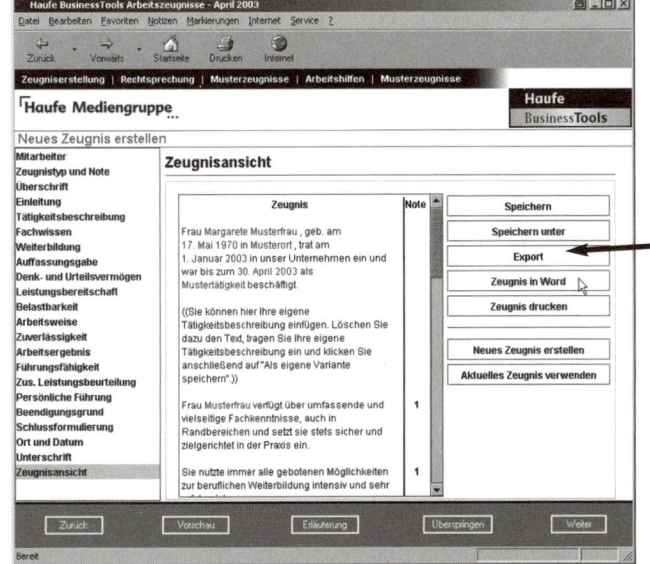

Fertig:

Schließlich sehen Sie das Zeugnis nochmals in der Übersicht und rechts neben dem Text die jeweils gewählte Notenstufe. Dann können Sie das Zeugnis speichern, ausdrucken (mit den Notenstufen am Rand oder ohne), und es in die Textverarbeitung übernehmen, um es für das Geschäftsbriefpapier anzupassen.

Mit 100 Musterzeugnissen

Die Checkliste auf der nebenstehenden Seite hilft Ihnen, das Musterzeugnis Ihrer Wahl Ihrem Bedarf anzupassen. Hier erhalten Sie zunächst einen Überblick über die Musterzeugnisse auf der CD-ROM. Die Musterzeugnisse sind

- einmal nummeriert aufgelistet (wie hier im Buch auf den folgenden Seiten)

- und sie sind gegliedert nach Endzeugnissen und Zwischenzeugnissen.

- Die Notenstufe der Zeugnisse können Sie gleich dem jeweiligen Titel entnehmen.

- Jedes Musterzeugnis können Sie sofort in Ihre Textverarbeitung übernehmen. Klicken Sie dazu unten rechts auf den Button „Dokument kopieren und in Textverarbeitung übernehmen".

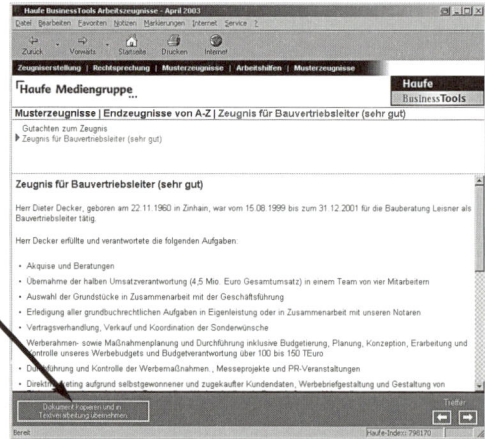

Checkliste
Wie Sie ein Musterzeugnis anpassen

Endzeugnis oder Zwischenzeignis?	• Endzeugnis wird üblicherweise in der Vergangenheit formuliert
	• Bei einem Zwischenzeugnis ist der gesamte Text im Präsens
Überschrift	• Was für ein Zeugnis ist es? Wählen Sie die richtige Überschrift (Zeugnis, Zwischenzeugnis, Ausbildungszeugnis)
Einleitung:	• Name, Ort, Berufsbezeichnung, Ein- und Austrittsdatum
	• Übernehmen Sie die Daten aus dem Beurteilungsbogen, den Sie zuvor dem Mitarbeiter ausgehändigt hatten (→ S. 24 bzw. CD-ROM).
Tätigkeitsbeschreibung	• anpassen, umschreiben, ergänzen • fehlen Tätigkeiten?
Leistungsbeurteilung	• passen Sie die Bewertungen an
	• Legen Sie den Beurteilungsbogen für den Fachvorgesetzten daneben und gleichen Sie nochmals ab (→ S. 15 bzw. CD-ROM)
Zusammenfassende Leistungsbeurteilung	• passen Sie die Bewertungen an
Persönliche Führung	• passen Sie die Bewertungen an
Beendigungs- bzw. Ausstellungsgrund?	• passen Sie die Begründung an
Schlussformulierung	• Sehen Sie sich die Schlussformulierungen in anderen Musterzeugnissen an
Unterschrift	• Ausstellungsdatum, Ort, Aussteller und Positionsbezeichnung
Löschen Sie die überflüssige Überschrift	

1 Anwaltsgehilfin

Gesamtnote 2

ZWISCHENZEUGNIS

Einleitung:
Der einleitende Satz ist perfekt.

Frau Jutta Stange, geboren am 14.01.1979 in Siegen, ist seit dem 01.08.1996 in unserer Kanzlei als Anwaltsgehilfin beschäftigt.

Tätigkeitsbeschreibung:
Sie lässt durch ihre Detaillierung keinen Zweifel an Frau Stanges Kompetenzen.

Im Rahmen ihrer Ausbildung, über die wir ein gesondertes Zeugnis ausgestellt haben, erlernte Frau Stange das gesamte Aufgabengebiet einer Anwaltsgehilfin erfolgreich. Im Wesentlichen ist Frau Stange für folgende Aufgaben zuständig:

► Erledigung von Buchhaltungs- und Abrechnungsarbeiten

► Bearbeitung von Zwangsvollstreckungsangelegenheiten

► Erstellung von Kostenabrechnungen

► Verwaltung der Mandatsdaten mit dem Computer (Microsoft-Office Paket)

► Anfertigung von Schriftsätzen nach Diktat

► Führung des Terminkalenders

► Aktenführung

► Empfang der Mandanten

► Bearbeitung der eingehenden Post

► Telefondienst

Fachwissen:
Frau Stanges Fachwissen („vielseitige Fachkenntnisse") wird mit gut bewertet.

Leistungsbeurteilung:
Sie liegt laut Kernsatz („Frau Stanges Leistungen finden stets unsere volle Anerkennung.") und dem Kontext bei gut.

Frau Stange besitzt vielseitige Fachkenntnisse, mit deren Hilfe sie ihre Aufgaben stets in guter Qualität erfüllt. Sie ist eine höchst verantwortungsbewusste, motivierte und sehr belastbare Mitarbeiterin, die sich ihrem Aufgabenfeld mit ausgeprägtem Interesse und persönlichem Engagement widmet. Ihr sicherer Blick für das Wesentliche ist Grundlage für ihr immer planvolles, methodisches und sehr gründliches Arbeiten. Ihre Aufgaben sind in hohem Maß termingebunden, sie hat die vereinbarten Termine auch stets unter schwierigen Bedingungen eingehalten. Hervorheben möchten wir, dass Frau Stange ihre EDV-Kenntnisse regelmäßig in Volkshochschulkursen auf den neusten Stand bringt. Sie identifiziert sich mit ihren Aufgaben und zeigt jederzeit einen guten Einsatz auch über die übliche Arbeitszeit hinaus. Frau Stanges Leistungen finden stets unsere volle Anerkennung.

Aufgrund ihrer kooperativen Haltung ist Frau Stange stets bei Vorgesetzten, Kollegen und Mandanten anerkannt und beliebt. Ihr Auftreten gegenüber den Mandanten ist jederzeit makellos und sie ist als kompetente und freundliche Gesprächspartnerin anerkannt.

Dieses Zwischenzeugnis stellen wir Frau Stange im Zusammenhang mit einer von ihr geplanten Weiterbildungsmaßnahme aus. Verbunden damit sind unser Dank für die bisher für unsere Kanzelei erbrachten guten Leistungen und der Wunsch nach einer weiteren vertrauensvollen Zusammenarbeit.

Kassel, 31.10.2002   Dr. Hans-Jürgen Orthmann

                            (Rechtsanwalt)

Verhaltensbeurteilung:

Frau Stanges Verhalten wird laut Kernsatz („Aufgrund ihrer kooperativen Haltung") und dem Kontext mit gut bewertet.

Schlussformel:

Sie ist in Ordnung, hier wird Frau Stange mit gut bewertet.

Fazit:

Frau Stange wird mit gut bewertet.

2 Architekt

ZWISCHENZEUGNIS

Einleitung:

Im einleitenden Satz muss der Vorname von Herrn Menzel genannt werden, damit zweifelsfrei klar ist, dass es sich um sein Zwischenzeugnis handelt.

Herr Menzel, geboren am 09.12.1963 in Siegburg, ist seit dem 01.02.1995 in unserem Büro als Architekt tätig.

Tätigkeitsbeschreibung:

In Anbetracht der Tatsache, dass Herr Menzel schon über sieben Jahre in dem Unternehmen arbeitet, ist die Tätigkeitsbeschreibung zu knapp, deshalb dürften ihm Karrierenachteile entstehen. Der kritische Leser könnte hier z. B. vermuten, dass Herrn Menzel nie die Bauaufsicht über entsprechende Objekte anvertraut worden ist.

Herr Menzel ist für die Planung und die Bauausführung von Mehrfamilien- und Geschäftshäusern zuständig. Er entwirft die Entwurfs- und Detailplanung für diese Objekte. Zudem ist er für die Verhandlungen mit der örtlichen Bauaufsicht und den Handwerkern verantwortlich.

Fachwissen:

Es wird mit befriedigend bewertet.

Leistungsbeurteilung:

Sie liegt laut Kernsatz („Wir sind mit seinen Leistungen voll zufrieden.") und dem Kontext bei befriedigend.

Herr Menzel setzt seine Fachkenntnisse sicher, verantwortungsbewusst und zielgerichtet in seine planerische und bauliche Praxis um, dabei plant er alle Bauprojekte sorgfältig und hält auch die Umsetzung nach. Er erkennt das Wesentliche und zeigt schnell für alle Beteiligten zufriedenstellende Lösungen auf, die er stets in die Praxis umsetzt. Seine folgerichtige Denkweise kennzeichnet seine sichere Urteilsfähigkeit in vertrauten Zusammenhängen. Herr Menzel zeigt Eigeninitiative, identifiziert sich voll mit seinen Aufgaben sowie dem Unternehmen, wobei er auch eine gute Einsatzbereitschaft zeigt, auch starkem Arbeitsanfall ist er gewachsen. Wir sind mit seinen Leistungen voll zufrieden.

Herr Menzel wird wegen seines freundlichen Wesens und seiner kollegialen Art von Vorgesetzten, Kollegen, Mitarbeitern und Geschäftspartnern gleichermaßen geschätzt. Sein Verhalten ist stets einwandfrei.

Dieses Zwischenzeugnis wurde aufgrund eines Vorgesetztenwechsels für Herrn Menzel ausgestellt.

Verhaltensbeurteilung:
Sie liegt laut Kernsatz („Sein Verhalten ist stets einwandfrei.") bei gut.

Schlussformel:
Sie bewertet Herrn Menzel mit zufriedenstellend, damit wird die Gesamtnote des Zwischenzeugnisses bestätigt.

Fazit:
Herr Menzel wird mit befriedigend bewertet.

Bonn, 30.05.2002

Dr. Peter Zadek

(Geschäftsführer)

→   44 Krankenpfleger
→ 100 Zahnarzthelferin

3 Arzthelferin

Gesamtnote 2–

ZWISCHENZEUGNIS

Einleitung:
Sie ist in Ordnung.

Frau Heike Dobbe, geboren am 12.01.1971 in Siegen, ist seit dem 01.08.1999 in meiner Praxis als Arzthelferin tätig.

Tätigkeitsbeschreibung:
Frau Dobbes Tätigkeiten werden im Zeugnis nicht angemessen beschrieben. So sollte die Apple-Software, mit der sie arbeitet, aufgelistet werden, damit der künftige Arbeitgeber sich ein Bild von ihren Computerfähigkeiten machen kann, ebenso sollten ihre Verbandarbeiten differenzierter aufgeführt werden (Gips, Kompression usw.).

Frau Dobbe verrichtet und verantwortet in dieser Position vor allem folgende Tätigkeiten:

► Kassen-, Kur- und Privatabrechnung

► Verwaltung der Patientendateien mit Apple-Software

► Durchführung von Lufu, Reizstrom und EKG

► Blutabnahme und Reinigung aller medizinischen Instrumente und Apparate

► Verbände anlegen

Fachwissen:
Es („umfassendes Fachwissen") wird mit gut bewertet.

Leistungsbeurteilung:
Sie liegt laut Kernsatz („stets zur vollen Zufriedenheit") und dem Kontext bei gut.

Frau Dobbe verfügt über ein umfassendes Fachwissen, das sie jederzeit erfolgreich einsetzt. Sie übt ihre Tätigkeiten selbstständig, motiviert und mit sehr großem Verantwortungsbewusstsein aus. Sie erledigt ihre Arbeiten sehr ordentlich, schnell und gewissenhaft, auch starkem Arbeitsanfall ist sie immer gewachsen. Ich möchte hervorheben, dass Frau Dobbe regelmäßig an den unterschiedlichsten fachbezogenen Weiterbildungsseminaren erfolgreich teilgenommen hat. Ihre Leistungen entsprechen meinen Erwartungen und Anforderungen stets zur vollen Zufriedenheit.

Frau Dobbes Auftreten ist jederzeit geprägt von ihrer zuvorkommenden, hilfsbereiten und kontaktfreudigen Art. Ihr Verhalten gegenüber Vorgesetzten, Kollegen und Patienten ist stets einwandfrei.

Dieses Zwischenzeugnis wurde auf Wunsch von Frau Dobbe ausgestellt.

Verhaltensbeurteilung:

Sie liegt laut Kernsatz („stets einwandfrei") und dem Satz davor bei gut.

Schlussformel:

Sie ist in Ordnung, trotzdem könnte (muss aber nicht!) der Zeugnisaussteller Frau Dobbe für die bisher geleistete gute Arbeit ihr hier noch Dank aussprechen.

Fazit:

Frau Dobbe wird mit gut minus bewertet. Sie bekommt keine glatte 2, weil die Tätigkeitsauflistung zu undifferenziert ist. Das ist ärgerlich, weil der Restkontext des Zeugnisses sie mit gut bewertet.

Siegen, 01.08.2002   Dr. Hannelore Pfeiffer

→ 79 Sekretärin
→ 80 Sekretärin Direktion
→ 81 Sekretärin Geschäftsführung

4 Assistentin der Geschäftsleitung

Gesamtnote 2

ZEUGNIS

Einleitung:
Sie ist in Ordnung.

Frau Monika Kessler, geboren am 12.01.1968 in Rüdesheim, war vom 01.01.1994 bis zum 31.08.2001 in unserem Unternehmen als Assistentin der Geschäftsleitung tätig.

Tätigkeitsbeschreibung:
Sie dokumentiert klar die Kompetenzen und Aufgaben von Frau Kessler.

Die Schwerpunkte von Frau Kesslers Tätigkeiten gestalteten sich wie folgt:

► Komplette PC-Verwaltung vom Erstellen von Vorlagen bis hin zur optimalen Verwendung einzelner Programme (z. B. Microsoft Word, Excel, Windows)

► die gesamte Abwicklung von der Angebotserstellung bis zur Auftragserteilung sowie der Projektplanung- und überwachung

► Kundenpflege und Kundenkontakte

► Führung der gesamten Personalverwaltung von Einstellungs- und Entlassungsformalitäten bis hin zu Lohnvorbereitungen und Pflegen sämtlicher Personalakten

► Terminüberwachung der Geschäftsleitung

► Unterstützung der Geschäftsführung in allen anfallenden Bereichen vom Schriftverkehr bis zu Vertragsabwicklungen, Flugbuchungen und Reservierungen

► Vorbereitung der Buchhaltung zur Weitergabe an den Steuerberater zum Buchen und ständige Abstimmung in Zusammenarbeit mit dem Steuerberater

► Ausbildung eines Auszubildenden für Bürokommunikation mit eigener Ausbildungserlaubnis (AdA-Schein)

Fachwissen:
Es wird mit gut bewertet.

Frau Kessler setzte ihre guten Fachkenntnisse jederzeit sicher und zielgerichtet ein. Sie überzeugte durch ihre strukturierte Arbeitsweise, die sie mit ihrer langjährigen Berufserfahrung für unser Unternehmen stets gewinnbringend einsetzte. Sie ist sehr motiviert und sehr belastbar, behält auch bei schwierigen Situationen stets die Übersicht und setzte sich stets auch über die Bürozeit hinaus für unser Unternehmen ein.

Alle im kaufmännischen Bereich anfallenden Arbeiten erledigte sie, das möchten wird besonders hervorheben, immer selbstständig und kreativ. Ihre PC-Kenntnisse brachte sie immer auf den neusten Stand, deshalb konnte sie die Aufgaben stets auf einem guten Niveau erfüllen. Die Ausbildung eines Auszubildenden, für die Frau Kessler verantwortlich war, gelang ihr, unseren Erwartungen gemäß, punktgenau. Sie erledigte ihre Aufgaben immer zu unserer vollen Zufriedenheit.

Leistungsbeurteilung:
Sie liegt laut Kernsatz („immer zu unserer vollen Zufriedenheit") und dem Kontext bei gut.

Ihr Verhalten gegenüber Vorgesetzten, Kollegen und Kunden war immer einwandfrei. Aufgrund ihres freundlichen Wesens und ihrer offenen Art war Frau Kessler eine stets respektierte und beliebte Ansprechpartnerin für unsere Kunden und Mitarbeiter.

Verhaltensbeurteilung:
Sie liegt laut Kernsatz („Sein Verhalten gegenüber Vorgesetzten ... war immer einwandfrei.") und dem folgenden Satz bei gut.

Aus betriebsbedingten Gründen musste das Arbeitsverhältnis von Frau Kessler mit dem heutigen Tag beendet werden. Wir bedauern diese Entwicklung, da wir mit Frau Kessler eine gute Mitarbeiterin verlieren. Wir danken ihr für ihre Arbeit und wünschen ihr in der Zukunft weiterhin Erfolg und persönlich alles Gute.

Schlussformel:
Frau Kessler hat eine Kündigung erhalten, sie wird hier mit gut bewertet.

Fazit:
Frau Kessler wird mit gut bewertet.

Nürnberg, 31.08.2001   Bernd Ottrowitz

                              (Geschäftsführer)

→ 89 Verkaufsaufsicht
→ 90 Verkaufsleiter
→ 91 Verkaufsleiter
→ 92 Verkaufssachbearbeiter

5 Automobilverkäufer

Gesamtnote 2–

ZEUGNIS

Einleitung:
Der einleitende Absatz enthält alle nötigen Elemente.

Herr Bernd Best, geboren am 10.10.1948 in Betzdorf, war vom 01.08.1997 bis zum 31.07.2002 als Automobilverkäufer in unserer Firma tätig.

Tätigkeitsbeschreibung:
Obwohl Herr Best fünf Jahre für das Unternehmen gearbeitet hat, fällt die Tätigkeisbeschreibung zu mager aus, dies wirkt sich negativ auf die Gesamtnote des Zeugnisses aus. Der mögliche folgende Arbeitgeber kann sich kein präzises Bild von Herrn Bests Aufgabenfeld machen, ohne Zweifel ein Nachteil.

Herr Best war für den Verkauf unserer Fiat Kleinwagen zuständig. Er war auch für die Betreuung des Kundenstammes, den er durch Akquisition ständig erweiterte, verantwortlich.

Fachwissen:
Herrn Bests Fachwissen wird mit gut bewertet.

Leistungsbeurteilung:
Sie liegt laut Kernsatz („stets zu unserer vollen Zufriedenheit") und dem Kontext bei gut.

Wegen seiner guten fachlichen Kenntnisse schätzten wir Herrn Best als wertvollen Mitarbeiter. Er war immer motiviert und engagiert, er führte seine Aufgaben stets mit vollem Einsatz erfolgreich und verantwortungsbewusst aus. Herr Best war jederzeit sehr kommunikationsstark, auch deshalb erzielte er seine guten Verkaufserfolge. Starkem Arbeitsanfall zeigte er sich jederzeit gewachsen. Er besuchte sehr erfolgreich, dies möchten wir hier besonders hervorheben, regelmäßig Weiterbildungsseminare, um seine Kommunikationsstärke und seine Beratungskompetenzen zu erweitern. Auch aus diesem Grund erzielte er beträchtliche Umsatzsteigerungen; der Absatz von Kleinwagen stieg in den letzten 16 Monaten um 23 %. Herr Best erfüllte seine Aufgaben stets zu unserer vollen Zufriedenheit.

Sein Verhalten war stets einwandfrei. Sein Auftreten gegenüber den Kunden war immer gut, als freundlicher und kompetenter Gesprächspartner war er anerkannt.

Das Arbeitsverhältnis von Herrn Best endet mit dem heutigen Tag betriebsbedingt. Wir bedauern diese Entwicklung sehr, weil wir mit ihm einen wertvollen Mitarbeiter verlieren. Für seine loyalen Dienste danken wir Herrn Best, für seine berufliche wie persönliche Zukunft wünschen wir ihm alles Gute.

Ludwigsburg, 31.07.2002   Dieter Reinhold

                                 (Verkaufsleiter)

Verhaltensbeurteilung:

Sie liegt laut Kernsatz („Sein Verhalten war stets einwandfrei") und dem Kontext bei gut.

Schlussformel:

Herr Best hat eine Kündigung erhalten, die Schlussformel bewertet ihn mit gut.

Fazit:

Herr Best wird mit gut minus bewertet. Er bekommt keine glatte 2, weil die Tätigkeitsbeschreibung zu dürftig ist.

6 Bäcker

Gesamtnote 2 **ZEUGNIS**

Einleitung:
Sie ist in Ordnung.

Herr Oskar Schneider, geboren am 13.05.1963 in Bielefeld, war vom 01.08.1997 bis zum 31.07.2002 in unserem Betrieb als Bäckergeselle angestellt.

Tätigkeitsbeschreibung:
Herrn Schneiders Tätig-keiten werden im Zeugnis ausreichend angemessen beschrieben.

Herr Schneider war in unserem Großunternehmen für die Herstellung von Voll-kornbroten eingesetzt, folgende Aufgaben hatte er dabei zu erfüllen:

► Maschinenbedienung und -wartung

► Teigzubereitung

► Abbacken

Fachwissen:
Es wird mit gut bewertet.

Herr Schneider verfügt über ein gutes Fachwissen, das er in seiner täglich an-fallenden Arbeit immer sicher und effizient einsetzte. Er führte seine Auf-gaben stets mit großem Engagement, Verantwortungsbewusstsein, Fleiß und unbedingter Zuverlässigkeit aus. Seine Arbeitsergebnisse waren – auch in schwierigen Fällen und bei wechselnden Anforderungen – stets von guter Qualität. Arbeitsmenge und -tempo lagen immer über unseren Anforderun-gen. Herr Schneider hat während seiner Beschäftigungszeit bei uns an drei Fortbildungsseminaren erfolgreich teilgenommen. Wir möchten besonders seine Fähigkeit hervorheben, bei der Durchführung seiner Aufgaben immer belastbar zu reagieren. Herr Schneider hat die ihm übertragenen Aufgaben stets gut erfüllt.

Leistungsbeurteilung:
Sie liegt laut Kernsatz („Herr Schneider hat die ihm übertragenen Aufga-ben stets gut erfüllt.") und dem Kontext bei gut.

Aufgrund seiner Hilfsbereitschaft und Aufgeschlossenheit war Herr Schneider sehr geschätzt. Sein Verhalten gegenüber Vorgesetzten und Kollegen war stets gut.

Herr Schneider verlässt uns zum 31.07.2002 auf eigenen Wunsch. Wir bedauern sein Ausscheiden sehr, da wir mit ihm eine gute Fachkraft verlieren. Wir können ihn als Mitarbeiter sehr empfehlen. Wir danken ihm für seine stets guten Leistungen. Für seinen weiteren Berufs- und Lebensweg wünschen wir ihm alles Gute und weiterhin viel Erfolg.

Bad Marienberg, 31.07.2002   Peter Wedekind

                                    (Bäckermeister)

Verhaltensbeurteilung:
Sie liegt laut Kernsatz („Sein Verhalten gegenüber Vorgesetzten und Kollegen war stets gut.") und dem Satz zuvor bei gut.

Schlussformel:
Sie ist in Ordnung.

Fazit:
Herr Schneider wird mit gut bewertet.

→ 8 Banksachbearbeiterin
→ 32 Gruppenleiter Wertpapierberater

7 Bankkauffrau

ZWISCHENZEUGNIS

Gesamtnote 2–3

Einleitung:
Im einleitenden Absatz muss der Vorname von Frau Henke genannt werden, sie sollte um Korrektur bitten, damit zweifelsfrei klar ist, dass es sich um ihr Zeugnis handelt.

Frau Henke, geboren am 14.01.1969 in Vissel, begann ihre Tätigkeit in unserem Hause am 01.08.1987 mit einer Ausbildung zur Bankkauffrau. Über ihre Ausbildung haben wir ihr am 31.07.1990 ein besonderes Zeugnis ausgestellt.

Tätigkeitsbeschreibung:
Frau Henkes Tätigkeiten werden im Zeugnis ausreichend detailliert beschrieben, so dass sich jeder mögliche Arbeitgeber ein Bild von ihren Kompetenzen und Fähigkeiten machen kann.

Am 01.08.1990 übernahm Frau Henke eine Stelle in unserem zentralen Betriebsbereich. Dort war sie u.a. zuständig für die Bearbeitung von Rückschecks sowie für die Vorbereitung der ADZ- und DLM-Abrechnungen. Am 01.08.1994 wechselte sie als Serviceberaterin in unsere Filiale Delta.

Zu den Aufgaben von Frau Henke gehören im Wesentlichen:

► die Rundum-Betreuung der Beratungskunden

► aktiver Vertrieb der segmentspezifischen Produktpalette

► Abdeckung des Privatkreditgeschäfts

► Einarbeiten und Betreuen von Kollegen

► Repräsentation der Volksbank, Beschwerdemanagement, Filialorganisation bei Abwesenheit des Filialleiters

Fachwissen:
Frau Henkes Fachwissen („gutes Fachwissen") wird mit gut bewertet.

Leistungsbeurteilung:
Sie liegt laut Kernsatz („Sie erledigt ihre Aufgaben stets zu unserer vollen Zufriedenheit.") und dem Kontext bei gut.

Zur Wahrnehmung ihrer Aufgaben haben wir Frau Henke die erforderlichen Kompetenzen übertragen. Sie verfügt über ein gutes Fachwissen und wendet dieses sicher an. Ihre Aufgaben führt sie mit Umsicht, Verantwortungsbewusstsein und Engagement aus. Wir kennen Frau Henke als ausdauernde und gut belastbare Mitarbeiterin, die sich auch jederzeit auf Neuerungen einstellt. Sie arbeitet selbstständig nach eigener Planung und erzielt dabei gute Lösungen. Wir schätzen Frau Henke als pflichtbewusste, ehrliche und zuverlässige Mitarbeiterin. Hervorheben möchten wir, dass sie regelmäßig erfolgreich an Weiterbildungsseminaren teilnimmt. Sie erledigt ihre Aufgaben stets zu unserer vollen Zufriedenheit.

Ihr Verhalten gegenüber Kunden, Vorgesetzten und Mitarbeitern ist einwandfrei.

Verhaltensbeurteilung:

Es wird laut Kernsatz („Ihr Verhalten gegenüber Kunden") mit befriedigend bewertet. Weil die Vorgesetzten nicht an erster Stelle stehen und die Kunden nicht an letzter, liegt der Verdacht nahe, dass Frau Henke Probleme mit ihren Vorgesetzten (und umgekehrt) hat. Außerdem fehlt im Kernsatz der Zeitfaktor „stets" („jederzeit", „immer"). Mit dem Mittel des beredten Schweigens wird hierdurch zum Ausdruck gebracht, dass das attestierte Verhalten nicht immer gut war.

Dieses Zwischenzeugnis wird Frau Henke anlässlich der Versetzung eines Vorgesetzten ausgestellt.

Schlussformel:

Sie ist in Ordnung, man könnte, was aber nicht zwingend ist, hier noch Dank für die bisher geleistete Arbeit aussprechen.

Fazit:

Frau Henke wird zwischen gut und befriedigend bewertet.

Köln, 31.07.1997   Jürgen Müller

                         (Personalchef)

8 Banksachbearbeiterin CD-ROM

→ 10 Bauzeichner

9 Bauvertriebsleiter

Gesamtnote 1

ZEUGNIS

Einleitung:
Sie ist in Ordnung.

Herr Dieter Decker, geboren am 22.11.1970 in Zinhain, war vom 15.08.2000 bis zum 31.12.2002 für die Bauberatung Leisner als Bauvertriebsleiter tätig.

Tätigkeitsbeschreibung:
Herrn Deckers Tätigkeiten werden im Zeugnis detailliert beschrieben, so dass sich jeder mögliche Arbeitgeber ein Bild von seinen Kompetenzen und Fähigkeiten machen kann. Nach unserem Ermessen dürften ihm aus der Tätigkeitsbeschreibung heraus keine Karrierenachteile entstehen.

Herr Decker erfüllte und verantwortete die folgenden Aufgaben:

▶ Akquise und Beratungen

▶ Übernahme der halben Umsatzverantwortung (4,5 Mio. Euro Gesamtumsatz) in einem Team von vier Mitarbeitern

▶ Auswahl der Grundstücke in Zusammenarbeit mit der Geschäftsführung

▶ Erledigung aller grundbuchrechtlichen Aufgaben in Eigenleistung oder in Zusammenarbeit mit unseren Notaren

▶ Vertragsverhandlung, Verkauf und Koordination der Sonderwünsche

▶ Werberahmen- sowie Maßnahmenplanung und Durchführung inklusive Budgetierung, Planung, Konzeption, Erarbeitung und Kontrolle unseres Werbebudgets und Budgetverantwortung über 100 bis 1550 Euro

▶ Durchführung und Kontrolle der Werbemaßnahmen, Messeprojekte und PR-Veranstaltungen

▶ Direktmarketing aufgrund selbstgewonnener und zugekaufter Kundendaten, Werbebriefgestaltung und Gestaltung von Plakaten, Anzeigenschaltung in Printmedien, Werbemittelbeschaffung, Aufbau und Kontrolle unserer Internet-Homepage

Fachwissen:
Sein Fachwissen („verfügt über vielseitige und umfassende Fachkenntnisse, auch in Randbereichen.") wird mit sehr gut bewertet.

Herr Decker verfügt über vielseitige und umfassende Fachkenntnisse, auch in Randbereichen. Er war jederzeit hochmotiviert und identifizierte sich stets voll mit seinen Aufgaben und dem Unternehmen. Durch seine schnelle Auffassungsgabe beherrschte er nach selbstständiger und kurzer Einarbeitungszeit seine Arbeitsgebiete umfassend. Er fand dabei jederzeit sehr gute und praktikable Lösungen.

Leistungsbeurteilung:
Sie liegt laut Kernsatz („Wir waren mit Herrn Deckers Leistungen jederzeit außerordentlich zufrieden") und dem Kontext bei sehr gut.

Im direkten Umgang mit den Kunden war Herr Decker aufgeschlossen und in Bezug auf Vertragsverhandlungen zielorientiert und abschlusssicher. Auch schwierige Kunden wurden von ihm zu unserer Zufriedenheit betreut. Hervorzuheben ist auch sein Teamgeist in Zusammenarbeit mit der Geschäftsführung und unseren Mitarbeitern. Wir waren mit Herrn Deckers Leistungen jederzeit außerordentlich zufrieden.

Sein Verhalten gegenüber Vorgesetzten, Mitarbeitern und Kunden war stets vorbildlich.

Verhaltensbeurteilung:
Sie liegt laut Kernsatz („Sein Verhalten gegenüber ... war stets vorbildlich.") und dem Kontext bei sehr gut.

Herr Decker förderte aktiv die Zusammenarbeit, übte und akzeptierte sachliche Kritik, war stets hilfsbereit und stellte, falls erforderlich, persönliche Interessen auch zurück.

Herr Decker scheidet mit dem heutigen Tag auf eigenen Wunsch aus unserem Unternehmen aus. Wir bedanken uns für die geleistete sehr gute Arbeit, bedauern sein Ausscheiden und wünschen ihm für seine persönliche wie private Zukunft alles Gute und weiterhin viel Erfolg.

Schlussformel:
Sie enthält mit Bedauern, Dank und guten Wünschen alle wichtigen Elemente und bewertet Herrn Dekker mit sehr gut.

Fazit:
Herr Decker wird mit sehr gut bewertet.

Bonn, 31.12.2002   Erhard Friedrich

(Geschäftsführer)

→ 9 Bauvertriebsleiter

10 Bauzeichner

Gesamtnote 1

ZWISCHENZEUGNIS

Tätigkeitsbeschreibung:
Sie ist ausreichend detailliert.

Herr Bernd Best, geboren am 25.05.1970, ist seit dem 01.08.1998 in unserem Unternehmen als Bauzeichner tätig.

Fachwissen:
Herrn Bests Fachwissen wird mit sehr gut bewertet.

Herr Best ist mittels CAD für alle zeichnerischen Aufgaben im Bereich Ein- und Mehrfamilienhäuser zuständig: für Entwurfs- und Eingabeplanung mit Antragsformularen. Außerdem ist er für die Geländenivellierung und die Aufmaßnahme verantwortlich.

Leistungsbeurteilung:
Sie liegt laut Kernsatz („Wir beurteilen seine Leistungen zusammenfassend als sehr gut."), der im Klartext formuliert ist, und dem Kontext bei sehr gut.

Herr Best verfügt über ein ausgezeichnetes, umfassendes und aktuelles Fachwissen, er zeigt stets Eigeninitiative, großen Fleiß und Eifer, auch über die übliche Arbeitszeit hinaus. Aufgrund seiner sehr guten Auffassungsgabe arbeitet er sich jederzeit schnell und erfolgreich in neue Aufgaben ein. Er besitzt die Fähigkeit, komplexe und diffizile Sachverhalte rasch zu erfassen, zu analysieren und praktikable Problemlösungen aufzuzeigen und zu entwickeln. Herr Best ist ein äußerst engagierter und zuverlässiger Mitarbeiter, der alle Aufgaben selbstständig, zielgerichtet und sorgfältig ausführt. Die Qualität seiner Arbeitsergebnisse liegt, auch bei sehr schwierigen Arbeiten, bei objektiven Problemhäufungen und bei Termindruck, stets sehr weit über unseren Anforderungen. Besonders hervorheben möchten wir, dass Herr Best seine CAD-Kenntnisse während seiner Freizeit in Abendkursen erfolgreich erweitert hat. Wir beurteilen seine Leistungen zusammenfassend als sehr gut.

Verhaltensbeurteilung:
Sie liegt laut Kernsatz („Sein Verhalten ... stets vorbildlich.") und dem Kontext bei sehr gut.

Sein Verhalten gegenüber Vorgesetzten und Kollegen ist freundlich, teamorientiert und stets vorbildlich. Auch gegenüber unseren Kunden und Geschäftspartnern verhält er sich jederzeit sehr gut. Für seine Fachkompetenz wird er sehr geschätzt.

Dieses Zwischenzeugnis wird Herrn Best anlässlich der Versetzung seines Vorgesetzten ausgestellt. Wir möchten ihm bei dieser Gelegenheit unseren Dank für die bisher für unser Unternehmen erbrachten Leistungen aussprechen und wünschen uns eine weiterhin vertrauensvolle Zusammenarbeit.

Schlussformel:

Sie ist in Ordnung, in dieser Form steht sie unter sehr guten Zwischenzeugnissen.

Fazit:

Herr Best wird mit sehr gut bewertet.

München, 31.07.2002   Dr. Peter Blei

                             (Personalchef)

→ 29 Geschäftsführer Vertrieb
→ 52 Marketing Deputy Director

11 Betriebsleiter

Gesamtnote 1 –

ZEUGNIS

Einleitung:
Sie ist in Ordnung.

Herr John Becker, geboren am 17.11.1967 in Hachenburg, war vom 01.07.1995 bis zum 31.07.2002 in unserem Unternehmen als Betriebsleiter beschäftigt.

Tätigkeitsbeschreibung:
In Anbetracht der Tatsache, dass Herr Becker sieben Jahre im Unternehmen gearbeitet hat, ist die Auflistung der Tätigkeiten zu knapp. Deshalb könnten ihm Karrierenachteile entstehen.

Die Firma PATLI GmbH entwickelt und vertreibt mechanische Produkte für die Netz- und Datentechnik und allgemeine Elektrotechnik. Darüber hinaus realisiert sie kundenspezifische Aufträge im Bereich der allgemeinen Mechanik.

Im Rahmen seines verantwortungsvollen und vielseitigen Tätigkeitsgebietes führte er eigenverantwortlich folgende Aufgaben durch:

► Leitung der Bereiche Vertrieb, Entwicklung, Produktion und EDV

► Einführung des Warenwirtschaftssystems Apertum

► Durchführung von Änderungen in der Firmenorganisation

► Produktentwicklung sowie kundenspezifische Entwicklungen

Fachwissen:
Es („umfassende Fachkenntnisse") wird mit gut beurteilt.

Herr Becker verfügt über umfassende Fachkenntnisse. Durch sein hoch entwickeltes Analysevermögen und seine Kreativität gelang es ihm immer, auf Probleme sofort und adäquat zu reagieren. Seine durchdachten Lösungen haben sich in der Praxis stets sehr gut bewährt. Er war ein äußerst leistungsfähiger, sehr belastbarer Mitarbeiter, der die hohen Anforderungen seiner wichtigen Position auch unter schwierigen Umständen und hohem Termindruck stets sehr gut meisterte.

Leistungsbeurteilung:
Sie liegt laut Kernsatz („stets zu unserer vollsten Zufriedenheit.") und dem Kontext bei sehr gut.

Wir haben Herrn Becker als einen sehr zielorientierten, verantwortungsbewussten und dynamischen Mitarbeiter kennen gelernt. Neuen Ideen gegenüber war er stets aufgeschlossen und handelte, wo immer erforderlich, sehr innovationsorientiert. Herr Becker motivierte seine Mitarbeiter stets zu sehr guten Leistungen, wobei er selbst als Vorbild agierte. Bei Bedarf schulte er seine Mitarbeiter, damit sie ihre Aufgaben adäquat erfüllen konnten. Um seine versierte Organisations- und Planungskompetenz konzentriert einzusetzen, delegierte er Routineaufgaben jederzeit effektiv. Insgesamt waren ihm sieben Mitarbeiter unterstellt. Während seiner gesamten Beschäftigungszeit in unserem Unternehmen erledigte Herr Becker seine Aufgaben mit beispielhaftem Engagement und sehr großem persönlichen Einsatz stets zu unserer vollsten Zufriedenheit.

Herr Becker pflegte eine Atmosphäre der Teamorientierung, Kooperation und Offenheit. Er war bei seinen Mitarbeitern ein gern und häufig frequentierter Ansprechpartner. Seine Vorgesetzten schätzen Herrn Beckers Führungsqualitäten ebenso wie seine fachliche Qualifikation. Herrn Beckers Verhalten zu Vorgesetzten, Mitarbeitern und Kunden war stets vorbildlich.

Herr Becker scheidet auf eigenen Wunsch aus unserem Unternehmen aus. Wir danken ihm für die hervorragende Zusammenarbeit mit unserem Unternehmen, bedauern sein Ausscheiden sehr und wünschen ihm auf seinem weiteren Berufs- und Lebensweg alles Gute und weiterhin viel Erfolg.

Berlin, 31.07.2002   Frank Schmidt

                                      (Leiter Personalabteilung)

Verhaltensbeurteilung:
Sie wird laut Kernsatz („Verhalten zu Vorgesetzten ... war stets vorbildlich.") und dem Kontext mit sehr gut bewertet.

Schlussformel:
Sie ist in Ordnung.

Fazit:
Herr Becker wird mit sehr gut minus bewertet.

→ 67 Principal eBusiness Consulting

12 Business Consultant

Gesamtnote 4

ZEUGNIS

Einleitung:

Sofort fällt auf, dass Herr Martin nur drei Monate in dem Unternehmen gearbeitet hat. Der kundige Zeugnisleser weiß, dass er mit hoher Wahrscheinlichkeit nun kein gutes Zeugnis zu lesen bekommt.

Herr Gerhard Martin, geboren am 14.03.1963 in Furtwangen, war vom 01.10.2001 bis zum 31.12.2001 in unserem Unternehmen als Business Consultant tätig.

Tätigkeitsbeschreibung:

Herrn Martins Tätigkeiten werden im Zeugnis ausreichend detailliert beschrieben.

Herr Martin war für folgende Aufgaben zuständig:

▶ Durchführung von Workshops zum Assessment (Analyse und Konzeption) von eBusiness Strategien und eBusiness Geschäftsmodellen

▶ Optimierung und Modellierung von Geschäftsprozessen zur Spezifikation von eBusiness Lösungen

▶ Support für den Key-Account Manager im Sales Bereich

▶ Koordinierung der Consulting Aktivitäten in der Spezifikationsphase

▶ Entwicklung der Intershop eBusiness Modeling Methode

▶ Mitarbeit bei der Konzeption von branchenspezifischen (industry solutions) und branchenübergreifenden (cross industry solutions) Lösungen

▶ Mentoring und Coaching von Mitarbeitern und Partnern im Rahmen der Spezifikation nach der Intershop eBusiness Modeling Methode

Fachwissen:

Herrn Martins Fachwissen („Fachkenntnisse auf zufriedenstellende Weise in die Praxis") wird mit ausreichend bewertet.

Leistungsbeurteilung:

Sie liegt laut Kernsatz („Mit seinen Leistungen waren wir zufrieden.") und dem Kontext bei ausreichend.

Herr Martin setzte seine Fachkenntnisse auf zufriedenstellende Weise in die Praxis um. Er plante alle Projekte im Vorhinein und hielt auch die Umsetzung nach. Herr Martin erkannte das Wesentliche und zeigte schnell für alle Beteiligten zufriedenstellende Lösungen auf. In vertrautem Zusammenhang kann er sich auf seine Urteilsfähigkeit stützen, außerdem war er dem üblichen Arbeitsanfall gewachsen. Neuem gegenüber war er generell aufgeschlossen und konnte seinerseits neue Ideen finden, ferner hat er der geforderten Einsatzbereitschaft entsprochen. Mit seinen Leistungen waren wir zufrieden.

Sein Verhalten gab zu Beanstandungen keinen Anlass.

Verhaltensbeurteilung:
Sie liegt laut Kernsatz
(„Sein Verhalten gab zu
Beanstandungen keinen
Anlass.") bei ausreichend.

Das Arbeitsverhältnis mit Herrn Martin endet mit dem heutigen Tage betriebsbedingt. Wir wünschen ihm für die Zukunft alles Gute.

Schlussformel:
Herr Martin hat eine Kün-
digung erhalten, die
Schlussformel bestätigt
die Gesamtnote.

Fazit:
Herr Martin wird mit aus-
reichend bewertet.

Duisburg, 31.12.2001   Dietmar Weinbrenner

(Geschäftsführer)

13 Business Development Manager  CD-ROM

→ 45 Leiter Projektierung- und
Vertriebsabteilung
→ 72 Projektleiter international

14 Chief Technology Officer

Gesamtnote 1

ZEUGNIS

Einleitung:
Hier werden alle relevanten Daten genannt.

Herr Dr. Jochen Grauer, geboren am 30.05.1965 in Bottrop, war vom 01.12.1999 bis zum 30.09.2001 in unserer Gesellschaft als CTO (Chief Technology Officer) tätig.

Tätigkeitsbeschreibung:
Sie fällt knapp, aber doch hinreichend detailliert aus.

Als CTO war er verantwortlich für Produktplanung, -design, -definition, -entwicklung und -realisierung. Hierzu gehörten insbesondere auch die Auswahl externer Zulieferer und Entwicklungspartner, die Vertragsverhandlungen und die anschließende Projektbetreuung.

Herr Dr. Grauer erreichte in nur 8 Monaten die parallele Entwicklung von vier hochinnovativen Produkten. Dies gelang ihm in einem komplett neuen technologischen Umfeld mit neuen, großenteils unerfahrenen Mitarbeitern und Kollegen und neuen Zulieferern und Partnern. Die Produktentwicklung für alle 4 geplanten Produktlinien lag stets im selbst gesetzten, sehr ehrgeizigen Zeit- und Budgetplan.

Herr Dr. Grauer trug die Personalverantwortung für drei freie und fünf angestellte Mitarbeiter des Produktbereichs. Die von ihm angeworbenen Mitarbeiter erwiesen sich als eine ausgezeichnete Wahl, indem sie sich hervorragend in unsere Geschäftsprozesse einfügten, sich jederzeit in das Geschäft eingebunden fühlten und somit dem Unternehmen eng verbunden waren.

Fachwissen:
Herrn Dr. Grauers Fachwissen wird mit sehr gut benotet.

Jederzeit überzeugte uns Herr Dr. Grauer durch sein ausgezeichnetes Fachwissen, auch in Nebenbereichen, welches er stets sicher und gekonnt in der Praxis einsetzte. In Kombination mit seinem guten Projektmanagement und seinem Organisationstalent gelang es ihm, die Produktentwicklung stets im anvisierten Plansoll zu halten.

Leistungsbeurteilung:
Hier wird ein glattes Sehr gut vergeben.

Mit großer Kreativität, präzisem Analysevermögen und strukturierter Vorgehensweise fand Herr Dr. Grauer stets sehr gute und praktikable Lösungen, die er erfolgreich in der Praxis einsetzte. Dies beweisen besonders seine zahlreichen Designvorschläge und Patente, die den Wert der Firma maßgeblich steigerten.

Verhandlungen führte er stets mit außerordentlichem Fingerspitzengefühl, rhetorischem Geschick und dem nötigen Durchsetzungsvermögen. Für viele Zulieferer waren die Anforderungen außergewöhnlich und erforderten viele Zugeständnisse und Sondermaßnahmen. Auch unter höchster Belastung behielt Herr Dr. Grauer die Übersicht und agierte zielorientiert, sorgfältig und verantwortungsbewusst zum Wohle des Unternehmens. Neben Selbstständigkeit kennzeichnen Flexibilität und viel Sinn für das Machbare seinen Arbeitsstil.

Herr Dr. Grauer ist ein jederzeit höflicher, kooperativer und teamorientierter Manager, der seine Mitarbeiter durch sein Vorbild an Tatkraft und Dynamik zu stets sehr guten Leistungen motivierte. Innerhalb wie außerhalb unseres Hauses war Herr Dr. Grauer ein allseits beliebter und häufig frequentierter Ansprechpartner.

Verhaltensbeurteilung:
Auch Herrn Dr. Grauers persönliches Verhalten wird mit sehr gut bewertet.

Wir waren daher mit seinen Leistungen stets und in jeder Hinsicht außerordentlich zufrieden. Sein Verhalten gegenüber den Gesellschaftern, den Kollegen in der Geschäftsleitung, seinen Mitarbeitern und jeglichen dritten Personen war stets vorbildlich.

Aufgrund der aktuellen wirtschaftlichen Entwicklung hat die Gesellschafterin beschlossen, die Geschäftstätigkeit einzustellen. Die Gründe für die Einstellung der Geschäftstätigkeit hat Herr Dr. Grauer nicht zu vertreten.

Schlussformel:
Hier wird ausführlich die Situation des Firmenzusammenbruchs geschildert, an dem aber Herr Dr. Grauer offensichtlich keine Schuld trug.

Wir bedauern die jüngste Entwicklung außerordentlich und bedanken uns bei Herrn Dr. Grauer für seine geleisteten wertvollen Dienste. Für seine Zukunft wünschen wir ihm beruflich wie persönlich alles Gute und weiterhin viel Erfolg

Fazit:
Trotz des unrühmlichen Endes der Firma ist das Zeugnis in sich stimmig und dürfte für Herrn Dr. Grauer kein Karrierehindernis darstellen.

Stuttgart, den 30.09.2001   Ernst Borrmüller

                                   (Vorsitzender des Aufsichtsrates)

→ 16 Controlling Abteilungsleiter
→ 17 Financial Controlling
   Abteilungsleiterin

15 Controller

Gesamtnote 1   ## ZWISCHENZEUGNIS

Einleitung:
Hier sind alle wichtigen
Elemente vorhanden.

Herr Torben Klinkhammer, geboren am 13.12.1971, ist seit dem 14.07.1997 in unserem Unternehmen als Controller tätig.

Tätigkeitsbeschreibung:
Sie bleibt im letzten Punkt
der Aufzählung etwas
vage, ist aber ansonsten
hinreichend detailliert.

In dieser Position erledigt Herr Klinkhammer die folgenden Aufgaben:

► Management-Reporting an die Muttergesellschaft in den USA vom deutschen Stammwerk in Augsburg sowie von den Tochtergesellschaften im Ausland auf konsolidierter Basis bezüglich Umsätze, Auftragseingänge, Auftragsbestände, Margen, Plan-Ist-Abweichungen

► Mitwirkung bei Durchführung von Monats-, Quartals- und Jahresabschlüssen für Stammwerk und Tochtergesellschaften

► Mitwirkung an allen sonstigen Controllingprozessen

Darüber hinaus arbeitet Herr Klinkhammer am Aufbau einer Online-Datenbank für das Management-Reporting auf Lotus-Notes-Basis mit, um Informationen zur Auftrags- und Margensituation online abrufbar zu machen.

Fachwissen:
Herrn Klinkhammers
Fachwissen wird mit sehr
gut beurteilt.

Herr Klinkhammer besitzt ein überzeugendes, sehr fundiertes Fachwissen, das er stets sicher in der Praxis einsetzt. Er versteht die betriebswirtschaftlichen Zusammenhänge unseres Unternehmens bis ins Detail, wodurch er seine Position jederzeit vollumfänglich ausfüllt. Im internationalen Umfeld des Konzerns bewegt sich Herr Klinkhammer souverän durch seine hervorragenden Englischkenntnisse, die er in regelmäßigen Inhouse-Trainings noch vertieft, und sein Verständnis für die Denk- und Arbeitsweise anderer Kulturen.

Leistungsbeurteilung:
Hier wird ein auf das Controlling abgestimmtes
Kernkompetenzenportfolio
mit einem optimalen Kern-
satz verbunden – Note:
sehr gut bis sehr gut plus.

Herr Klinkhammer ist hoch motiviert, leistungsstark und zielorientiert. Durch sein ausgeprägtes analytisches Denkvermögen und seine sehr schnelle Auffassungsgabe findet er effektive Lösungen, die wir gewinnbringend einsetzen. Er arbeitet stets sehr gewissenhaft und genau, wobei er auch auf wichtige Details achtet.

Verhaltensbeurteilung:
Herrn Klinkhammers Ver-
halten ist makellos.

So beweist Herr Klinkhammer jederzeit äußerste Zuverlässigkeit, Verantwortungsbewusstsein und außerordentliche Qualität in seiner Arbeit. Auch unter stärkster Belastung behält er die Übersicht, agiert ruhig und überlegt. Auch jenseits der geregelten Arbeitszeit setzt er sich erfolgreich zum Wohle des Unternehmens ein.

Wir kennen Herrn Klinkhammer als kommunikativen, teamfähigen und kooperativen Mitarbeiter, der innerhalb wie außerhalb des Stammwerkes ein beliebter und häufig frequentierter Ansprechpartner ist. Er wird wegen seiner
Kompetenz, Offenheit und Freundlichkeit über alle Hierarchieebenen hinweg respektiert.

Wir sind mit Herrn Klinkhammers Leistungen stets in jeder Hinsicht außerordentlich zufrieden. Sein Verhalten gegenüber Vorgesetzten und Mitarbeitern ist stets vorbildlich.

Schlussformel:
Hier wird neben dem
Dank auch die Hoffnung
auf ein weiterhin so positives Arbeitsverhältnis
ausgedrückt.

Dieses Zwischenzeugnis wird auf Herrn Klinkhammers Wunsch ausgestellt.
Wir bedanken uns für seine loyalen Dienste und hoffen auf ein noch lange
währendes Arbeitsverhältnis.

Fazit:
Herr Klinkhammer ist ein
exzellenter Controller, den
man sicher nur ungern ge-
hen lassen würde.

Augsburg, 31.12.2001   Peter Braun

                                        (Bereichsleiter Controlling)

16 Controlling – Abteilungsleiter
17 Controlling – Abteilungsleiterin Financial

CD-ROM

→ 76 Sales Manager

18 Director Marketing & Sales

Gesamtnote 1

ZEUGNIS

Einleitung:

Hier wird auf die Nennung des Austrittsdatums verzichtet, dies wird in der Schlussformel und bei der Unterschrift dokumentiert.

Herr Marius Dorheim, geboren am 17.12.1967 in Telgte, trat am 01.08.2000 in die FindeOnline.de AG als Director Marketing & Sales ein.

Tätigkeitsbeschreibung:

Es werden alle Kernaufgaben nebst Zahlenbeispielen genannt.

In dieser Funktion führte Herr Dorheim ein Sales-Team von 35 Mitarbeitern und erledigte die folgenden vielfältigen Tätigkeiten:

► Zeitungsvertrieb (Betreuung von 75 Verlagspartnern mit mehr als 2.200 Außendienstmitarbeitern): Applikations- und Vertriebsberatung

► Marketingkommunikation (Budget ca. 25 Mio. EURO p.a.): Wettbewerbspräsentationen, Vertragsverhandlungen und Umsetzung von Maßnahmen mit Agenturen für klassische Werbung und Onlinemarketing

► Telesales: Telefonverkauf für den Marktplatz Stellenanzeigen

► Research: Benchmarking, Durchführung von Usability-Tests

► Customer Care/Servicecenter: Auftragsabwicklung, Inbound, Aufbau der Wissensdatenbank

► Produktmanagement ASP/XSP: Entwicklung der Fachkonzepte der Applikations- und Service-Dienstleistungen für die kooperierenden Zeitungsverlage

Fachwissen:

Es wird ausführlich dargestellt und mit sehr gut bewertet.

Herr Dorheim verfügt über ein hervorragendes Fachwissen, das er mit einer tiefgehenden Marktkenntnis und einem sicheren Gespür für entscheidende Maßnahmen einer erfolgreichen Marketing- und Verkaufsstrategie verbindet. Er schaffte es stets, unsere und seine Visionen in konkreten Projekten zu definieren und zielorientiert, konsequent und somit erfolgreich umzusetzen. Bei allen Projekten behielt Herr Dorheim die Kosten sowie die Machbarkeit im Blick, so dass er den vorher abgesteckten finanziellen und auch zeitlichen Rahmen immer einhielt. Ebenso erreichte er stets alle vorgegebenen Vertriebsziele.

Mit unermüdlicher Energie trieb Herr Dorheim den Aufbau unseres Unternehmens in einem schwierigen und absolut neuen Umfeld voran. Er setzte sich auch weit jenseits der geregelten Arbeitszeit für uns ein und behielt selbst unter höchster Belastung einen klaren Kopf, um die richtigen Maßnahmen zu ergreifen. Besonders hervorheben möchten wir sein Verhandlungsgeschick auf der Top-Ebene unserer Geschäftspartner. Es gelang Herrn Dorheim immer, komplizierte Sachverhalte einfach darzustellen, Zusammenhänge klar zu erläutern und seine Gesprächspartner von den notwendigen Aktionen zu überzeugen. Präsentationen und Vorträge hielt er mit didaktischem und rhetorischem Geschick.

Leistungsbeurteilung:
Hier wird ein sehr umfangreiches Portfolio an Kernkompetenzen mit einem makellosen Kernsatz kombiniert – sehr gut.

Seine 35 Mitarbeiter motivierte Herr Dorheim durch sein Vorbild an Tatkraft und einen kooperativen Führungsstil zu sehr guten Leistungen. Dabei zeigte er bei Bedarf auch das richtige Maß an Durchsetzungsvermögen. Er erfüllte alle Aufgaben stets zu unserer vollsten Zufriedenheit.

Verhaltensbeurteilung:
Herrn Dorheims Umgangsformen und Sozialverhalten waren makellos – ebenfalls sehr gut.

Herr Dorheim trat jederzeit hilfsbereit, kooperativ und kommunikativ auf. Seine Vorgesetzten respektierten besonders seine fundierten Managementfähigkeiten. Seine Kollegen und Mitarbeiter schätzten seine offene Art und teamorientierte Arbeitsausrichtung. Innerhalb wie außerhalb des Unternehmens war Herr Dorheim ein beliebter und häufig frequentierter Ansprechpartner. Sein persönliches Verhalten war stets vorbildlich.

Schlussformel:
Hier werden neben der Begründung für den Ausstieg alle drei wichtigen Elemente genannt.

Herr Dorheim möchte sich beruflich verändern und verlässt uns zu unserem größten Bedauern mit dem heutigen Tage auf eigenen Wunsch. Wir bedanken uns für seine wertvollen Dienste und wünschen ihm für seine berufliche wie private Zukunft alles Gute und weiterhin viel Erfolg.

Fazit:
Herr Dorheim erhält ein sehr positives Zeugnis, das ihn mit sehr gut bewertet und von nüchternen Zeugnislesern fast schon als übertrieben gewertet werden könnte.

München, 30.11.2002   Helmut Grönemann

(Vorstand Sales & Marketing)

19 Director Media
CD-ROM

20 Dreher

ZEUGNIS

Einleitung:
Sie ist perfekt.

Herr Peter Fischer, geboren am 16.04.1945 in Mannheim, war vom 01.08.1990 bis zum 31.07.2001 in unserem Unternehmen als Dreher tätig.

Tätigkeitsbeschreibung:
Herrn Fischers Tätigkeiten werden im Zeugnis ausreichend detailliert beschrieben, so dass sich jeder mögliche Arbeitgeber ein Bild von seinen Kompetenzen und Fähigkeiten machen kann. Nach unserem Ermessen dürften ihm aus der Tätigkeitsbeschreibung heraus keine Karrierenachteile entstehen.

Herr Fischer arbeitete an einer konventionellen Drehmaschine, er fertigte alle anfallenden Drehteile (Ersatzteile, Gewinde, kleinere Maschinenteile usw.) für unseren Bereich der Rohrschlangenherstellung. Hierbei handelte es sich um keine Massenproduktion, sondern um Unikate, die speziellen Anforderungen gerecht werden mussten. Hier ist hervorzuheben, dass Herr Fischer auch die kompliziertesten Drehteile immer gut hergestellt hat. Er arbeitete mit Normstahl, Edelstahl und Aluminium. Herr Fischer war zudem für die Wartung und Pflege seiner Maschine zuständig.

Fachwissen:
Es wird mit gut bewertet.

Leistungsbeurteilung:
Sie liegt laut Kernsatz („stets zu unserer vollen Zufriedenheit") und dem Kontext bei gut.

Herr Fischer besitzt ein gutes Fachwissen, das er jederzeit erfolgreich umsetzte. Er identifizierte sich mit unserem Betrieb, war gut motiviert und sehr engagiert. Er arbeitete schnell, absolut sorgfältig und termingerecht. Die Qualität seiner Arbeit lag stets deutlich über dem durchschnittlichen Standard in unserem Unternehmen. Er war mitverantwortlich für die Ausbildung unserer Lehrlinge, er lernte sie an seiner Drehmaschine an. Herr Fischer, der eine schnelle Auffassungsgabe besitzt, erledigte seine Aufgaben stets zu unserer vollen Zufriedenheit.

Verhaltensbeurteilung:
Herrn Fischers Verhalten wird laut Kernsatz („Sein Verhalten gegenüber Vorgesetzten, Kollegen und Mitarbeitern war jederzeit einwandfrei.") und dem Kontext mit gut bewertet.

Durch seine gleichbleibende Freundlichkeit und sein fachliches Können wurde er sehr geschätzt. Sein Verhalten gegenüber Vorgesetzten, Kollegen und Mitarbeitern war jederzeit einwandfrei.

Das Arbeitsverhältnis mit Herrn Fischer endet zum 31.07.2001 betriebsbedingt. Wir bedauern diese Entwicklung sehr, weil wir mit ihm einen guten Mitarbeiter verlieren. Für seine private und berufliche Zukunft wünschen wir ihm weiterhin alles Gute und viel Erfolg.

Schlussformel:

Sie ist in Ordnung, in dieser Form steht sie unter guten Zeugnissen. Herr Fischer hat eine Kündigung erhalten.

Fazit:

Herr Fischer wird mit gut bewertet.

Kirchen, 31.07.2001   Otto Neis

                                       (Geschäftsführer)

→ 57 Maschinentechnische Entwicklung

21 Entwicklungsingenieur – Bildverarbeitung

Gesamtnote 2–

ZEUGNIS

Einleitung:
Der einleitende Satz ist in Ordnung.

Herr Martin Flender, geboren am 27.11.1968, war vom 01.02.1998 bis zum 31.07.2000 in unserem Unternehmen als Entwicklungsingenieur im Bereich Bildverarbeitung tätig.

Tätigkeitsbeschreibung:
Sie ist ausreichend detailliert, deshalb dürften Herrn Flender keine Karrierenachteile entstehen.

Durch seine guten Kenntnisse in der angewandten Optik und den Grundlagen der Bildverarbeitung konnte er von Anbeginn seiner Tätigkeit für konkrete Entwicklungsaufgaben eingesetzt werden. Zu diesen Aufgaben gehörten vor allem vorbereitende Experimente zur Sichtbarmachung und Unterscheidbarkeit von Fehlern und Demonstrationen bei Kundenanfragen. Ergänzend hierzu hat er daraus optimale Lösungskonzepte und Kurzberichte abgeleitet, die als Grundlage für die Erstellung von Angeboten und zur Realisierung von Projekten dienten.

Bei Kundenaufträgen wurden Herrn Flender der Entwurf der Optik und Beleuchtungstechnik sowie die Konstruktion des Aufbaus der Prüfgeräte entsprechend den spezifischen industriellen Anforderungen verantwortlich übertragen.

Fachwissen:
Es („gute Grundkenntnisse") wird mit gut bewertet.

In Verbindung mit diesen Aufgaben hat er seine guten Grundkenntnisse in der angewandten Optik erweitert und gute Kenntnisse in der Konstruktion mit AutoCAD sowie in der Nutzung der Bildverarbeitungsfunktionen unseres Toolpaketes WABDAL erworben.

Leistungsbeurteilung:
Sie liegt laut Kernsatz („stets zu unserer vollen Zufriedenheit.") und dem Kontext bei gut minus. Er wird nicht mit gut bewertet, weil die Formulierung „dabei auch versucht, die komplexen Zusammenhänge zu erfassen", impliziert, dass er die Zusammenhänge nicht immer erfasst hat.

Für alle ihm übertragenen Aufgaben hat er sich engagiert und dabei auch versucht, die komplexen Zusammenhänge zu erfassen. Durch eigene Ideen hat Herr Flender dazu beigetragen, dass wir anspruchsvolle Aufgaben effektiv lösen konnten. Er ist als Teamarbeiter gewohnt, selbstständig zu arbeiten. Die ihm übertragenen Aufgaben erledigte er stets zu unserer vollen Zufriedenheit.

Sein Verhalten gegenüber Vorgesetzten und Mitarbeitern war stets einwandfrei.

Verhaltensbeurteilung:
Sie wird laut Kernsatz („war stets einwandfrei.") und dem Kontext mit gut minus bewertet.

Herr Flender beendet das Arbeitsverhältnis zum 31.07.2000 auf eigenen Wunsch. Wir bedauern dies und danken ihm für die geleistete Arbeit. Für seinen weiteren Berufsweg und auch privat wünschen wir ihm alles Gute.

Schlussformel:
Sie ist vollständig.

Fazit:
Herr Flender wird mit gut minus bewertet.

Köln, 31.07.2000   Dr. Peter Meyer

                              (Geschäftsführer)

22 Entwicklungsingenieurin – Sensorphysik

→ 33 Gruppenleiter Wertpapierberatung

23 Fondsmanager

Gesamtnote 2   **ZEUGNIS**

Einleitung:
Im einleitenden Satz fehlen das Geburtsdatum und der Geburtsort von Herrn Gernd.

Herr Peter Gernd trat am 15.08.1994 in unser Unternehmen ein und war bis zum 31.07.2000 als Fondsmanager in diesem tätig.

Tätigkeitsbeschreibung:
Herrn Gernds Tätigkeiten werden im Zeugnis sehr detailliert beschrieben, deshalb entstehen ihm keine Karrierenachteile.

Zu dem Aufgabengebiet von Herrn Gernd gehörten sämtliche Tätigkeiten, die den Geschäftsbereich Immobilien- und Mobilien-Leasing abdeckten. Die Projekte hatten teilweise ein Volumen von über dreihundert Millionen deutsche Mark.

Fachwissen:
Sein Fachwissen („umfassendes Fachwissen") wird mit gut bewertet.

Herr Gernd führte die banküblichen Bonitäts- und Objektbeurteilungen anhand von Beleihungsunterlagen, Kundendaten und Jahresabschlussunterlagen durch. Auf dieser Grundlage erstellte er entscheidungsreife Vorlagen für die Geschäftsführung und Aufsichtsgremien. Neben der Vertragsgestaltung gehörte die Konzeption der notwendigen Objekt-Gesellschaft, die für die einzelnen Finanzierungs-Strukturen regelmäßig zum Einsatz kommen, zum Aufgabengebiet. Während der Vertragsabschlussphase sowie der laufenden Vertragsbetreuung hat Herr Gernd den telefonischen und persönlichen Kontakt mit den Kunden sowie deren Steuerberatern, Rechtsberatern und Wirtschaftsprüfern gehalten und die erforderlichen Absprachen getroffen.

Leistungsbeurteilung:
Sie liegt laut Kernsatz („stets zu unserer vollen Zufriedenheit erfüllt.") und dem Kontext bei gut.

Nach Vertragsabschluss wurde von Herrn Gernd für die Neu-Engagements die laufende Vertragsbetreuung zusätzlich zu der Betreuung der Bestandsverträge durchgeführt. Dazu zählten die Rechnungsprüfung während der Objekt-Errichtungs-Phase sowie die Prüfung der laufenden Nebenkosten, die Rechnungsfreigabe und Finanzierungsmittel-Disposition. Hierzu gehörte die Entwicklung der notwendigen Finanzierungsstrukturen unter Berücksichtigung der speziellen Anforderungen an die Konzernrechnungslegung einer Großbank. Bei Routineaufgaben hatte Herr Gernd Delegationsbefugnis.

Er nahm an externen fachlichen Weiterbildungsveranstaltungen teil, wodurch er sein umfassendes Fachwissen zum Nutzen des Unternehmens stets aktualisierte und erweiterte. Er war ein sehr engagierter, stets kompetenter, zuverlässiger und verantwortungsbewusster Mitarbeiter unseres Hauses.

Herr Gernd hat sich aufgrund seiner fundierten Vorkenntnisse sehr schnell in sein Aufgabengebiet eingearbeitet und die ihm übertragenen Arbeiten selbstständig und stets zu unserer vollen Zufriedenheit erfüllt.

Sein Verhalten gegenüber Vorgesetzten, Mitarbeitern und Kunden war jederzeit einwandfrei. Aufgrund seines freundlichen Wesens und seiner offenen Art war Herr Gernd ein stets respektierter und beliebter Ansprechpartner für unsere Kunden und Mitarbeiter.

Aus betriebsbedingten Gründen musste das Arbeitsverhältnis von Herrn Gernd mit dem heutigen Tag beendet werden. Wir bedauern diese Entwicklung, weil wir mit ihm einen guten Mitarbeiter verlieren. Wir wünschen ihm für die Zukunft beruflich und persönlich alles Gute und bedanken uns für die jederzeit gute Mitarbeit.

Düsseldorf, 31.07.2000 Jürgen Peters

(Geschäftsführer)

Verhaltensbeurteilung:
Sie liegt laut Kernsatz („Sein Verhalten gegenüber ... war jederzeit einwandfrei.") und dem Kontext bei gut.

Schlussformel:
Herrn Gernd wurde aus betriebsbedingten Gründen gekündigt, die Gesamtbewertung des Zeugnisses wird hier bestätigt.

Fazit:
Herr Gernd wird mit gut bewertet.

24 Fremdsprachenkorrespondentin

Gesamtnote 2   ## ZEUGNIS

Einleitung:
Sie ist in Ordnung.

Frau Anke Schmidt, geboren am 21.06.1965 in Rostock, war vom 01.08.1997 bis zum 31.09.2002 in unserem Unternehmen als Fremdsprachenkorrespondentin tätig.

Tätigkeitsbeschreibung:
In Anbetracht der Tatsache, dass Frau Schmidt fünf Jahre in dem Unternehmen tätig war, ist die Tätigkeitsauflistung zu knapp ausgefallen, deshalb können ihr durchaus Karrierenachteile entstehen.

Nach einer zweimonatigen Einarbeitungszeit in unserer Kölner Zweigstelle war Frau Schmidt in unserem Hauptsitz in Nizza tätig. Sie war für die gesamte Korrespondenz mit unseren französischen Kunden zuständig. Sie nahm französische und deutsche Diktate auf, die sie kompetent mit einem Textverarbeitungssystem (Microsoft Office 97) weiter verarbeitete, zudem übersetzte sie französische Texte ins Deutsche. Außerdem erledigte sie alle anfallenden Sekretariatsaufgaben.

Fachwissen:
Es wird mit gut bewertet.

Leistungsbeurteilung:
Sie liegt laut Kernsatz („stets und in jeder Hinsicht unsere vollste Anerkennung") und dem Kontext bei gut.

Frau Schmidt, die über eine schnelle Auffassungsgabe verfügt, besitzt gute französische Sprachkenntnisse. Hervorzuheben sind ihre immer vorhandene Motivation, ihre hohe Belastbarkeit, ihre Ausdauer und ihre Selbstständigkeit. Auf ihre umsichtige und gewissenhafte Arbeitsweise war jederzeit Verlass. Wann immer erforderlich, übernahm sie auch zusätzliche Arbeiten. Zudem bildete sie sich beständig weiter, um ihr Fachwissen auf dem Laufenden zu halten. Für ihre Leistungen fand sie stets und in jeder Hinsicht unsere vollste Anerkennung.

Verhaltensbeurteilung:
Sie liegt laut Kernsatz („Ihr Verhalten gegenüber Vorgesetzten ... war stets einwandfrei.") und dem Kontext bei gut.

Ihr Auftreten bei Kunden war sehr höflich und jederzeit überzeugend. Sie war eine stets hilfsbereite und kooperative Ansprechpartnerin. Ihr Verhalten gegenüber Vorgesetzten, Kollegen und Kunden war stets einwandfrei.

Frau Schmidt verlässt unser Unternehmen auf eigenen Wunsch mit dem heutigen Tag. Wir bedauern ihren Weggang, danken ihr für die gute Zusammenarbeit in unserem Unternehmen und wünschen ihr weiterhin viel Erfolg und alles Gute.

Paris, 31.09.2002   Dr. Norbert Stirner

                                     (Geschäftsführer)

Schlussformel:

Sie bestätigt die Gesamtbewertung des Zeugnisses.

Fazit:

Frau Schmidt wird mit gut bewertet.

25 Gas- und Wasserinstallateur

Gesamtnote 3   **ZEUGNIS**

Einleitung:
Sie ist in Ordnung.

Herr Robert Schiller, geboren am 27.10.1951 in Bonn, war vom 01.11.2001 bis zum 31.10.2002 in unserem Betrieb als Gas- und Wasserinstallateur beschäftigt.

Tätigkeitsbeschreibung:
Sie ist zu knapp.

Herr Schiller war für die Installation von neuen Anlagen verantwortlich, zudem führte er Renovierungs- und Reparaturaufgaben aus.

Fachwissen:
Herrn Schillers Fachwissen wird nicht bewertet, das ist negativ.

Leistungsbeurteilung:
Sie liegt laut Kernsatz („Seine Leistungen haben unseren Anforderungen und Erwartungen voll entsprochen.") und dem recht dürftigen Kontext bei befriedigend.

Herr Schiller übte seine Arbeiten pflichtbewusst aus, er arbeitete effizient und zielstrebig. Seine Leistungen haben unseren Anforderungen und Erwartungen voll entsprochen.

Verhaltensbeurteilung:
Herrn Schillers Verhalten wird laut Kernsatz („Sein Verhalten gegenüber Mitarbeitern, Vorgesetzten und Kunden war stets einwandfrei.") mit befriedigend bewertet. Weil die Vorgesetzten nur an zweiter Stelle genannt werden, liegt der Verdacht nahe, dass Herr Schiller Probleme mit seinen Vorgesetzten hatte. Dieser Kernsatz ist für die Karriere ein Stolperstein.

Sein Verhalten gegenüber Mitarbeitern, Vorgesetzten und Kunden war stets einwandfrei.

Herr Schiller scheidet mit dem heutigen Tag auf eigenen Wunsch aus unserer Firma aus. Wir danken ihm für seine Mitarbeit und wünschen ihm für die Zukunft alles Gute.

Schlussformel:

Hier fehlt das Bedauern über das Ausscheiden, damit wird die Gesamtnote des Zeugnisses bestätigt.

Fazit:

Herr Schiller wird mit befriedigend bewertet. Mit diesem Zeugnis wird Herr Schiller Probleme haben, einen neuen Arbeitsplatz zu finden. Von Nachteil ist auch, dass er nur ein Jahr in dem Unternehmen gearbeitet hat, auch dies deutet darauf hin, dass er Probleme hatte, sich in den Betrieb erfolgreich zu integrieren.

Dernbach, 31.10.2002   Matthias Orlowski

(Geschäftsinhaber)

→ 90 Verkaufsleiter Export

26 Gebietsleiter Außendienst

Gesamtnote 1–

ZEUGNIS

Einleitung:
Sie ist in Ordnung.

Herr Jürgen Krähe, geb. am 08.11.1958 in Wesel, war vom 01.05.1995 bis zum 30.04.2000 in unserem Unternehmen als Gebietsleiter im Außendienst tätig.

Die Firma BOVARI GmbH ist weltweit einer der führenden Anbieter im Bereich Gewächshäuser, Gartenhäuser und Metallgerätehäuser.

Tätigkeitsbeschreibung:
Herrn Krähes Tätigkeiten sollten in Anbetracht der Tatsache, dass er vier Jahre im Unternehmen gearbeitet hat, ausführlicher aufgelistet werden.

Im Wesentlichen verrichtete und verantwortete Herr Krähe die folgenden Aufgaben:

► Vertrieb, Verkauf und Betreuung bei Handelsunternehmen der Baumarktbranche sowie im Fachhandel

► Akquisition von Kunden und deren Betreuung

► Durchführung von Schulungen der Mitarbeiter bei entsprechenden Handelsunternehmen

► Anleitung und Ausbildung der ihm unterstellten Mitarbeiter, neun Merchandiser, im Außendienst

► Erstellen von Standortanalysen bezüglich Wettbewerber

Herr Krähe verantwortete einen Umsatz von 25 Mio. DM pro Jahr.

Fachwissen:
Sein Fachwissen („ausgezeichnete Fachkenntnisse") wird mit sehr gut bewertet.

Wir haben Herrn Krähe als sehr engagierten, flexiblen, hoch motivierten und sehr fähigen Mitarbeiter kennengelernt. In seine Aufgabengebiete arbeitete er sich schnell ein und lieferte innerhalb kürzester Zeit sehr gute Ergebnisse. Dabei verband er sein hervorzuhebendes Verkaufstalent, welches sich besonders im täglichen Umgang mit unseren Kunden zeigte, mit ausgezeichneten Fachkenntnissen. Daher war Herr Krähe bei unseren Kunden ein stark und sehr gern frequentierter Ansprechpartner. Seine Schulungen führte er sowohl mit rhetorischem als auch didaktischem Geschick durch.

Leistungsbeurteilung:
Sie liegt laut Kernsatz („stets und in jeder Hinsicht außerordentlich zufrieden.") und dem Kontext bei sehr gut.

Herr Krähe fand für jedes in unternehmensinternen Prozessen notwendigerweise auftretende Problem schnell kreative und praktikable Lösungen, die er stets erfolgreich in die Praxis umsetzte. Dabei bewies er ein besonderes Gespür für die strategische Umsetzung von Marketingfragen sowie die Optimierung von Verkaufsprozessen. Herr Krähe arbeitete stets sehr zielorientiert, genau, zügig und mit nicht nachlassendem Eifer. Seine Mitarbeiter führte und motivierte er zu gleichbleibend guten Ergebnissen, wobei er ihnen, wann immer nötig, gern und erfolgreich mit Rat und Tat zur Seite stand. Wir waren mit seinen Leistungen stets und in jeder Hinsicht außerordentlich zufrieden.

Auch innerhalb unseres Hauses war Herr Krähe ein von allen respektierter und geschätzter Mitarbeiter. Sein Verhalten zu Vorgesetzten, Kollegen und Kunden war stets vorbildlich.

Verhaltensbeurteilung:
Sie wird laut Kernsatz („Sein Verhalten zu Vorgesetzten, Kollegen und Kunden war stets vorbildlich.") und dem Kontext mit sehr gut bewertet.

Leider können wir Herrn Krähe in unserem Unternehmen keine weitere Perspektive mehr bieten, weil die Vertriebsstruktur innerhalb unseres Unternehmens geändert wird. Wir bedauern diesen Umstand außerordentlich, können aber verstehen, dass sich Herr Krähe nach neuen Herausforderungen umsehen und unser Unternehmen verlassen möchte. Daher endet sein Arbeitsverhältnis zum 30.04.2000 per Aufhebungsvertrag. Wir danken ihm für seine geleisteten hervorragenden Dienste und wünschen ihm für seine berufliche wie private Zukunft alles Gute und weiterhin viel Erfolg.

Schlussformel:
Sie ist in Ordnung, damit wird die Gesamtbewertung des Zeugnisses bestätigt.

Fazit:
Herr Krähe wird mit sehr gut minus bewertet.

Weimar, 30.04.2000   Dr. Jakob Beyer

                            (Geschäftsführer)

27 Geschäftsführer – Produktion

Gesamtnote 1

ZEUGNIS

Einleitung:
Sie enthält alle wichtigen Elemente.

Herr Diplom-Betriebswirt (FH) Bert Maler, geboren am 16. Mai 1966 in Wiesbaden, war vom 01.05.1994 bis zum 30.09.2001 als Geschäftsführer in unserem Tochterunternehmen in Korea tätig.

Tätigkeitsbeschreibung:
Hier werden Tagesgeschäft und Projekterfolge kombiniert und gut gegliedert dargestellt.

Sein Aufgabengebiet umfasste die kaufmännische und organisatorische Leitung unseres Produktionsbetriebes in Korea mit 550 Mitarbeitern. Herr Maler war dem Inhaber direkt unterstellt.

Seine Tätigkeiten und Verantwortungsbereiche umfassten neben der Planerfolgsrechnung, Finanzplanung und monatlichen, vierteljährlichen sowie jährlichen Berichterstattung an die Konzernleitung auch alle Belange der Produktionsplanung und -kontrolle.

Darüber hinaus kümmerte sich Herr Maler um alle Belange des Personalwesens und leitete das Marketing und den Verkauf für die Direktkunden in Asien, Amerika und GUS. Außerdem pflegte er alle Kontakte zu Behörden, Banken und Versicherungen.

Herr Maler war ebenfalls zuständig für Marketing und Verkauf an unsere internationalen Großkunden. Durch seine Zielstrebigkeit und sein Verhandlungsgeschick gelang es ihm, den Umsatz in diesem Bereich jährlich mit zweistelligen Zuwachsraten zu steigern. Herr Maler beschränkte sich dabei nicht nur darauf, das Geschäft mit dem bestehenden Kundenstamm zu vergrößern, sondern dank seiner hohen Einsatzbereitschaft schaffte er es auch, wichtige internationale Neukunden für das Unternehmen zu gewinnen.

Im Bereich der Produktion wurden aufgrund von Herrn Malers Einsatzbereitschaft und Motivationsfähigkeit bemerkenswerte Steigerungen des Leistungsgrades realisiert. Dieses positive Ergebnis wurde ergänzt durch eine von Herrn Maler erreichte kontinuierliche Senkung des Überstundenanteils in unserem Unternehmen von 15 % auf zuletzt 2 %.

Fachwissen:
Herrn Malers Fachkenntnisse liegen auf einem sehr guten Niveau.

Herr Maler verfügt über äußerst fundierte Fachkenntnisse, welche er in allen seinen Aufgabenbereichen erfolgreich einsetzte. Er zeigte stets Eigeninitiative und beeindruckte durch seine vorbildliche Arbeitsauffassung. Seine Arbeitsweise war geprägt von großem Pflichtbewusstsein und hoher Zuverlässigkeit, weswegen er bei der Inhaberfamilie, seinen Kollegen, Mitarbeitern und unseren Geschäftspartnern außerordentlich beliebt und geschätzt war und ist. Herr Maler bewegt sich sehr sicher auf internationalem Parkett, beherrscht die Landessprache verhandlungssicher und fühlt sich hervorragend in die Denk- und Arbeitsweise anderer Kulturen ein. Dadurch konnte er seine außerordentlichen Managementfähigkeiten global erfolgbringend einsetzen und motivierte seine Mitarbeiter zu sehr guten Ergebnissen.

Wir waren mit Herrn Malers Leistungen stets und in jeder Hinsicht außerordentlich zufrieden. Sein Verhalten gegenüber Vorgesetzten, Kollegen, Mitarbeitern und Geschäftspartnern war stets vorbildlich.

Leistungsbeurteilung:
Die zu erwartenden Kernkompetenzen werden mit einem makellosen Kernsatz abgerundet und mit sehr gut bewertet.

Herr Maler möchte unser Unternehmen in Korea auf eigenen Wunsch verlassen, um seiner Karriere eine neue Richtung zu geben. Aufgrund der außerordentlichen Leistungen, die Herr Maler für unser Unternehmen erbracht hat, möchten wir ihn auf keinen Fall verlieren und haben ihm deshalb das Angebot gemacht, eine Vertriebsorganisation für unsere Produkte in Südafrika aufzubauen.

Verhaltensbeurteilung:
Herrn Malers Verhalten wird ebenfalls mit sehr gut bewertet.

Zu unserer großen Zufriedenheit nimmt Herr Maler das ihm unterbreitete Angebot an. Wir bedanken uns bei ihm für seine bisher geleisteten sehr wichtigen Dienste und zweifeln nicht daran, dass er seine neue Aufgabe mit ebensolchem Erfolg bewältigen wird.

Schlussformel:
Sie fällt ungewöhnlich aus, da Herr Maler innerhalb des Konzerns in eine andere Tochtergesellschaft wechselt und somit dem Gesamtkonzern trotz der Beendigung des Arbeitsverhältnisses in Korea erhalten bleibt.

Fazit:
Herr Maler wird mit sehr gut bewertet und erhält somit ein makelloses Zeugnis.

Plochingen, den 30.09.2001   Erich Menkes

(Hauptgesellschafter)

28 Geschäftsführer   CD-ROM

→ 11 Betriebsleiter
→ 52 Marketing Deputy Director
→ 96 Vertreibsleiter

29 Geschäftsführerin Vertrieb

Gesamtnote 1

ZEUGNIS

Einleitung:
Sie ist in Ordnung.

Frau Anke Reinschmidt, geboren am 22.03.1963 in Duisburg, war vom 01.08.1994 bis zum 31.07.2001 in unserem Unternehmen als Geschäftsführerin Vertrieb beschäftigt.

Tätigkeitsbeschreibung:
Frau Reinschmidts Aufgabenfelder werden im Zeugnis sehr detailliert beschrieben.

Während ihrer Zeit in unserem Unternehmen verantwortete Frau Reinschmidt die folgenden Tätigkeiten:

► Umsatzplanung und Kontrolle des Bereichs Vertrieb/Marketing

► Leitung, Koordination, Motivation und allgemeine Führung der Mitarbeiter,

► Mitarbeiterauswahl, Einstellungsgespräche und Integration neuer Mitarbeiter in das Unternehmen bzw. Vertriebs- und Marketing-Team von zuletzt 12 Mitarbeitern

► Erarbeitung von Vertriebsstrategien

► Bankgespräche in Abstimmung bzw. gemeinsam mit dem zweiten Geschäftsführer

► Organisation, Durchführung und Moderation von Vertriebsmeetings

► Überwachung der Fertigstellung von Serversystemen und Anpassungen

► Vorbereitung von Verträgen

► Akquise und Verhandlungen mit strategischen Partnern bis hin zum Abschluss von Kooperationsverträgen.

► Auswahl, Planung und Überwachung von Messen und Veranstaltungen

► Abstimmung von Veranstaltungen, Messen und Marketingaktionen

► Verhandlungen mit Agenturen für Werbe- und Marketingaktionen

► Repräsentation und Präsentation des Unternehmens auf Veranstaltungen und Messen

Besonders hervorheben möchten wir Frau Reinschmidts Fähigkeiten und Verdienste im Bereich Multimedia. Hier hat sie durch die Gewinnung erster Kundenprojekte im Bereich Multimedia und Erschließung von neuen Marktsegmenten sehr erfolgreich für unser Unternehmen gearbeitet.

Frau Reinschmidt hat weiterhin den E-Commerce-Bereich unseres Unternehmens erfolgreich aufgebaut. Hierfür erarbeitete sie die Vertriebs- und Marketingstrategien, übernahm die Umsatzplanung und -kontrolle, verantwortete strategische Entscheidungen und Gespräche und repräsentierte das Unternehmen auf Messen und Veranstaltungen.

Frau Reinschmidt verfügt über ein hervorragendes und auch in Nebenbereichen sehr tiefgehendes Fachwissen, besonders in den Bereichen Video on Demand und E-Commerce. Durch ihre hervorragende Auffassungsgabe konnte sie sich sehr schnell in neue Aufgabengebiete und komplexe Programme einarbeiten, was gerade im sich rasant entwickelnden Softwarebereich einen wichtigen Erfolgsfaktor zum Wohle des Unternehmens darstellt.

Fachwissen:
Es („hervorragendes und auch in Nebenbereichen sehr tiefgehendes Fachwissen") wird mit sehr gut bewertet.

Auf Messen, Veranstaltungen und sonstigen Präsentationssituationen bewies Frau Reinschmidt eindrucksvoll, dass sie wichtige Präsentationstechniken, besonders im Multimedia-Bereich, sehr sicher beherrscht. Sie hat unser Unternehmen jederzeit überzeugend, rhetorisch versiert und sehr kompetent repräsentiert. Dabei griff sie auch auf ihre soliden Englischkenntnisse zurück.

Frau Reinschmidt war eine sehr flexible, kreative, zuverlässige und verantwortungsbewusste Mitarbeiterin, die durch ihr hohes Analysevermögen Probleme oft schon vor ihrem potenziellen Auftreten erkannte und entsprechend handelte. Ihre sechs Mitarbeiter führte Frau Reinschmidt hoch motiviert, durch Vorbildfunktion und mit dem notwendigen Durchsetzungsvermögen stets zu hervorragenden Leistungen.

Leistungsbeurteilung:
Sie liegt laut Kernsatz („stets zu unserer vollsten Zufriedenheit") und dem Kontext bei sehr gut.

Frau Reinschmidt erfüllte alle Aufgaben stets zu unserer vollsten Zufriedenheit. Ihr Verhalten gegenüber ihren Kollegen in der Geschäftsführung, den Mitarbeitern sowie Kunden war stets vorbildlich.

Verhaltensbeurteilung:
Sie wird laut Kernsatz („Ihr Verhalten gegenüber.") und dem dazugehörigen Kontext mit sehr gut bewertet.

Wir möchten betonen, dass Frau Reinschmidt an der erfolgreichen Positionierung unseres Unternehmens engagiert mitgewirkt hat. Daher bedauern wir ihre Entscheidung, uns zu verlassen, außerordentlich. Wir danken ihr für ihre geleisteten, erfolgreichen Dienste und wünschen ihr für ihre berufliche wie private Zukunft alles Gute und weiterhin viel Erfolg.

Schlussformel:
Sie ist in Ordnung.

Fazit:
Frau Reinschmidt wird mit sehr gut bewertet.

Paderborn, 31.07.2001   Peter Schäder

(Geschäftsführer)

30 Geschäftsführer
– Interim

CD-ROM

31 Geschäftsleiterin Lebensmittelfach-handel

Gesamtnote 2–

ZEUGNIS

Einleitung:
Sie ist in Ordnung.

Frau Bettina Schmidt, geb. am 11.11.1952 in Breitscheid, war vom 01.06.1995 bis zum 30.05.2000 in unserem Unternehmen als Geschäftsleiterin beschäftigt.

Tätigkeitsbeschreibung:
Frau Schmidts Tätigkeiten werden im Zeugnis nicht ausreichend detailliert beschrieben, unter Umständen könnten ihr dadurch Karrierenachteile entstehen.

In dieser Position war sie verantwortlich für die Einzelhandelsvertriebslinie, die Produktionen Frischfleisch und Fleischwaren einschließlich der regionalen Vermarktung.

Frau Schmidt verantwortete die Planung und Kontrolle aller wirtschaftlichen Daten der Geschäftsbereiche Einzelhandel mit insgesamt neun Filialen, Großhandel regionaler Abteilungen sowie die Produktionsstätte.

Der besondere Schwerpunkt von Frau Schmidt lag dabei auf den folgenden Tätigkeiten:

► Festlegen der Unternehmensstrategie, hier insbesondere die Vermarktungs- und Produktinnovationen, z. B. Frischesystem und Komplettsystem, sowie SB-Fleisch, frische Fertiggerichte

► Festlegen der langfristigen, mittelfristigen und kurzfristigen Ziele für alle Unternehmensbereiche

► Umsetzung der entwickelten Konzepte in das Tagesgeschäft

► Gesamtverantwortung für den Unternehmensteil Langenfeld innerhalb der Unternehmensgruppe

Frau Schmidt trug die Führungsverantwortung für 110 Mitarbeiter sowie die Umsatzverantwortung für mehr als 45 Millionen DM pro Jahr.

Fachwissen:
Ihr Fachwissen („gutes Fachwissen") wird mit gut bewertet.

Sie verfügt über ein gutes Fachwissen, das sie stets zielgerichtet in die Unternehmensprozesse einfügte. Als Kennerin des Lebensmittelhandels hat sie unsere Marke national aufgebaut und wichtige Märkte erschlossen. Dabei griff sie jederzeit sicher auf ihre guten allgemeinen Managementqualifikationen und ihr untrügliches Gespür für effektive Marketingmaßnahmen zurück. Sie verfügt über eine sehr schnelle Auffassungsgabe, beobachtete das Marktgeschehen kontinuierlich und legte umgehend die richtigen Handlungsstrategien fest.

Mit Kreativität, präzisem Analysevermögen und logischem Denkvermögen fand sie stets innovative Lösungen und neue Ideen, die das Unternehmen entscheidend vorangetrieben haben. Dabei behielt Frau Schmidt stets die Umsetzung in die Praxis im Auge, so dass wir schnellstmöglich von den jeweiligen Maßnahmen profitierten. Verhandlungen führte sie stets mit klarer Struktur und Ergebnisorientierung erfolgreich zum Wohle des Unternehmens.

Verantwortungsbewusstsein, Belastbarkeit, Selbstständigkeit, Beharrlichkeit kennzeichnen Frau Schmidts Arbeitsstil. Sie ist eine starke Führungspersönlichkeit und führte ihre Mitarbeiter durch ihr Vorbild an Dynamik und Tatkraft jederzeit zu guten Leistungen, wobei sie ihr Team für ihre Konzepte gewinnen konnte. Sie wurde von ihren Mitarbeitern sehr geachtet und als Ansprechpartnerin häufig frequentiert. Ihre Vorgesetzten schätzten besonders ihr Durchsetzungsvermögen, das sie mit dem richtigen Maß an Kollegialität kombinierte.

Frau Schmidt war eine kontaktstarke und vertriebsorientierte Geschäftsleiterin, die sich erfolgreich und kompromisslos für eine ausgeprägte Kundenorientierung und höchste Produktqualität einsetzte. Frau Schmidt führte alle Aufgaben stets zügig und effektiv zu unserer vollen Zufriedenheit aus.

Leistungsbeurteilung:
Sie liegt laut Kernsatz („zu unserer vollen Zufriedenheit") und dem dazugehörigen Kontext bei gut.

Sie trat jederzeit höflich, kooperativ, teamorientiert und verbindlich auf. Auch bei unseren Kunden war sie daher beliebt. Sie informierte Vorgesetzte wie Mitarbeiter stets umfassend, wobei sie auch sachliche Kritik übte und akzeptierte. Ihr Verhalten gegenüber Vorgesetzten, Mitarbeitern und jeglichen dritten Personen war stets einwandfrei.

Verhaltensbeurteilung:
Sie wird laut Kernsatz („Ihr Verhalten gegenüber ... war stets einwandfrei.") und dem Kontext mit gut bewertet.

Wir bedauern es sehr, dass Frau Schmidt uns mit dem heutigen Tage auf eigenen Wunsch verlässt, gleichwohl bedanken wir uns für ihre wertvollen Dienste und wünschen ihr für ihre berufliche wie private Zukunft alles Gute und weiterhin viel Erfolg.

Schlussformel:
Sie ist in Ordnung.

Fazit:
Frau Schmidt wird mit gut minus bewertet. Weil die Tätigkeitsbeschreibung zu knapp ist, wird die Note gut nach unten korrigiert.

München, 30.05.2000   Dr. Peter Müller

(Geschäftsführer)

32 Grafiker

33 Gruppenleiter Wertpapierberatung

Gesamtnoe 2–

ZEUGNIS

Einleitung:
Alle wichtigen Elemente enthalten (Name, Geburtsdatum und –ort, Eintrittsdatum). Das Austrittsdatum ist in die Schlussformel geschoben.

Herr Dirk Renke, geboren am 19.01.1965 in Swisstal, trat am 01.09.1984 als Auszubildender in unser Bankhaus ein.

Über seine Ausbildungszeit gibt das Zeugnis vom 31. Juli 1986 Auskunft.

Herr Renke legte im Juli 1986 die Prüfung zum Bankkaufmann vor der Industrie- und Handelskammer mit gutem Erfolg ab und wurde im Anschluss daran von uns ins Angestelltenverhältnis übernommen.

Tätigkeitsbeschreibung:
Sie ist hinreichend detailliert und vermittelt einen guten Überblick über Herrn Renkes Aufgabenbereich, indem sie seinen Aufstieg richtig dokumentiert.

Er begann seine Tätigkeit zunächst als Sachbearbeiter im Dokumentengeschäft. In diesem Rahmen betreute er selbstständig einen ihm zugeteilten Stamm von Firmenkunden. Für diesen Kundenstamm erstellte er Import-Akkreditive, prüfte die Dokumente, bearbeitete Inkassi sowie Währungswechseldiskonte und beriet im Rahmen der damit verbundenen Anfragen und Problemstellungen.

Ab Januar 1995 wechselte Herr Renke als Sachbearbeiter in die Scheckgruppe und übernahm die Bearbeitung von Nachforschungen und Reklamationen in Bezug auf Auslandszahlungen und Devisengeschäfte. In dieser Aufgabe war Herr Renke Ansprechpartner von Privat-, Firmenkunden und Banken auf nationaler und internationaler Ebene.

Ab Januar 1999 begann Herr Renke im Rahmen seiner Einarbeitung als Finanzberater an einer unserer Zweigstellen seine Produktkenntnisse im Privatkunden-Geschäft gemäß unserer hausinternen Gepflogenheiten aufzuarbeiten. Im Anschluss daran absolvierte er unsere sechsmonatige Ausbildung im Wertpapiergeschäft. Ab Januar 2000 übernahm Herr Renke die Position des Privatkundenwertpapierberaters zur Betreuung von zwei Geschäftsstellen. Ihm unterstanden in dieser Position zwei Sachbearbeiter.

Fachwissen:
Herrn Renkes Fachwissen wird mit sehr gut benotet.

Herr Renke verfügt über hervorragende Fachkenntnisse, die er eigeninitiativ und regelmäßig aktualisierte. So besuchte er mit großem Erfolg zahlreiche Seminare zu bankbezogenen Themen und Themen des allgemeinen Managements. Im Rahmen seiner internationalen Tätigkeit kamen ihm seine guten Sprachkenntnisse des Englischen und Französischen sehr zustatten.

Als ehrlicher, absolut vertrauenswürdiger, fleißiger und stets einsatzbereiter Mitarbeiter war er ein Vorbild für Kollegen und seine ihm zugeteilten Sachbearbeiter gleichermaßen. Er pflegte einen kooperativen Führungsstil und erzielte mit seinem Team hervorragende Ergebnisse. Als Vorgesetzter war er jederzeit anerkannt.

Herr Renke behielt auch unter größter Belastung einen klaren Kopf und handelte überlegt und folgerichtig zum Wohle unseres Hauses. Er beherrschte alle seine Aufgaben, so dass wir mit seinen Leistungen sehr zufrieden waren. Sein persönliches Verhalten war einwandfrei.

Leistungsbeurteilung:
Der Kernsatz fällt mit der Note gut minus etwas schlechter aus als die restliche Beschreibung der Kernkompetenzen. Hier liegt also eine Diskrepanz im Zeugnis vor.

Herr Renke verlässt uns zum 30.09.2002 auf eigenen Wunsch, um sich neuen Herausforderungen zu widmen. Wir bedauern seinen Entschluss sehr, danken ihm für seine Mitarbeit und wünschen ihm auch für die Zukunft alles Gute und weiterhin viel Erfolg.

Verhaltensbeurteilung:
Die Verhaltensbeurteilung liegt bei befriedigend und steht somit auch im Gegensatz zum restlichen Zeugnis.

Schlussformel:
Die Schlussformel wiederum deutet auf ein sehr gutes Zeugnis hin.

Fazit:
Das Zeugnis weist einige Brüche auf und regt zu Nachfragen an, auch wenn man den tendenziell eher nüchternen Stil von Banken berücksichtigt. Bewertung insgesamt gut minus.

Frankfurt, 30.09.2002

Ernst Morgenroth

(Leiter Personal und Verwaltung)

34 Haushaltshilfe

ZEUGNIS

Einleitung:
Der einleitende Absatz ist perfekt.

Frau Olga Schneider, geboren am 23.12.1949 in München, war vom 01.04.1996 bis zum 31.12.2001 in unserem Haushalt als Haushaltshilfe tätig.

Tätigkeitsbeschreibung:
Sie ist ausreichend detailliert. Die Auflistung dokumentiert, dass Frau Schneider ein weites Aufgabenspektrum abdecken kann, deshalb empfiehlt sie sich für jeden weiteren Arbeitgeber.

Frau Schneider war in unserem Zweifamilienhaus mit sieben Personen für folgende Aufgaben zuständig:

► Führung des gesamten Haushaltes in Absprache mit mir

► Verwaltung der Haushaltskasse

► Hausaufgabenbetreuung der zwei Kinder (Grundschule und Realschule)

► selbstständiger Einkauf von Nahrungsmitteln und Haushaltsgütern

► Zubereitung der Mahlzeiten

► Reinigung des gesamten Hauses

► Reinigung des Gartens und der Gehwege

► Pflege der Wäsche und Kleidung

► Versorgung und Pflege des Hauskaters

Fachwissen:
Es wird mit gut bewertet.

Leistungsbeurteilung:
Sie liegt laut Kernsatz („Leistungen voll und ganz zufrieden") und dem Kontext bei gut.

Frau Schneider verfügt über gute Fachkenntnisse, die sie immer optimal umzusetzen wusste. Schon nach kurzer Einarbeitungszeit arbeitete sie sich vollkommen selbstständig in diese Vertrauensposition ein. Sie verfügt über ein gutes Organisationstalent. Besonders möchte ich hervorheben, dass sie den Haushalt jederzeit kostenbewusst führte und sehr verantwortungsbewusst und ehrlich war. Frau Schneider zeichnete sich bei der Erledigung ihrer Aufgaben durch Gewissenhaftigkeit, Umsicht und Genauigkeit aus. Ihre Kochkenntnisse wurden von der gesamten Familie immer sehr geschätzt, ebenso ihre Reinigung und Pflege des gesamten Haushaltes. Ihre Hausaufgabenbetreuung war gut, die Kinder fühlten sich unter ihrer Obhut wohl. Während unserer Urlaube war Frau Schneider eigenverantwortlich für alle Aufgaben im Haushalt zuständig, keine leichte Aufgabe, zumal sie in dieser Zeit alleine im Haus lebte, aber auch hier zeigte sie sich den erschwerten Bedingungen immer voll gewachsen. Wir waren während des gesamten Beschäftigungsverhältnisses mit ihren Leistungen voll und ganz zufrieden.

Ihr Verhalten war stets einwandfrei. Sie besaß das Vertrauen unserer gesamten Familie. Aufgrund ihres jederzeit fröhlichen Wesens und ihrer hilfsbereiten Art wurde sie von allen Familienmitgliedern geschätzt.

Verhaltensbeurteilung:
Sie liegt laut Kernsatz („Ihr Verhalten war stets einwandfrei") und dem Kontext bei gut.

Frau Schneider verlässt zum 31.12.2001 unsere Familie, weil sie sich beruflich verändern möchte. Wir bedauern ihre Entscheidung sehr, danken ihr für ihre wertvolle Arbeit und wünschen ihr für ihre persönliche Zukunft alles Gute und weiterhin viel Erfolg.

Schlussformel:
Sie ist in Ordnung

Fazit:
Frau Schneider wird mit gut bewertet.

Bonn, 31.12.2001   Dr. Angelika Kaufmann

35 Hausmeister

Gesamtnote 2

ZEUGNIS

Einleitung:
Der einleitende Absatz ist in Ordnung.

Herr Peter Goethe, geboren am 23.05.1945 in Hannover, war vom 01.08.1987 bis zum 31.07.2002 in unserem Gebäudekomplex Am Hirschgraben 312 in Frankfurt am Main tätig.

Tätigkeitsbeschreibung:
Sie ist ausreichend detailliert, Herrn Goethe entstehen dadurch keine Karrierenachteile.

Herr Goethe war für folgende Aufgaben zuständig:

► Schließdienst aller Haupt- und Nebengebäude

► Erledigung kleinerer Reparatur- und Gartenarbeiten

► Kontrolle des Reinigungsdienstes

► Wartung der vier hauseigenen Pkws

► Überwachung von Handwerksarbeiten

► Organisation der Schlüsselausgabe

Fachwissen:
Es wird mit gut bewertet.

Leistungsbeurteilung:
Sie liegt laut Kernsatz („stets zu unserer vollen Zufriedenheit") und dem Kontext bei gut.

Herr Goethe verfügt über gute Fachkenntnisse, durch die er in der Lage war, in mehreren Bereichen, wie das Tätigkeitsprofil zeigt, zuverlässig, selbstständig und sorgfältig zu arbeiten. Schon nach kurzer Einarbeitungszeit beherrschte er sein Aufgabenfeld erfolgreich. Herr Goethe war überdurchschnittlich motiviert und sehr belastbar und ehrlich. Zusammenfassend ist festzustellen, dass er seine Aufgaben als Hausmeister stets verantwortungsbewusst und zu unserer vollen Zufriedenheit erfüllt hat.

Verhaltensbeurteilung:
Sie liegt laut Kernsatz („stets einwandfrei") und dem Nachfolgesatz bei gut.

Sein Verhalten zu Vorgesetzten, Kollegen und Mietern war stets einwandfrei. Er war durch seine höfliche, hilfsbereite und zuvorkommende Art sehr beliebt.

Auf seinen eigenen Wunsch scheidet Herr Goethe zum 31.07.2002 aus unserem Unternehmen aus. Wir bedauern seine Entscheidung außerordentlich, weil wir mit ihm einen guten Mitarbeiter verlieren. Wir bedanken uns bei ihm für seine Arbeit und wünschen ihm beruflich wie privat alles Gute und weiterhin viel Erfolg

Schlussformel:

Sie ist in Ordnung.

Fazit:

Das Zeugnis bewertet Herrn Goethe mit gut, mit dieser Referenz kann er sich bedenkenlos bewerben.

Frankfurt am Main, 31.07.2002   Caroline Peters

(Geschäftsführerin)

36 Ingenieur Biotechnologie

Gesamtnote 4 ## ZEUGNIS

Einleitung:
Sie ist in Ordnung.

Herr Dipl.-Ing. Peter Schallenberger, geboren am 29.02.1969 in Wissen, war vom 15.02.2000 bis 31.10.2000 in unserem Institut als Ingenieur für Biotechnologie tätig.

Tätigkeitsbeschreibung:
Sie ist unzureichend.

Er war mit der Konstruktion eines Hochspannungssystems zur mikroskopischen Betrachtung der Effekte an pflanzlichen Zellen und Protoplasten betraut. Überdies war er zuständig für die Erfassung von biometrischem Datenmaterial.

Fachwissen:
Sein Fachwissen („verfügt über ein solides Grundwissen in seinem Arbeitsbereich") wird mit ausreichend bewertet.

Herr Schallenberger verfügt über ein solides Grundwissen in seinem Arbeitsbereich. Er setzte sein Analysevermögen ein und bemühte sich, zielorientiert zu arbeiten.

Leistungsbeurteilung:
Sie liegt laut Kernsatz („Mit seinen Leistungen waren wir zufrieden.") und dem Kontext bei ausreichend. Der Satz „Er war sehr tüchtig", bedeutet, dass er ein unangenehmer und rechthaberischer Wichtigtuer war.

Er war sehr tüchtig und wusste sich gut zu verkaufen. Mit seinen Leistungen waren wir zufrieden.

Verhaltensbeurteilung:
Sie liegt laut Kernsatz („Seine Führung gab uns zu Beanstandungen keinen Anlass.") bei ausreichend.

Seine Führung gab uns zu Beanstandungen keinen Anlass.

Herr Schallenberger scheidet mit dem heutigen Tag aus unserem Unternehmen aus. Wir wünschen ihm für die Zukunft alles Gute.

Schlussformel:
Sie bewertet ihn mit ausreichend. Ihm wurde gekündigt oder die Kündigung wurde ihm nahegelegt.

Fazit:
Herr Schallenberger wird mit ausreichend bewertet.

München, 31.10.2000   Prof. Dr. Peter Beyer

(Institutsleiter)

37 In-house Consultant

Gesamtnote 1   ## ZWISCHENZEUGNIS

Einleitung:
Sie ist in Ordnung.

Peter Coe, geboren am 14.02.1963 in Nürnberg, ist seit dem 01.08.1998 in unserem Unternehmen als In-house Consultant tätig.

Tätigkeitsbeschreibung:
Herrn Coes Tätigkeiten werden im Zeugnis detailliert beschrieben, nach unserem Ermessen dürften ihm aus der Tätigkeitsbeschreibung heraus keine Karrierenachteile entstehen.

Herr Coe ist für folgende Aufgaben zuständig:

► Projektleitung: verantwortliche Projekt-Koordination und Steuerung, Umsetzungsverantwortung (Termin & Qualität)

► Beratung, Steuerung und Koordination der Fachbereiche und der IT

► Release Management

► Anforderungs- und Prozessanalyse in enger Zusammenarbeit mit den Fachbereichen

► Steuerung und Koordination der externen Consulting Partner

► Ist-Aufnahme der gesamten Schnittstellen- und System-Landschaft

► Einführung einer integrierten Anwendung für Call Center, Logistik und Output Management, Automatisierung und Optimierung der Prozesse, Interessenten Management und Kontoeröffnung durch Implementierung einer Call Center-, Workflow-Management- und Dokumenten-Management-Software

► Online Kontoeröffnung

► Einführung eines elektronischen Archivs

► Implementierung einer Auswertungsumgebung für Marketing Controlling

Fachwissen:
Herrn Coes Fachwissen wird mit sehr gut bewertet.

Herr Coe überzeugt stets durch seine umfassenden Fachkenntnisse, seine herausragenden Fähigkeiten im IT-Bereich seien hier besonders hervorgehoben, so arbeitet er sehr effizient mit UNIX, ORACLE RDBTIS und den ORACLE OLAP Werkzeugen. Diese Kenntnisse verknüpft er jederzeit erfolgreich mit wirtschaftlichen Gegebenheiten bzw. unternehmerischem Denken. Englisch, die Projektsprache in unserem Unternehmen, beherrscht Herr Coe einwandfrei.

Leistungsbeurteilung:
Sie liegt laut Kernsatz („stets zu unserer vollsten Zufriedenheit") und dem Kontext bei sehr gut.

Hohes Engagement, außerordentliche Belastbarkeit, Kreativität und ergebnisorientiertes Handeln sind für Herrn Coe jederzeit selbstverständlich. Herr Coe setzt sich auch jenseits der tariflichen Arbeitszeit für unser Unternehmen ein. Er verbindet sein ausgeprägtes Analysevermögen mit hervorragendem rhetorischen Geschick und Souveränität in Verhandlungen. Er überblickt jederzeit schwierige Zusammenhänge, erkennt das Wesentliche und ist in der Lage, schnell gute und praktikable Lösungen aufzuzeigen und umzusetzen. Er ist ein jederzeit entscheidungsfreudiger und konsequenter Problemlöser, der seine Strategien und Konzepte immer mit großem Erfolg, wie seine vielfältigen Projekte zeigen, in der Praxis verwirklicht. Die übertragenen Aufgabenbereiche erfüllt Herr Coe stets zu unserer vollsten Zufriedenheit.

Bei seinen Vorgesetzten ist Herr Coe wegen seiner sehr guten Fachkompetenz, seines Durchsetzungsvermögens und seiner Führungsfähigkeit, bei seinen Kollegen und unseren Kunden ebenfalls wegen seiner Fachkompetenz sowie wegen seines hervorragenden Kooperationsverhaltens sehr geschätzt. Er ist absolut vertrauenswürdig, diskret und verlässlich. Sein Verhalten zu Vorgesetzten, Mitarbeitern und Kunden ist stets vorbildlich.

Verhaltensbeurteilung:
Sie liegt laut Kernsatz („Sein persönliches Verhalten ... stets vorbildlich.") und dem Kontext bei sehr gut.

Dieses Zwischenzeugnis stellen wir Herrn Coe auf eigenen Wunsch aus. Wir möchten diese Gelegenheit nutzen, um ihm an dieser Stelle für die bisher geleistete sehr gute Arbeit zu danken und wünschen ihm auch weiterhin viel Erfolg in unserem Unternehmen.

Schlussformel:
In dieser Form steht sie unter sehr guten Zwischenzeugnissen.

Fazit:
Herr Coe wird in dem Zwischenzeugnis rundherum mit sehr gut bewertet.

Nürnberg, 31.07.2001   Dr. Michael Koffler

                              (Personalchef)

→ 53 Marketing und Kommunikation
→ 61 Online Marketing – Projektmanager

38 Investor Relations Manager

Gesamtnote 1–

ZWISCHENZEUGNIS

Einleitung:
Hier werden alle wichtigen Informationen geliefert.

Frau Andrea Rotkopf, geboren am 27.01.1968 in Freiburg, ist seit dem 1.10.1996 in unserem Unternehmen tätig, derzeit als Investor Relations Manager.

Tätigkeitsbeschreibung:
Beide Aufgabengebiete werden hinreichend detailliert gewürdigt.

Ihre Laufbahn in unserem Unternehmen begann Frau Rotkopf als Marketing Manager. In dieser Position war sie verantwortlich für die Planung, Konzeption und Durchführung der gesamten Marketing-Aktivitäten inklusive Messeauftritte, Anzeigenkampagnen, Direct-Mailing-Aktionen, Aufbau und Pflege des Internetauftritts, die Steuerung der Zusammenarbeit mit einer Werbeagentur, Aufbau und Pflege eines PR-Verteilers.

Leistungsbeurteilung:
Zusammen mit dem passenden Portfolio an Kernkompetenzen ergibt sich die Note sehr gut bis sehr gut minus.

Aufgrund ihrer sehr guten Leistungen, die sie besonders mit einer hohen Zuverlässigkeit und ihrem bemerkenswerten Geschick für Marketing- und PR-Fragen erzielte, übernahm Frau Rotkopf im Oktober 1999 die Aufgabe des Investor Relations Managers. In dieser Funktion war sie maßgeblich am Erfolg des Börsengangs unseres Unternehmens am 12. Oktober 2001 beteiligt. Sie war verantwortlich für Planung und Durchführung der gesamten IPO-Kampagne, die einen sehr hohen Aufmerksamkeitswert erzielte.

Zu ihrem Verantwortungsbereichbereich als Investor Relations Manager gehören:

► Planung, Organisation und Durchführung der Hauptversammlungen, Analystenkonferenzen, Bilanzpressekonferenzen, Roadshows, One-to-One-Investorenmeetings
► Erstellung und Kontrolle des IR-Budgets
► Erstellung der Geschäfts- und Quartalsberichte
► Generierung und Pflege von Investoren- und Analystenkontakten
► AdHoc-Meldepflicht
► Aufbau und Pflege des IR-Bereiches im Internet
► Aufbau und Pflege des Analysten-, Finanzpresse- und Investorenverteilers
► Steuerung der PR-Agentur

Frau Rotkopf berichtet direkt an den Vorstand und leitet zwei Mitarbeiter fachlich an.

Fachwissen:
Hier wird Frau Rotkopf mit sehr gut bewertet.

Ihre Aufgaben erledigt Frau Rotkopf mit einem äußerst fundierten Fachwissen, das sie stets souverän und engagiert in der Praxis einsetzt. Frau Rotkopf ist sehr wendig, argumentiert stets geschickt und reagiert auf neue Gegebenheiten spontan, wobei sie unsere Interessen jederzeit glaubwürdig und strategisch richtig vertritt. Sie verfügt über gute Präsentationstechniken, die sie mit der Fähigkeit zur klaren Strukturierung von Sachverhalten verbindet.

Auf die verschiedensten Gesprächspartner stellt sich Frau Rotkopf sehr gut ein und führt Gespräche verbindlich, zielorientiert und darauf bedacht, echte Win-Win-Situationen zu erzeugen. Hervorheben möchten wir auch ihre ausgeprägte Kundenorientierung und Kommunikationsstärke bezüglich schwierig zu vermittelnder Informationen. Analysten wie Investoren schätzen Frau Rotkopf als kompetente Ansprechpartnerin. Auch innerhalb unseres Hauses ist sie bei Vorgesetzten wie Kollegen sehr geschätzt.

Frau Rotkopf findet mit präzisem Analysevermögen und logischem Denken für alle in Prozessen notwendigerweise auftretenden Probleme jederzeit gute Lösungen, die sie effektiv zu unserem Gewinn umsetzt. Sie ist äußerst belastbar, leistungsstark, flexibel und absolut vertrauenswürdig. Selbstständigkeit, Sorgfalt und Verantwortungsbewusstsein prägen ihren Arbeitsstil gleichermaßen.

Wir sind mit Frau Rotkopfs Leistungen jederzeit sehr zufrieden. Ihr Verhalten gegenüber Vorgesetzten, Kollegen und jeglichen dritten Personen ist stets einwandfrei.

Verhaltensbeurteilung:
Hier wird Frau Rotkopf die Note gut bis sehr gut erteilt.

Dieses Zwischenzeugnis wird auf Wunsch von Frau Rotkopf erstellt. Wir bedanken uns für ihre bisherigen loyalen und erfolgreichen Dienste und hoffen auf ein noch lange währendes Arbeitsverhältnis.

Schlussformel:
Es sind alle wichtigen Elemente für ein komplettes Zwischenzeugnis enthalten.

Fazit:
Frau Rotkopf kann sich mit diesem makellosen Zeugnis problemlos bewerben.

Dortmund, 31.07.2002   Dr. Kai Geißler

(Vorstand)

39 IT-Consultant

→ 65 Pharmareferentin

40 Kaufmännischer Angestellter

Gesamtnote 3

ZEUGNIS

Einleitung:
Sie enthält alle geforderten Elemente.

Herr Maximilian Brunner, geboren am 13.03.1964 in Flensburg, war vom 01.08.1996 bis zum 31.07.2002 in unserem Unternehmen als kaufmännischer Angestellter tätig.

Tätigkeitsbeschreibung:
Herrn Brunners Tätigkeiten werden in Anbetracht der Tatsache, dass er sechs Jahre in dem Unternehmen gearbeitet hat, nicht ausreichend detailliert beschrieben, dadurch können ihm Karrierenachteile entstehen.

Er war für den gesamten Bereich der kaufmännischen und personellen Abwicklung verantwortlich. Herr Brunner war schwerpunktmäßig für das Erstellen der Quartals- und Jahresbilanzen und für die Liquidationsplanung und -überwachung tätig.

Aufgrund seiner mehrjährigen Tätigkeit im Finanz- und Vorbereitungswesen hat sich Herr Brunner sehr schnell in das neue Aufgabengebiet und die Probleme eines Montagebauunternehmens mit Schwerpunkt in den neuen Bundesländern eingearbeitet. Mit seinen umfangreichen Verwaltungsarbeiten hat er die Finanz- und Personalbuchhaltung komplett reorganisiert.

Fachwissen:
Herrn Brunners Fachwissen wird äußerst knapp dargestellt, das ist negativ, ein Satz sollte unmittelbar nach der Tätigkeitsbeschreibung noch eingefügt werden. Sehr gut wäre: „Herr Brunner verfügt über umfassende und vielseitige Fachkenntnisse, auch in Randbereichen."

Wir lernten Herrn Brunner als fachlich kompetenten, vertrauenswürdigen und verantwortungsbewussten Mitarbeiter kennen. Die ihm übertragenen Aufgaben führte er selbstständig mit Umsicht und großem Eifer aus. Mit seinen Leistungen waren wir in jeder Hinsicht stets außerordentlich zufrieden.

Leistungsbeurteilung:
Sie liegt laut Kernsatz („waren wir in jeder Hinsicht stets außerordentlich zufrieden.") zwar bei sehr gut, aber der Kontext ist zu mager, wichtige Schlüsselkompetenzen werden nicht erwähnt: Arbeitsbefähigung (Belastbarkeit, intellektuelle Fähigkeiten, ggf. Weiterbildungen). Note daher: zwischen gut und befriedigend.

Herr Brunner verfügt auch über sehr gute Führungseigenschaften. Er kann Mitarbeiter motivieren, begeistern und fordern, trifft klare Entscheidungen und delegiert Aufgaben und Verantwortung zielgerichtet. Aufgrund seiner fachlichen Qualifikation und seines kooperativen Führungsstils war er in der Lage, die unterschiedlichsten Teams und die ihm unterstellten vier Mitarbeiter effektiv und harmonisch zu führen.

Gegenüber Vorgesetzten, Kollegen und Mitarbeitern verhielt sich Herr Brunner jederzeit höflich und zuvorkommend und stets zur Zusammenarbeit bereit.

Verhaltensbeurteilung:

Herrn Brunners Verhalten wird laut Kernsatz („Gegenüber Vorgesetzten, Kollegen") mit befriedigend bewertet. Die Kunden werden hier nicht erwähnt, sie sollten noch in diesem Satz nach den Mitarbeitern erwähnt werden. Die Formulierung „zur Zusammenarbeit bereit" ist negativ, sie impliziert, dass Herr Brunner zuweilen mehr oder weniger zur Zusammenarbeit, die eigentlich selbstverständlich ist, aufgefordert werden musste.

Herr Brunner verlässt uns zum 31.07.2002 auf eigenen Wunsch. Wir bedauern sein Ausscheiden und wünschen ihm für die Zukunft alles Gute.

Schlussformel:

Sie ist unvollständig, der Dank für die geleistetes Arbeit fehlt, damit wird die Gesamtnote des Zeugnisses bestätigt.

Fazit:

Herr Brunner wird mit befriedigend bewertet, auch weil die Tätigkeitsauflistung zu mager ist.

München, 31.07.2002   Jürgen Müller

(Personalchef)

41 Kellner

Gesamtnote 2 **ZEUGNIS**

Einleitung:
Sie ist in Ordnung.

Herr Peter Nietzsche, geboren am 28.08.1945 in Röcken, war vom 01.08.1996 bis zum 31.07.2002 in unserem Hotel als Kellner beschäftigt.

Tätigkeitsbeschreibung:
Sie dokumentiert Herrn Nietzsches Aufgaben ausreichend.

Herr Nietzsche war für die Bedienung unserer Gäste zuständig, daneben war er für die Tagesabrechnung und die perfekte Einrichtung seiner Tische verantwortlich.

Fachwissen:
Es wird nicht ausdrücklich erwähnt, aber die Formulierung „verfügt über eine in jeder Hinsicht gute Arbeitsbefähigung" impliziert gute Fachkenntnisse.

Leistungsbeurteilung:
Sie liegt laut Kernsatz („Seine Leistungen fanden stets unsere volle Anerkennung.") und dem Kontext bei gut. Leider fehlt ein Hinweis auf seine Ehrlichkeit, er sollte noch eingefügt werden, damit der neue Arbeitgeber weiß, dass Herr Nietzsche die Abrechnungen immer ohne Makel ausgeführt hat.

Herr Nietzsche war stets gut motiviert und verfügt über eine in jeder Hinsicht gute Arbeitsbefähigung. Er führte seine Aufgaben jederzeit – auch bei Hochbetrieb – sehr zügig und zuverlässig aus und hat Freude an der Arbeit. Herr Nietzsche plante seine Arbeit stets sorgfältig und garantierte eine gästeorientierte konsequente Umsetzung. Seine Leistungen fanden stets unsere volle Anerkennung.

Verhaltensbeurteilung:
Herrn Nietzsches Führung wird laut Kernsatz („Sein Verhalten gegenüber Vorgesetzten, Kollegen und Gästen war stets einwandfrei.") und dem Kontext mit gut bewertet.

Sein Verhalten gegenüber Vorgesetzten, Kollegen und Gästen war stets einwandfrei. Herr Nietzsche fügte sich reibungslos in unser Hotel ein, wobei er sich den Respekt und das Ansehen von Vorgesetzten, Kollegen und Gästen erworben hat. Bei den Gästen war er wegen seines freundlichen und zuvorkommenden Wesens sehr geschätzt.

Herr Nietzsche verlässt unser Hotel auf eigenen Wunsch, um sich neuen Herausforderungen zu stellen. Wir bedauern seine Entscheidung sehr, danken ihm für sein gutes Engagement und wünschen ihm für seine berufliche und private Zukunft alles Gute.

Schlussformel:

Sie ist in Ordnung, sie bewertet ihn mit gut.

Fazit:

Herr Nietzsche wird mit gut bewertet.

Köln, 31.07.2002   Peter Mager

(Geschäftsführer)

42 Koch

ZEUGNIS

Einleitung:
Sie ist in Ordnung.

Herr Gundolf Winter, geboren am 12.12.1948 in Korbach, war vom 01.08.1997 bis zum 31.07.2000 in unserer Universitäts-Mensa als Koch beschäftigt.

Tätigkeitsbeschreibung:
Herrn Winters Tätigkeiten werden im Zeugnis nicht ausreichend detailliert beschrieben.

Herr Winter war für die Zubereitung der jeweiligen Tagesmenues mitverantwortlich, ferner war er für die Reinigung der Maschinen zuständig.

Fachwissen:
Herrn Winters Fachwissen wird mit gut bewertet.

Herr Winter verfügt über gute fachspezifische Kenntnisse, die er stets erfolgreich, auch unter höchster Belastung, einsetzte. Er plante seine Arbeitsprozesse immer sorgfältig und verantwortungsbewusst und hielt auch die Umsetzung nach, dabei kam ihm seine schnelle Auffassungsgabe zugute. Herr Winter zeigte jederzeit Eigeninitiative, identifizierte sich voll mit seinen Aufgaben sowie der Mensa, wobei er auch durch seine gute Einsatzbereitschaft überzeugte. Hervorheben möchten wir, dass er sein Fachwissen durch regelmäßige und erfolgreiche Weiterbildungsseminare eigeninitiativ besuchte. Wir waren während des gesamten Beschäftigungsverhältnisses mit seinen Leistungen zufrieden.

Leistungsbeurteilung:
Sie liegt laut Kernsatz („Wir waren während des gesamten Beschäftigungsverhältnisses mit seinen Leistungen zufrieden.") und dem Kontext bei gut.

Verhaltensbeurteilung:
Sie liegt laut Kernsatz („Seine Führung war stets einwandfrei") und dem nachfolgenden Satz bei gut.

Seine Führung war stets einwandfrei. Aufgrund seiner hilfsbereiten und kooperativen Wesensart war er bei Vorgesetzten, Mitarbeitern und Kollegen anerkannt und sehr geschätzt.

Der zeitlich befristete Arbeitsvertrag endet zum 31.07.2000 und kann leider aus wirtschaftlichen Zwängen nicht verlängert werden, dies bedauern wir sehr, da wir mit Herrn Winter einen guten Mitarbeiter verlieren. Wir bedanken uns für die angenehme Mitarbeit und wünschen ihm für die Zukunft alles Gute und viel Erfolg.

Schlussformel:

In dieser Form steht sie unter guten Zeugnissen.

Fazit:

Herrn Winters durchschnittliche Note gut wird durch die wenig ausführliche Tätigkeitsbeschreibung auf gut bis befriedigend abgewertet.

Wesel, 31.07.2000   Axel Müller

                                        (Restaurant-Besitzer)

43 Kraftfahrzeugmechaniker

Gesamtnote 2   **ZEUGNIS**

Einleitung:
Sie ist in Ordnung.

Herr Christoph Schneider, geboren am 10.03.1976 in Mannheim, war vom 01.08.1999 bis zum 31.07.2002 in unserem Betrieb als Kraftfahrzeugmechaniker tätig.

Tätigkeitsbeschreibung:
Sie dokumentiert Herrn Schneiders Kompetenzen und Aufgaben ausreichend

Herr Schneider hat alle anfallenden Reparatur- und Wartungsarbeiten an Personenkraftwagen der Marke VW durchgeführt. Er lernte in Absprache mit unserem Meister regelmäßig unsere Auszubildenden an.

Fachwissen:
Es („vielseitige Fachkenntnisse") wird mit gut bewertet.

Aufgrund seiner guten handwerklichen Qualifikationen konnte er seine Aufgaben immer erfolgreich und verantwortungsbewusst erfüllen. Er verfügt über eine hohe Arbeitsbereitschaft und vorbildliche Pflichtauffassung, er war immer ein belastbarer, hoch motivierter und ausdauernder Mitarbeiter, seine Arbeitsqualität war auch bei wechselnden Anforderungen immer gut.

Leistungsbeurteilung:
Sie liegt laut Kernsatz („stets zu unserer vollen Zufriedenheit") und dem Kontext bei gut.

Er besuchte regelmäßig Fortbildungskurse im Bereich Fahrzeugelektronik, diese neu erworbenen Kenntnisse setzte er immer erfolgreich ein. Herr Schneider hat die ihm übertragenen Aufgaben stets zu unserer vollen Zufriedenheit erfüllt.

Verhaltensbeurteilung:
Herrn Schneiders Führung wird laut Kernsatz („Seine persönliche Führung war einwandfrei") und den nachfolgenden Sätzen mit gut bewertet.

Seine persönliche Führung war einwandfrei. Aufgrund seiner hilfsbereiten und kooperativen Wesensart war er bei Vorgesetzten, Kollegen und Mitarbeitern anerkannt und geschätzt. Bei unseren Kunden hat er sich durch seine Fachkompetenz und Verbindlichkeit hohe Anerkennung erworben.

Herr Schneider verlässt uns auf eigenen Wunsch zum 31.07.2002, um sich neuen Herausforderungen zu stellen. Wir bedauern diese Entscheidung sehr, danken ihm für sein gutes Engagement und wünschen ihm für seine berufliche und private Zukunft alles Gute.

Mannheim, 31.07.2002   Jürgen Kleist

                              (Geschäftsführer)

Schlussformel:

Sie ist in Ordnung, der Grund des Ausscheidens, das Bedauern und der Dank werden genannt. In dieser Form steht sie unter guten Zeugnissen.

Fazit:

Herr Schneider wird mit gut bewertet.

→   3 Arzthelferin
→ 100 Zahnarzthelferin

44 Krankenpfleger

Gesamtnote 2

ZWISCHENZEUGNIS

Einleitung:
Sie enthält alle geforderten Elemente.

Herr Joachim Gernd, geboren am 23.06.1970, ist seit dem 01.05.1999 als Krankenpfleger im Elisabeth-Krankenhaus im Herzzentrum beschäftigt.

Tätigkeitsbeschreibung:
Herrn Gernds Tätigkeiten werden im Zeugnis ausreichend beschrieben.

Herr Müller ist in der kardio-chirurgischen Station tätig. Seine Aufgaben gliedern sich wie folgt:

► Vorbereitung der Patienten auf Operationen

► Übernahme frisch operierter Patienten und deren Überwachung unter Beobachtung der technischen Parameter nach kardio-chirurgischen Eingriffen

► Zuteilung der Medikamente nach den ärztlichen Anordnungen

► Herr Gernd ist für Infarkt-Patienten, Patienten mit Herzfehlern, Angina-pectoris-Beschwerden und Herz-Rhythmus-Störungen zuständig, zudem obliegt ihm die Verantwortung für Patienten mit Bypassoperationen.

Fachwissen:
Es wird mit („umfassende Fachkenntnisse") gut bewertet.

Herr Gernd verfügt über umfassende Fachkenntnisse im Krankenpflegebereich, die er jederzeit optimal umsetzt. Er beobachtet die Patienten gut und er leitet krankheitsgerecht die richtigen Maßnahmen an. In Notfällen reagiert er immer angemessen, schnell, ausgesprochen verantwortungsbewusst und souverän. Er hat eine gute Auffassungsgabe, erblickt sofort schwierige Zusammenhänge und ist schnell in der Lage, auf komplizierte Situationen zu reagieren. Im Umgang mit Patienten und Angehörigen beweist er hohe Aufmerksamkeit und Hilfsbereitschaft.

Leistungsbeurteilung:
Sie liegt laut Kernsatz („Seine Leistungen entsprechen unseren Erwartungen und Anforderungen stets voll.") und dem Kontext bei gut.

Herr Gernd ergreift von sich aus die Initiative und setzt sich mit überdurchschnittlicher Einsatzbereitschaft für unser Krankenhaus und unsere Patienten ein, auch starkem Arbeitsanfall ist er jederzeit gewachsen. Er arbeitet stets zuverlässig und gewissenhaft. Seine Leistungen entsprechen unseren Erwartungen und Anforderungen stets voll.

Verhaltensbeurteilung:
Sie liegt laut Kernsatz („Sein persönliches Verhalten ist jederzeit einwandfrei.") und dem Kontext bei gut.

Herr Gernd wird wegen seines freundlichen Wesens und seiner kollegialen Art von Vorgesetzten, Kollegen und Patienten gleichermaßen sehr geschätzt. Sein persönliches Verhalten ist jederzeit einwandfrei.

Dieses Zwischenzeugnis wurde auf Wunsch von Herrn Gernd erstellt. Wir bedanken uns bei ihm für seine gute Arbeit und freuen uns auf eine weiterhin erfolgreiche Zusammenarbeit.

Schlussformel:

In dieser Form steht sie unter guten Zwischenzeugnissen.

Fazit:

Herr Gernd wird mit gut bewertet.

Düsseldorf, 31.07.2001   Dr. Alfons Pflüger

(Chefarzt)

→ 14 Chief Technology Officer
→ 72 Projektleiter international

45 Leiter Projektierungs- und Vertriebsabteilung

Gesamtnote 1

ZEUGNIS

Einleitung:
Sie ist in Ordnung.

Herr Jürgen Werfel, geboren am 29.10.1961 in Soest, war vom 01.08.1985 bis zum 31.07.2002 in unserem Unternehmen als Leiter der Projektierungs- und Vertriebsabteilung tätig

Tätigkeitsbeschreibung:
Sie ist angemessen detailliert.

Herr Werfel war für folgende Aufgaben zuständig:

▶ Projektverantwortung für Planung und Vertrieb von Rohrschlangen, wobei der Wert der einzelnen Projekte zwischen 100.000 Euro und 125.000 Euro lag

▶ Verantwortung der Ertragsseite des einzelnen Projekts

▶ Sicherstellung der technischen Funktionalität

▶ erfolgreicher Auf- und Ausbau einer konstanten Geschäftsbeziehung zu den Tochterfirmen BELAX und TRINTEX mit einem Jahresumsatz von 8 Mio. Euro

▶ Einführung der Sielberger-Biegetechnologie für Kunden in Polen, Italien und Norwegen

▶ Ausbau der Marktführerschaft für professionelle Biegeverformungen in der BRD mit einem Jahresumsatz von 15 Mio. Euro

Weiterhin verantwortete Herr Werfel die Vorbereitung des Budgets für das jeweils folgende Geschäftsjahr und die Vorbereitung für die Festlegung der Umsatzziele für den jeweils aktuellen Monat. Er übernahm die Gestaltung und Angebotslenkung bei großen Rahmenausschreibungen der Tochterfirmen.

Fachwissen:
Sein Fachwissen („umfassende und vielseitige Fachkenntnisse") wird mit sehr gut bewertet.

Herr Werfel verfügt über umfassende und vielseitige Fachkenntnisse, auch in Randbereichen. Sein Fachwissen setzte er stets erfolgreich und sehr gekonnt in die Praxis um. Er arbeitete sich sehr schnell in neue Probleme und Aufgabenstellungen ein und erfasste Prozesse und Vorgänge stets rasch und vollständig. Problemen, die bei Arbeitsprozessen und intensiven Kundenkontakten zwangsläufig auftreten, begegnete er immer mit großer Kreativität und Flexibilität, so dass er stets praktikable und sehr effektive Lösungen umsetzen konnte. Er war äußerst belastbar, stets fleißig und sehr zuverlässig, überdies arbeitete er immer sehr genau, sorgfältig und äußerst zügig.

Er besuchte regelmäßig Weiterbildungsveranstaltungen zur Mitarbeiter- und Unternehmensführung und im IT-Bereich (MS Office, Adobe und SAP).

Besonders hervorzuheben ist sein vorbildlicher Umgang mit unseren Kunden. Herr Werfel ist sehr kontaktfreudig, kommunikativ und offen in seinem Auftreten. Dadurch knüpfte er Kundenkontakte bis in höhere Geschäftsebenen hinein und erwarb sich den Respekt und das Vertrauen unserer Kunden. Mit großer Beharrlichkeit und entsprechend erfolgreich brachte er auch Angebote in komplizierten Situationen zu einem für alle Beteiligten vorteilhaften Abschluss. Durch seine geschäftlichen Aufenthalte in Polen, Italien und Norwegen entwickelte er ein Gespür für die interkulturelle Dimension von Geschäften und vertiefte seine hervorragenden Englisch- und Polnischkenntnisse. Er motivierte seine drei Mitarbeiter stets zu sehr hohen Leistungen. Herrn Werfels Leistungen haben jederzeit und in jeder Hinsicht unsere volle Anerkennung gefunden.

Leistungsbeurteilung:
Sie liegt laut Kernsatz („jederzeit und in jeder Hinsicht unsere volle Anerkennung") und dem Kontext bei sehr gut.

Herr Werfel fügte sich reibungslos auch in Teamstrukturen ein, wobei er sich den Respekt und das Ansehen seiner Mitarbeiter und Kollegen erworben hat. Wegen seiner großen Tatkraft und Dynamik war er auch bei der Geschäftsleitung sehr anerkannt. Sein Verhalten gegenüber Vorgesetzten, Mitarbeitern und Kunden war stets vorbildlich.

Verhaltensbeurteilung:
Sie wird laut Kernsatz („Sein Verhalten gegenüber ... war stets vorbildlich") und dem Kontext mit sehr gut bewertet.

Herr Werfel verlässt uns auf eigenen Wunsch, um sich neuen Herausforderungen im Bereich der Rohrschlangenherstellung zu widmen. Wir bedauern seine Entscheidung außerordentlich, bedanken uns für die erfolgreichen Dienste und wünschen ihm für die Zukunft beruflich wie privat alles Gute und weiterhin viel Erfolg.

Schlussformel:
Sie bestätigt die Gesamtnote.

Fazit:
Herr Werfel wird mit sehr gut bewertet.

Köln, 31.07.2002

Matthias Schade

(Personalchef)

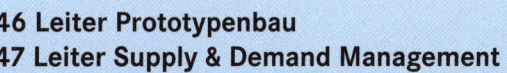

46 Leiter Prototypenbau
47 Leiter Supply & Demand Management

CD-ROM

→ 74 Qualitätsauditor

48 Leiter Unternehmensorganisation

Gesamtnote 3+

ZWISCHENZEUGNIS

Einleitung:
Sie ist in Ordnung.

Herr Peter Wedekind, geboren am 13.03.1956 in Bonn, ist in unserer Firma als Leiter Unternehmensorganisation seit dem 31.07.1999 tätig.

Tätigkeitsbeschreibung:
Sie ist angemessen detailliert.

Seine Verantwortung umfasst die gesamte fachliche Leitung und personelle Führung der Abteilung Organisation. Seine Aufgaben umfassen insbesondere:

► Strategische Ausrichtung der Geschäftsprozesse und Abläufe in Zusammenarbeit mit der Geschäftsleitung

► Konzeption, Realisierung, Fortentwicklung und Betreuung aller Projekte und Maßnahmen zur Optimierung der Geschäftsprozesse, unter Einbeziehung der bestehenden Datenverarbeitung und Organisation

► Analyse und permanente Überprüfung von Arbeitsabläufen und Verfahren sowie deren optimale Neugestaltung unter Kostenaspekten

► Erstellen und Umsetzen von DV-Konzepten in Zusammenarbeit mit dem Rechenzentrum

► Beratung der Fachabteilungen und der Geschäftsleitung in allen Fragen der Informationsverarbeitung

► Koordination der externen Berater im Bereich der Organisationsberatung

Der von Herrn Wedekind geleiteten Abteilung Organisation sind die Abteilungen Grunddatenerfassung und Qualitätswesen untergeordnet. Insgesamt führt er 10 Mitarbeiter.

Fachwissen:
Es („verfügt über solide Fachkenntnisse") wird mit befriedigend bewertet.

Herr Wedekind verfügt über solide Fachkenntnisse. Die Arbeit von Herrn Wedekind ist von zufriedenstellender Qualität. Er versteht es, seine Mitarbeiter zu motivieren, und er fördert aktiv die Zusammenarbeit. Er informiert die Mitarbeiter umfassend und delegiert Aufgaben und Verantwortung. Herr Wedekind hat seinen Verantwortungsbereich zu unserer vollen Zufriedenheit geleitet.

Leistungsbeurteilung:
Sie liegt laut Kernsatz („zu unserer vollen Zufriedenheit") bei befriedigend.

Sein persönliches Verhalten gegenüber Vorgesetzten, Kollegen und Kunden ist stets einwandfrei.

Verhaltensbeurteilung:
Sie wird laut Kernsatz („Sein persönliches Verhalten ... ist stets einwandfrei.") mit gut bewertet.

Dieses Zwischenzeugnis wird Herrn Wedekind auf eigenen Wunsch ausgestellt.

Schlussformel:
Für eine bessere Bewertung könnte noch ein Dank für die geleistete Arbeit ausgesprochen werden.

Fazit:
Er wird mit befriedigend plus bewertet.

Köln, 31.07.2002   Jürgen Bauer

                                    (Geschäftsführer)

49 Manager Corporate Strategy

Gesamtnote 3+

ZEUGNIS

Einleitung:
Sie ist in Ordnung.

Herr Peter Orthmann, geboren am 20.10.1958 in Betzdorf, war vom 01.08.1996 bis zum 31.07.2000 in unserem Unternehmen als Manager Corporate Strategy beschäftigt.

Tätigkeitsbeschreibung:
Sie ist angemessen detailliert.

Herr Orthmann war für folgende Aufgaben verantwortlich:

► Verantwortung für den Geschäftsplanungsprozess:

In diesem Bereich verantwortete er die Projektleitung für den Planungsprozess und die Entwicklung von entsprechenden Modellen sowie die Sicherstellung der zugrundeliegenden Strategien und Annahmen

► Verhandlung mit möglichen Joint-Venture Partnern:

Hierbei übernahm er die Evaluierung potenzieller Partner, war Teammitglied Marketing bei Vertragsverhandlungen und verantwortete die Projektleitung Geschäftskundenmarkt

► Erarbeitung von Markt- und Wettbewerbsstrategien:

In diesem Aufgabenbereich verantwortete er die Strategieformulierung mit der Geschäftsführung, die Projektleitung bei der Definition der Funktionalstrategien und trug die Verantwortung für die Erstellung des Marketingplans von 1999. Er führte die Absatz- und Umsatzplanung sowie die Beauftragung und Projektleitung von externen Consultants durch

Fachwissen:
Sein Fachwissen („ist aufgrund seines soliden Fachwissens in der Lage") wird mit befriedigend bewertet.

Herr Orthmann war aufgrund seines soliden Fachwissens in der Lage, die ihm übertragenen Aufgaben zu erledigen. Er arbeitete sich sicher in seinen neuen Aufgabenbereich ein, so dass er Arbeitserfolge vorweisen konnte. Herr Orthmann zeigte Einsatzbereitschaft und Initiative. Er war starkem Arbeitsanfall gewachsen. Seine folgerichtige Denkweise kennzeichnete seine sichere Urteilsfähigkeit in vertrauten Zusammenhängen, dabei arbeitete er zuverlässig und genau.

Leistungsbeurteilung:
Sie liegt laut Kernsatz („Aufgaben zu unserer vollen Zufriedenheit erfüllt.") und dem Kontext bei befriedigend.

Er fand sich in neuen Situationen zurecht und war auch in der Lage, komplizierte Zusammenhänge zu erfassen. Er hat die ihm übertragenen Aufgaben zu unserer vollen Zufriedenheit erfüllt.

Sein Verhalten gegenüber Vorgesetzten, Mitarbeitern und Geschäftspartnern war stets einwandfrei.

Verhaltensbeurteilung:

Herr Orthmann wird laut Kernsatz („war stets einwandfrei") und dem Kontext mit gut bewertet.

Herr Orthmann verlässt mit dem heutigen Tag auf eigenen Wunsch unser Unternehmen. Wir bedanken uns für die Zusammenarbeit und wünschen ihm persönlich alles Gute und viel Erfolg.

Schlussformel:

In ihr fehlt die sogenannte Bedauernsformel, damit wird die Gesamtbewertung bestätigt.

Fazit:

Herr Orthmann wird mit befriedigend plus bewertet.

München, 31.07.2000   Dr. Peter Blücher

                             (Personalchef)

51 Managerin Demand Management

Gesamtnote 1

ZWISCHENZEUGNIS

Einleitung:
Sie enthält mit Titel, Name, Geburtsdatum und -ort sowie den Angaben zum Beginn des Beschäftigungsverhältnisses alle wichtigen Angaben.

Frau Dr. Gundula Werner, geboren am 14.01.1965 in Braunschweig, ist seit dem 01.06.1998 in unserem Unternehmen als Managerin Demand Management beschäftigt.

Tätigkeitsbeschreibung:
Hier wird alles ausführlich dargestellt, die Mischung aus Fließtext und Aufzählung sorgt für einen abwechslungsreichen Stil.

In dieser Position ist Frau Dr. Werner verantwortlich für den strategischen Einkauf von Produktionsmaterialien, Investitionsgütern, Dienstleistungen und Verbrauchsartikeln sowie für die Disposition und Bestandsführung von zugekauften Fertigarzneimitteln. Sie führt sieben Mitarbeiter fachlich und disziplinarisch.

Hervorzuheben sind folgende Projekte, bei denen Frau Dr. Werner maßgeblich mitarbeitete:

► Design eines neuen Supply Chain-Konzepts für ein spezielles Dialysepräparat zur Belieferung der weltweiten Filialen und Vertriebspartner

► Einführung des Logistik-Informationssystems von ORACLE

► Einführung der CRM-Suite SIEBEL 7

Fachwissen:
Frau Dr. Werners Fachwissen wird mit sehr gut bewertet.

Frau Dr. Werner überzeugt uns jederzeit durch ihr hervorragendes und sehr fundiertes Fachwissen, das sie stets absolut sicher und effektiv einsetzt. So ist Frau Dr. Werner in der Lage, zu unserem Gewinn stets sorgfältig abgewogene und effektive Entscheidungen zu treffen. Aufgrund ihres präzisen Analysevermögens, ihrer sehr schnellen Auffassungsgabe und ausgeprägten Kreativität findet sie sehr gute Lösungen, die sie konsequent und erfolgreich in die Praxis umsetzt. Mit Zielorientierung, Übersicht und einer hohen Organisations- und Planungskompetenz führt sie alle Projekte zum sicheren Abschluss.

Leistungsbeurteilung:
Die vielen positiven Kernkompetenzen führen in Kombination mit dem Kernsatz zur Note sehr gut minus.

Verantwortungsbewusstsein, Flexibilität, Vertrauenswürdigkeit und absolute Zuverlässigkeit prägen Frau Dr. Werners Arbeitsstil. Auch in kritischen Situationen behält sie stets die Kontrolle und einen klaren Kopf. Ihre Mitarbeiter motiviert Frau Dr. Werner durch ihr Vorbild an Tatkraft, Kompetenz und Qualitätsbewusstsein zu gleichbleibend sehr guten Leistungen. Dabei hält sie die richtige Balance zwischen kollegialem Führungsstil und Durchsetzungsvermögen. So genießt sie den hohen Respekt aller Mitarbeiter.

Wir kennen Frau Dr. Werner als freundliche, kontaktstarke und teamorientierte Mitarbeiterin, die sich auf die verschiedensten Gesprächspartner sehr gut einstellt. Auch in der multinationalen Umgebung unseres Konzerns bewegt sie sich souverän, wobei sie hier jederzeit auf ihre fundierten Englischkenntnisse zurückgreifen kann. Ihre Vorgesetzten schätzen besonders ihre fundierten Managementqualifikationen und administrativen Fähigkeiten. Innerhalb wie außerhalb unseres Unternehmens ist Frau Dr. Werner eine sehr geschätzte und häufig frequentierte Ansprechpartnerin.

Verhaltensbeurteilung:
Hier werden alle Personengruppen beachtet und die Note sehr gut vergeben.

Wir sind daher mit Frau Dr. Werners Leistungen stets sehr zufrieden. Ihr Verhalten gegenüber Vorgesetzten, Mitarbeitern und Lieferanten ist stets vorbildlich.

Schlussformel:
Mit dem Dank und der Aussicht auf die weitere gute Zusammenarbeit ist die Schlussformel perfekt.

Dieses Zwischenzeugnis wurde auf Wunsch von Frau Dr. Werner ausgestellt, weil sie mit Wirkung ab 01.12.2002 zur Unternehmensbereichsleiterin Supply befördert wird. Wir bedanken uns bei ihr für ihre bisher geleisteten hervorragenden und loyalen Dienste und gehen von einer weiterhin so positiven Zusammenarbeit aus.

Fazit:
Frau Dr. Werner wird mit dem Zeugnis mit sehr gut bis sehr gut minus bewertet.

Bad Homburg, 30.11.2002   Matthias Jürgs

(Leiter Personal)

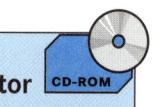

52 Marketing Deputy Director CD-ROM

→ 38 Investor Relations Manager
→ 61 Online Marketing – Projektmanager

53 Marketing und Kommunikation – Referentin

Gesamtnote 1

ZEUGNIS

Einleitung:
Sie ist perfekt.

Frau Monika Bach, geboren am 11.11.1960 in Düsseldorf, war vom 01.01.1998 bis zum 30.09.2001 in unserem Unternehmen als Referentin für Marketing und Kommunikation tätig.

Tätigkeitsbeschreibung:
Frau Bachs Tätigkeiten werden im Zeugnis angemessen beschrieben.

Die Schwerpunkte von Frau Bachs Tätigkeitsbereichen lagen in der eigenverantwortlichen Erledigung folgender Aufgaben:

► Konzeption und Umsetzung des Messekonzeptes in enger Zusammenarbeit mit dem französischen Headquarter

► Planung und Kontrolle eines Kommunikationsbudgets in zweistelliger Millionenhöhe

► Entwicklung und Umsetzung aller kommunikationsrelevanten Maßnahmen für die TRANSDORI-Gesellschaften im deutschsprachigen Raum: Werbung, Pressearbeit, Dokumentation, Veranstaltungsmanagement, interne Kommunikation

► Koordination des Aufbaus sowie Verantwortung für den reibungslosen Ablauf während der Messe-Standleitung

► Organisation von internen Kickoffs sowie externen Veranstaltungen (Partnerveranstaltungen, Sportveranstaltungen im Rahmen der TRANSDORI-Sponsorschaft z. B. im Bereich der Formel 1 oder Leichtathletik)

► Personalverantwortung für die externen Mitarbeiter im Bereich Service/ Catering, Info, Promotion

► Budgetplanung und Kontrolle

► Aufbau der Internetseite für Central Afrika,

► Umsetzung der gesamten Werbemaßnahmen

► Ansprechpartner für die Verlagsvertreter

► Steuerung der Werbe- und Mediaagentur

Fachwissen:
Es wird mit sehr gut bewertet.

Frau Bach arbeitete sich sehr schnell in alle ihre Aufgaben ein und konnte schon bald eigenständig sehr gute Resultate erzielen. Sie verfügt über exzellente marketingstrategische Fachkenntnisse, über eine sehr gute Auffassungsgabe und über eine ausgezeichnete Eigenmotivation. Ihr Arbeitsstil war gekennzeichnet von sehr großer Umsicht, hohem Verantwortungsbewusstsein und absoluter Zuverlässigkeit.

Jederzeit war Frau Bach bereit, zusätzliche Aufgaben zu übernehmen. Sie war persönlich an ihrem Verantwortungsgebiet interessiert und identifizierte sich stark mit unserem Unternehmen. Daher war es ihr ein besonderes Anliegen, unsere Interessen und Ziele sehr genau zu verstehen und komplett zu durchdringen, was ihr in hervorragender Weise gelang. Wir konnten uns auf Frau Bach jederzeit in jeder Hinsicht verlassen. Hervorzuheben ist auch ihre sehr gute Organisationsfähigkeit, deshalb konnte sie die oben genannten Aufgabenfelder perfekt managen. In Verhandlungen bewies sie stets ein sehr gutes rhetorisches Geschick, reagierte auf neue Situationen souverän und behielt auch unter extremer Belastung jederzeit einen kühlen Kopf. Bei Bedarf griff sie sicher auf ihre sehr guten Englischkenntnisse zurück. Auch in der innerbetrieblichen Kommunikation zeigte sich Frau Bach gewandt und informierte ihre Kollegen kontinuierlich und präzise. Wir waren mit ihren Leistungen stets außerordentlich zufrieden.

Leistungsbeurteilung:
Sie liegt laut Kernsatz („Wir waren ihren Leistungen ... stets außerordentlich zufrieden.") und dem Kontext bei sehr gut.

Frau Bach trat stets freundlich, kommunikationsstark, offen und verbindlich auf. Durch ihre extrovertierte Art und ihr gewinnendes Wesen war sie bei Vorgesetzten, Kollegen und Geschäftspartnern gleichermaßen sehr geschätzt und beliebt. Ihr Verhalten war stets vorbildlich.

Verhaltensbeurteilung:
Sie liegt laut Kernsatz („Ihr Verhalten war stets vorbildlich") und dem Kontext bei sehr gut.

Frau Bach verlässt unser Unternehmen mit dem heutigen Tag auf eigenen Wunsch, um sich neuen Herausforderungen zu widmen. Wir bedauern daher ihren Weggang, da wir eine sehr gute Mitarbeiterin verlieren. Wir danken ihr für ausgezeichnete Zusammenarbeit und wünschen ihr für ihre berufliche wie private Zukunft alles Gute und weiterhin viel Erfolg.

Schlussformel:
In dieser Form steht sie unter sehr guten Zeugnissen.

Fazit:
Frau Bach wird mit sehr gut bewertet.

Passau, 30.09.2001   Peter Döring

                                            (Personalchef)

54 Maschinenbauingenieur mit Diplom

Gesamtnote 1

ZEUGNIS

Einleitung:
Sie ist in Ordnung.

Herr Dipl.-Ing. Andreas Kessler, geboren am 12.08.1962 in Schonach, war vom 01.09.1998 bis zum 31.08.2002 in unserer Technischen Abteilung als Diplom-Maschinenbauingenieur tätig.

Tätigkeitsbeschreibung:
Herrn Kesslers Tätigkeiten werden im Zeugnis detailliert beschrieben.

Herr Kessler verantwortete und verrichtete die technische Betreuung der von uns betriebenen Drechslereien und die Beratung unserer Handelsabteilung. Im Einzelnen gliederte sich sein Aufgabenbereich wie folgt:

► Erstellung von Angeboten einschließlich Kapazitätsberechnungen und Nettokalkulation

► Abwicklung von Aufträgen und Projekten

► Auftragsverhandlungen mit den Kunden und Lieferanten einschließlich Auftragsvergabe

► Feinlayout der Maschinen und Gebäude als Basis für die Bauplanung sowie technische Detailplanung

► Koordination der und Zusammenarbeit mit den Kunden, Lieferanten und Architekten, teilweise mit anderen Ingenieurbüros

► Kostenkontrolle

► Montageabwicklung inklusive der Montageablauf- und Terminplanung, der Koordinierung der Monteurabrufe zwischen Baustelle und Lieferanten sowie der allgemeinen Baustellenbetreuung

► Inbetriebnahme und Übergabe an den Kunden einschließlich der Abwicklung von Garantie- und Schadensfällen

Fachwissen:
Sein Fachwissen („verfügt über umfassende und vielseitige Fachkenntnisse, auch in Randbereichen.") wird mit sehr gut bewertet.

Herr Kessler verfügt über umfassende und vielseitige Fachkenntnisse, auch in Randbereichen. Er hat mit äußerst hohem Einsatzwillen einen sehr guten Beitrag zum Erfolg unserer Projekte geleistet. Besonders hervorzuheben ist seine Kreativität beim Lösen komplexer Problemstellungen. So hat er beispielsweise bei unserem Projekt für die Beta-Drechslerei in Italien durch seine auf der Baustelle entworfenen und am Ort gefertigten Anpassungskonstruktionen teure Lieferungen durch die Maschinenhersteller vermeiden können.

Auch zur Lösung von verfahrenen Situationen setzten wir Herrn Kessler sehr erfolgreich ein. In Bulgarien übernahm er die Bauleitung eines Projektes, nachdem projektgefährdende Schwierigkeiten, hervorgerufen durch das örtliche Management, entstanden waren. Dank Herrn Kesslers unermüdlichem Arbeitseinsatz gelang es ihm, die Situation zu entschärfen und das Projekt zu einem sehr erfolgreichen Abschluss zu führen.

Herr Kessler stellt sich sehr gut auf die interkulturellen Denk- und Arbeitsweisen ein, deshalb ist er international uneingeschränkt einsatzfähig. Er spricht Englisch, Französisch und Spanisch verhandlungssicher. Präsentationen meistert er stets mit sehr gutem rhetorischen Geschick und Gespür für die Belange der Teilnehmer bzw. Verhandlungspartner. Seine Projektmanagementtechniken setzte er ebenso wie sein hervorragendes Engagement und kooperatives Verhalten stets zum Wohle unseres Unternehmens ein. In Teamstrukturen wie allein arbeitete er gleichbleibend sorgfältig, zügig und zielorientiert. Wir waren mit Herrn Kesslers Leistungen daher stets und in jeder Hinsicht außerordentlich zufrieden.

Leistungsbeurteilung:
Sie liegt laut Kernsatz („Wir waren mit Herrn Kesslers Leistungen daher stets und in jeder Hinsicht außerordentlich zufrieden.") und dem Kontext bei sehr gut.

Sein Verhalten gegenüber Vorgesetzten, Mitarbeitern und Kunden war stets vorbildlich. Er war in unserem Hause und bei unseren Kunden ein gern und häufig frequentierter Ansprechpartner.

Führungsbeurteilung:
Sie wird laut Kernsatz („Sein Verhalten ... war stets vorbildlich.") mit sehr gut bewertet.

Leider verlässt uns Herr Kessler mit dem heutigen Tag, um sich neuen Herausforderungen zu widmen. Wir bedauern seinen Entschluss außerordentlich, bedanken uns für seine wertvolle Mitarbeit und wünschen ihm privat wie beruflich alles Gute und weiterhin viel Erfolg.

Schlussformel:
Sie ist in Ordnung, in dieser Form steht sie unter sehr guten Zeugnissen.

Fazit:
Herr Kessler wird mit sehr gut bewertet.

Würzburg, 31.08.2002   Dr. Jürgen Kafka

                              (Personalchef)

55 Maschinenbautechniker
56 Maschinenbautechnikerin und Projektleiterin

CD-ROM

57 Maschinentechnische Entwicklung – Bereichsleiter

Gesamtnote 1

ZEUGNIS

Einleitung:
Sie ist in Ordnung.

Herr Dipl.-Ing. (FH) Matthias Jakobi, geboren am 17.12.1949 in Dresden, war vom 01.02.1994 bis zum 31.07.2000 in unserem Unternehmen als Bereichsleiter Maschinentechnische Entwicklung tätig.

Die ABEL AG betreibt in Deutschland 7 Werke zur Herstellung von Dämmstoffen und Beton. Mit über 1.000 Mitarbeitern und etwa 300 Millionen DM Umsatz gehören wir zu den Marktführern in Europa.

Er ist leitender Angestellter im Sinne von § 5 Abs. 3 BVG, zeichnet mit Handlungsvollmacht nach § 54 HGB und ist dem Vorstand Technik direkt unterstellt.

Tätigkeitsbeschreibung:
Herrn Jakobis Tätigkeiten werden im Zeugnis angemessen beschrieben.

Herr Jakobi verantwortete die folgenden Aufgabenschwerpunkte:

► Werksunterstützung und Troubleshooting bei Problemen

► Projektmanagement, Betreuung von Fremdkonstruktion und Fremdfertigung

► Neu- und Weiterentwicklung der Anlagen- und Verfahrenstechnik

► Montage und Inbetriebnahme der Anlagen einschließlich Abnahme und Übergabe an die Werke

► Zukauf von Maschinen

► Zusammenarbeit mit den technischen Abteilungen Bautechnik und Materialtechnik

► CE-Konformität alter und neuer Anlagen

► Patente und betriebliches Vorschlagswesen

► Unterstützung der TENTRA GmbH, die die Hebeltechnologie weltweit vertreibt

Zusätzlich stand für die Forschung und Entwicklung ein Budget von ca. 2 Million DM zur Verfügung, das von Herrn Jakobi beantragt und verwaltet wurde. Unter seiner Leitung wurde ein effektives, netzwerkfähiges EDM-System für die Verwaltung der technischen Dokumente beschafft. Da unsere Firma SAP/R3 einsetzt, arbeitet Herr Jakobi mit dem Controlling- und Bürokommunikationsmodul.

Herr Jakobi arbeitete sich in kürzester Zeit in seine Aufgabenfelder ein und verfügt über sehr gute technische und wirtschaftliche Kenntnisse. Er löste die gestellten Aufgaben immer treffend und pragmatisch, zeigte stets Eigeninitiative und war immer bereit, zusätzliche Belastungen auf sich zu nehmen. Er erzielte auch in Stresssituationen sehr gute Leistungen in qualitativer und quantitativer Hinsicht und war auch stärkstem Arbeitsanfall immer gewachsen. Er verstand es sehr gut, seine Mitarbeiter zu motivieren, die Aufgaben delegierte er optimal, dabei gab er klare und eindeutige Anweisungen.

Fachwissen:
Sein Fachwissen („verfügt über sehr gute technische und wirtschaftliche Kenntnisse") wird mit sehr gut bewertet.

Herr Jakobi erfüllte die ihm übertragenen Aufgaben stets zu unserer vollsten Zufriedenheit.

Leistungsbeurteilung:
Sie liegt laut Kernsatz („stets zu unserer vollsten Zufriedenheit.") und dem Kontext bei sehr gut.

Herr Jakobi war äußerst sicher und bestimmt in seinem Auftreten, und zwar kombiniert mit hervorragenden Umgangsformen und einer natürlichen Freundlichkeit. Herrn Jakobis Verhalten zu Vorgesetzten und Mitarbeitern war stets einwandfrei.

Verhaltensbeurteilung:
Sie wird laut Kernsatz („Herrn Jakobis Verhalten zu Vorgesetzten und Mitarbeitern war stets einwandfrei.") und dem Kontext mit gut bewertet.

Herr Jakobi verlässt mit dem heutigen Tag unser Unternehmen auf eigenen Wunsch. Wir bedauern diese Entscheidung sehr, da wir einen wertvollen Mitarbeiter verlieren, wir bedanken uns für seine sehr gute Arbeit und wünschen ihm weiterhin viel Erfolg und persönlich alles Gute.

Schlussformel:
Sie ist in Ordnung, damit wird die Gesamtbewertung des Zeugnisses bestätigt.

Fazit:
Herr Jakobi wird mit sehr gut minus bewertet.

Wiesbaden, 31.07.2000   Jürgen Meyer

                                             (Personalleiter)

58 Maschinist

Gesamtnote 2 **ZEUGNIS**

Einleitung:
Sie ist in Ordnung.

Herr Paul Celan, geboren am 11.10.1958 in Zwickau, war vom 01.08.1999 bis zum 31.07.2001 in unserem Unternehmen als Maschinist tätig.

Tätigkeitsbeschreibung:
Sie dokumentiert Herrn Celans Kompetenzen und Aufgaben ausreichend

Herr Celan war vor allem für die Wartung unserer Drechselautomaten zuständig. Alle anfallenden Reparaturen wurden von ihm stets erfolgreich bewältigt. Die regelmäßige Inspektion der Automaten gehörte auch zu seinen Pflichten. Außerdem hatte er Störungen zu erkennen und sofort entsprechende Gegenmaßnahmen durchzuführen. Darüber hinaus war er für den reibungslosen Ablauf der Sägen und Hobelmaschinen im Betrieb zuständig.

Fachwissen:
Es („vielseitige Fachkenntnisse") wird mit gut bewertet.

Herr Celan verfügt über vielseitige Fachkenntnisse, die dem gegenwärtigen technischen Stand entsprechen. Er war ein belastbarer, motivierter und fleißiger Mitarbeiter. Seine Arbeitsergebnisse waren von guter Qualität. Er zeigte stets Eigeninitiative, identifizierte sich voll mit seinen Aufgaben sowie dem Unternehmen. Herr Celan führte alle Arbeiten zielgerichtet und sorgfältig stets zu unserer vollen Zufriedenheit aus.

Leistungsbeurteilung:
Sie liegt laut Kernsatz („stets zu unserer vollen Zufriedenheit") und dem Kontext bei gut.

Verhaltensbeurteilung:
Herrn Celans Führung wird laut Kernsatz („Sein persönliches Verhalten war stets einwandfrei.") und dem Kontext mit gut bewertet.

Sein persönliches Verhalten war stets einwandfrei. Bei Vorgesetzten und Kollegen war er sehr geschätzt.

Aus betriebsbedingten Gründen musste das Arbeitsverhältnis von Herrn Celan mit dem heutigen Tag beendet werden. Wir bedauern diese Entwicklung, da wir mit Herrn Celan einen guten Mitarbeiter verlieren. Wir danken ihm für seine Arbeit und wünschen ihm in der Zukunft weiterhin Erfolg und persönlich alles Gute.

Schlussformel:

Sie ist in Ordnung. Herr Celan hat eine Kündigung (= „betriebsbedingten Gründen") erhalten. Bedauern und Dank werden ausgesprochen, ebenso gute Wünsche für die Zukunft.

Fazit:

Herr Celan wird mit gut bewertet.

Hachenburg, 31.07.2001   Anna Klöckner

                               (Geschäftsführerin)

59 Metzger

ZEUGNIS

Herr Fred Hölderlin, geboren am 14.03.1962 in Viersen, war vom 01.08.1997 bis zum 31.12.2002 in unserem Betrieb als Metzger tätig.

Herr Hölderlin war für folgende Aufgaben zuständig:

► Töten der Tiere

► Fleischzerlegung

► Ausbeinen

► Herstellung von Würsten aller Art

Diese Arbeiten wurden am Fließband erledigt. Herr Hölderlin verfügt über gute Fachkenntnisse und eine hohe Arbeitsbereitschaft und eine vorbildliche Pflichtauffassung, er war stets ein belastbarer und ausdauernder Mitarbeiter. Er arbeitete sehr effizient, routiniert und zielstrebig. Er dachte mit, erledigte seine Arbeitsvorbereitungen selbstständig und plante seinen Werkzeug- und Materialbedarf gut. Herr Hölderlin unterschreitet die Vorgabezeit am Fließband stets erheblich und erhielt immer Sonderprämien für gute Arbeitsergebnisse. Zusammenfassend beurteilen wir seine Leistungen als gut.

Sein Verhalten war stets einwandfrei. Bei Vorgesetzten und Kollegen war er sehr geschätzt.

Wegen Umstrukturierungsmaßnahmen, verbunden mit umfangreichem Personalabbau, wurde das Arbeitsverhältnis durch Aufhebungsvertrag im gegenseitigen Einvernehmen zum 31.12.2002 beendet. Wir bedauern diese Entwicklung sehr, danken Herrn Hölderlin für seine gute Mitarbeit und wünschen ihm für die Zukunft viel Erfolg und persönlich alles Gute.

Schlussformel:
In dieser Form steht sie unter guten Zeugnissen.

Fazit:
Herr Hölderlin wird mit gut bewertet.

Wesel, 31.12.2002   Markus Bierman

(Geschäftsführer)

60 Multimedia Producer 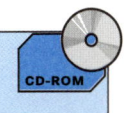 CD-ROM

→ 18 Director Marketing Sales
→ 38 Investor Relations Manager
→ 53 Marketing und Kommunikation –
   Referentin

61 Online Marketing Projektmanager

Gesamtnote 2

ZEUGNIS

Einleitung:
Sie ist in Ordnung.

Herr Detlef Grünbein, geboren am 14.08.1969 in Kaufbeuren, war vom 01.08.1998 bis zum 31.07.2002 als Online Marketing Projektmanager in unserem Unternehmen tätig.

Tätigkeitsbeschreibung:
Herrn Grünbeins Tätigkeiten werden im Zeugnis angemessen detailliert beschrieben.

Herr Grünbein hat die Homepage der spektraldis systems GmbH maßgeblich miterstellt (grafisch wie auch technisch). Auch nach der Fertigstellung war er mitverantwortlich für den redaktionellen Inhalt und dessen technische Implementierung. Im Rahmen dieser Arbeit hat er interne Guides für Suchmaschinen Marketing geschrieben. Herr Grünbein leitete ferner Projekte wie die Entwicklung und Einführung eines Contentmanagement-Systems, außerdem war er an der Leitung von eventorientierten Sondermaßnahmen für das Internet beteiligt. Herr Grünbein nahm in unserem Auftrag an Lotus Notes Designer Schulungen teil, um die bestehenden Lotus Notes Strukturen der spektraldis systems GmbH in das Internetangebot zu integrieren. Somit konnte er Internetpräsenzen auf Basis von Lotus Domino Server aufbauen. Im Rahmen seiner Tätigkeit hat Herr Grünbein zwei Diplomaden betreut, ferner stand er für besondere Aufträge in der Abteilung Mediadesign stets zur Verfügung, designtechnisch wie umsetzungstechnisch.

Fachwissen:
Herrn Grünbeins Fachwissen („guten Fachkenntnisse") wird mit gut bewertet.

Herr Grünbein setzte seine guten Fachkenntnisse jederzeit sicher und zielgerichtet in der Praxis um. Die Planung, Steuerung und das Management seiner Aufgaben erfüllte er erfolgreich, nicht zuletzt wegen seiner analytischen und pragmatischen Fähigkeiten, die es ihm erlaubten, seine Aufgaben effizient zu verwirklichen. Ebenso garantierte er die Ermittlung der Entscheidungskriterien der Kunden bei den oben genannten Aufgaben und deren Umsetzung.

Leistungsbeurteilung:
Sie liegt laut Kernsatz („stets zu unserer vollen Zufriedenheit") und dem Kontext bei gut.

Herr Grünbein erledigte seine Aufgaben stets mit großer Sorgfalt, Übersicht und Flexibilität. Er war ein dynamischer, belastbarer, hochmotivierter und verantwortungsbewusster Mitarbeiter. Er agierte initiativ und selbstständig. Auch unter höchster Belastung behielt er einen klaren Kopf und leitete die richtigen Maßnahmen ein. Bei Bedarf griff er sicher auf seine guten Englischkenntnisse zurück. Die übertragenen Aufgabenbereiche hat Herr Grünbein stets zu unserer vollen Zufriedenheit erfüllt.

Herr Grünbein wurde wegen seines freundlichen Wesens und seiner kollegialen Art von Vorgesetzten, Kollegen, Mitarbeitern und Kunden gleichermaßen geschätzt. Sein persönliches Verhalten war stets einwandfrei.

Herr Grünbein verlässt uns mit dem heutigen Tage auf eigenen Wunsch. Wir bedauern seinen Entschluss sehr, danken ihm für seine wertvollen Dienste und wünschen ihm für seine berufliche wie persönliche Zukunft alles Gute und weiterhin viel Erfolg.

Kiel, 31.07.2002   Karl Sablowski

(Geschäftsführer)

Verhaltensbeurteilung:
Sie liegt laut Kernsatz („Sein persönliches Verhalten war stets einwandfrei.") und dem Kontext bei gut.

Schlussformel:
In dieser Form steht sie unter guten Zeugnissen.

Fazit:
Herr Grünbein wird mit gut bewertet.

62 Personal/Organisation – Leitung

Gesamtnote 3+

ZEUGNIS

Einleitung:
Hier werden alle wichtigen Daten genannt.

Herr Gunnar Lindemann, geboren am 22.01.1951 in Schladern/Sieg, war vom 01.04.1996 bis zum 30.10.2001 als Leiter des Bereichs Personal und Organisation in unserem Unternehmen tätig.

Herrn Lindemann unterstanden die Abteilungen Personal- und Sozialwesen, Organisation, IT und allgemeine Verwaltung mit ca. 100 Mitarbeitern. In dieser Position war er der Geschäftsführung direkt unterstellt.

Tätigkeitsbeschreibung:
Sie ist hinreichend detailliert, indem sie den Verantwortungsbereich und wichtige Kennzahlen dokumentiert, könnte aber das Tagesgeschäft noch etwas genauer definieren.

Im Einzelnen erbrachte Herr Lindemann folgende Leistungen und Erfolge:

► organisatorische Neustrukturierung und Ausrichtung des Unternehmens auf veränderte, liberalisierte Marktbedingungen
► als Mitglied des Steering-Committees Einführung SAP R/3 in allen Bereichen des Unternehmens
► Einsourcing der DV-Verantwortung ins Unternehmen, nachdem bis 1998 ein externes DV-Unternehmen mit dieser Aufgabe betraut war
► Umzug der Unternehmensgruppe in ein neues Produktionsgebäude
► Schaffung eines neuen AT-Vergütungssystems mit Zielvereinbarung und Bonussystem

Fachwissen:
Es wird mit sehr gut bewertet.

Herr Lindemann verfügt über ein hervorragendes Fachwissen in allen Bereichen, die seine vielfältigen Tätigkeiten abdeckten. Seine Arbeitsweise war geprägt von hoher Zuverlässigkeit, sehr guter Qualität und Selbstständigkeit. Er war stets hochmotiviert, zielorientiert, sehr belastbar und äußerst verantwortungsbewusst.

Leistungsbeurteilung:
Das Portfolio an Kernkompetenzen ist zwar auf die Position abgestimmt, der Kernsatz liegt allerdings nur bei befriedigend plus.

Seine fundierten Projektmanagementtechniken kombinierte er mit vorbildlicher Tatkraft und Dynamik, so dass er neue Prozesse sehr schnell implementierte. Präsentationen und Verhandlungen führte Herr Lindemann stets mit rhetorischem wie analytischem Geschick und klar strukturiert. Er war ein aktiver, innovativer und kreativer Problemlöser, der jederzeit die Umsetzung und Ergebnisorientierung fokussierte.

Verhaltensbeurteilung:
Herrn Lindemanns Verhalten wird mit sehr gut bis gut bewertet.

Wir haben Herrn Lindemann als sehr kommunikativen, freundlichen und zugänglichen Menschen erlebt, der seine Mitarbeiter zu gleichbleibend hohen Leistungen motivierte. Er pflegte eine Atmosphäre der offenen Kommunikation und war innerhalb wie außerhalb des Unternehmens ein allseits beliebter und häufig frequentierter Ansprechpartner.

Wir waren daher mit Herrn Lindemanns Leistungen stets und in jeder Hinsicht zufrieden. Sein Verhalten gegenüber Vorgesetzten, Kollegen und dritten Personen war stets einwandfrei.

Herr Lindemann verlässt uns auf eigenen Wunsch, um sich neuen Herausforderungen zu stellen. Wir bedauern dies außerordentlich, weil wir mit ihm einen wertvollen Mitarbeiter verlieren, bedanken uns bei ihm für seine Dienste und wünschen ihm für seine Zukunft alles Gute und weiterhin viel Erfolg.

Schlussformel:

Sie enthält zwar alle wichtigen Elemente, diese sind jedoch nur minimal ausgeführt.

Fazit:

Das Zeugnis von Herrn Lindemann weist gewisse Brüche auf. Insgesamt würde es ein erfahrenerer Zeugnisleser wahrscheinlich nur mit befriedigend plus bewerten.

Wiesbaden, 30.10.2001   Bernhard Paul

(Mitglied der Geschäftsführung)

63 Personalleiter Anlagenbau
64 Personalwesen – Bereichsleiter

CD-ROM

→ 40 Kaufmännischer Angestellter

65 Pharmareferentin

Gesamtnote 2   **ZEUGNIS**

Einleitung:
Hier fehlt der Geburtsort, eine kleine Nachlässigkeit, die behoben werden sollte.

Frau Petra Schuug, geboren am 14.09.1942, war vom 01.08.1996 bis zum 31.08.2002 in unserem Unternehmen als Pharmareferentin tätig.

Tätigkeitsbeschreibung:
In Anbetracht der Tatsache, dass Frau Schuug sechs Jahre im Unternehmen gearbeitet hat, ist die Tätigkeitsauflistung zu knapp.

Frau Schuug war für den Raum Köln/Bonn zuständig, folgende Aufgaben lagen in ihrer Verantwortung:

► Umsetzen ihrer Verkaufsstrategien mit allen pharmazeutischen und kaufmännischen Beschreibungen inklusive der Preisgestaltung

► Erstellen der Monatsberichte in enger Abstimmung mit dem Geschäftsführer

► Gewinnung von Neukunden

► Erstellen von Standortanalysen bezüglich Wettbewerber

► Bestellkontionen für Apotheken

Fachwissen:
Es wird mit sehr gut („äußerst profundes Fachwissen") bewertet.

In den oben genannten Aufgaben zeichnete sich Frau Schuug durch ein äußerst profundes Fachwissen aus und setzte dieses immer sehr gut um. Sie beherrschte ihr Arbeitsgebiet selbstständig und sicher und erledigte konstant alle Aufgaben sehr sorgfältig und systematisch auf qualitativ hohem Niveau. Arbeitspensum und -effizienz waren stets gut. Sie identifizierte sich vollauf mit ihren Aufgaben und dem Unternehmen und stellte persönliche Belange jederzeit zurück. Frau Schuug entwickelte sehr viel Eigeninitiative und überzeugte durch ihre große Einsatzbereitschaft.

Leistungsbeurteilung:
Sie liegt laut Kernsatz („immer zu unserer vollen Zufriedenheit") und dem Kontext bei gut.

Auch in Belastungssituationen war sie auch stärkstem Arbeitsanfall immer gewachsen. Hervorzuheben sind ihre Fähigkeit, konzeptionell und konstruktiv zu arbeiten, sowie ihre präzise Urteilsfähigkeit, die ihr auch in schwierigen Situationen zu einer eigenständigen, abgewogenen und zutreffenden Problemlösung verhalf. Mit schneller Auffassungsgabe, Durchsetzungsvermögen und Verhandlungsgeschick erledigte Frau Schuug sämtliche Aufgaben immer zu unserer vollen Zufriedenheit.

Frau Schuug ist auf Grund ihrer fachlichen Kompetenz, ihrem hohem Engagement und der guten Zusammenarbeit mit allen Bereichen unseres Unternehmens bei Vorgesetzten und Kollegen sehr geschätzt. Bei unseren Geschäftspartnern war sie sowohl durch ihr höfliches als auch sicheres und gewandtes Auftreten stets anerkannt. Ihr persönliches Verhalten war jederzeit einwandfrei.

Frau Schuug verlässt uns mit dem heutigen Tag auf eigenen Wunsch. Wir bedauern ihren Entschluss sehr, danken ihr für ihre gute Arbeit und wünschen ihr für ihre berufliche wie persönliche Zukunft alles Gute und weiterhin viel Erfolg.

Verhaltensbeurteilung:

Sie liegt laut Kernsatz („Ihr persönliches Verhalten war immer einwandfrei") und dem Kontext bei gut.

Schlussformel:

In dieser Form steht sie unter guten Zeugnissen.

Fazit:

Frau Schuug wird mit gut bewertet. Die knappe Tätigkeitsauflistung wirkt sich negativ auf das gesamte Erscheinungsbild des Zeugnisses aus.

München, 31.08.2002   Detlef Kramer

(Vorstand)

66 Praktikantin

Gesamtnote 1   ## ZEUGNIS

Einleitung:
Der einleitende Satz ist in Ordnung.

Frau Reinhild Meinel, geboren am 12.02.1981 in Berlin, war vom 01.07.2001 bis zum 31.12.2001 in der Zeitungsredaktion des Westfalen-Kuriers als Praktikantin tätig.

Tätigkeitsbeschreibung:
Frau Meinels Tätigkeiten werden im Zeugnis ausreichend detailliert beschrieben, nach unserem Ermessen dürften ihr aus der Tätigkeitsbeschreibung heraus keine Karrierenachteile entstehen.

Im Rahmen der herausgeberischen Vorgaben und in enger Zusammenarbeit mit der Chefredaktion war Frau Meinel für folgende Aufgaben zuständig:

► Erfassung und Weiterverarbeitung sämtlicher Informationen

► Erstellung derjenigen Heftteile, die durch das Redaktionssystem generiert wurden (QuarkXPress),

► Vorbereitung des Seitenplans

► Layout sämtlicher Heftteile in QuarkXPress inklusive Bildbearbeitung

► Korrektur sämtlicher Texte

► Komplettierung der einzelnen Rubriken durch Zusammenstellung der inhaltlichen und marketing-strategischen Elemente

► Vorbereitung der erfassten Daten zur Veröffentlichung im Internet-Angebot des Westfalen Kuriers

Fachwissen:
Es wird mit sehr gut bewertet.

Frau Meinel hat sich während des Praktikums sehr gute Fachkenntnisse erworben, nicht zuletzt wegen ihrer exzellenten Auffassungsgabe. Die Planung ihrer redaktionellen Aufgaben erfüllte sie jederzeit sehr erfolgreich, auch wegen ihrer sehr guten Urteilsfähigkeit. Sie zeichnete sich duch eine sehr hohe Arbeitsmoral aus und war jederzeit bereit und fähig, zusätzliche und auch schwierige Aufgaben zu übernehmen.

Leistungsbeurteilung:
Sie liegt laut Kernsatz („stets zu unserer vollsten Zufriedenheit erfüllt") und dem Kontext bei sehr gut.

Ihre außerordentlichen Erfolge erzielte Frau Meinel auch durch die Sicherstellung einer sehr konstruktiven Teamarbeit, gepaart mit einer zielorientierten Vorgehensweise. Besonders hervorheben möchten wir, dass sie die verschiedenen Aufgaben jederzeit selbstständig und auf einem sehr hohen Niveau erledigte. Die übertragenen Aufgabenbereiche hat Frau Meinel verantwortungsbewusst und stets zu unserer vollsten Zufriedenheit erfüllt.

Ihr persönliches Verhalten war stets vorbildlich. Unseren Kunden gegenüber trat sie jederzeit außerordentlich sicher und gewandt auf und war wegen ihrer fachkundigen Beratung sehr anerkannt. Bei Vorgesetzten, Kollegen und Mitarbeitern war sie sehr geschätzt.

Verhaltensbeurteilung:

Frau Meinels Verhalten wird laut Kernsatz („Ihr persönliches Verhalten war stets vorbildlich") und dem Kontext mit sehr gut bewertet.

Das Praktikum endet vereinbahrungsgemäß zum 31.12.2001. Wir danken Frau Meinel für ihre sehr gute Mitarbeit und wünschen ihr für ihre weitere berufliche Laufbahn weiterhin viel Erfolg und persönlich alles Gute.

Schlussformel:

Sie ist in Ordnung.

Fazit:

Frau Meinel erhält ein sehr gutes Zeugnis, das ihr auf ihrem weiteren Karriereweg als ausgezeichnete Referenz dienen wird.

Olpe, 31.12.2001   Alfred Birkelbach

(Redaktionsleiter)

→ 12 Business Consultant
→ 70 Projektleiter eBusiness

67 Principal eBusiness Consulting

Gesamtnote 1

ZEUGNIS

Einleitung:
Es werden alle wichtigen Daten genannt.

Herr Matthias Scheer, geboren am 9.02.1971 in Erlangen, war vom 01. 05.2000 bis zum 31.10.2002 in unserem Unternehmen als Principal eBusiness Consulting tätig.

Tätigkeitsbeschreibung:
Sie fällt relativ kurz, aber doch hinreichend detailliert aus, indem sie die Projekttätigkeit klar beschreibt.

Herr Scheer ist verantwortlich für die Einführung einer Web-Content-Management-Lösung auf Basis BlueMartini bei internationalen Großkunden. Mit Hilfe der implementierten Lösung werden die weltweiten Internet- und Extranet-Sites der Konzerne redaktionell gepflegt. In diesem Rahmen leitete Herr Scheer ein Team von 15 Consultants.

Zu Herrn Scheers Aufgaben gehörte nicht nur die Steuerung der kompletten Konzeption, Architektur und Implementierung der Anwendung, sondern auch die Unterstützung bei der Angebotserstellung und besonders das technische Consulting beim Kunden sowie die technische Projektleitung inklusive Planung, Kalkulation und Aufwandsschätzung. Zusätzlich koordinierte Herr Scheer die Zusammenarbeit mit der jeweils für das Webdesign verantwortlichen Agentur.

Besonders betonen möchten wir, dass die von Herrn Scheer erbrachte Projektleistung immer absolut überdurchschnittlich war. Sowohl Kunden als auch Projektleiter waren mit seinen Lösungen stets außerordentlich zufrieden.

Fachwissen:
Herrn Scheers Fachwissen wird mit sehr gut bewertet.

Wir lernten Herrn Scheer als außerordentlich zuverlässigen und selbstständigen Mitarbeiter kennen, dessen Arbeitsweise immer höchsten Ansprüchen genügte. Er verfügt über ein außergewöhnlich hohes Maß an Leistungsbereitschaft und Eigeninitiative. Seine ausgezeichneten Fachkenntnisse setzte er nicht nur sehr gekonnt und effektiv in der Praxis ein, sondern er war auch stets bereit, diese eigeninitiativ weiterzuentwickeln.

Leistungsbeurteilung:
In Kombination mit dem passenden Portfolio an Kernkompetenzen wird auch hier im Kernsatz ein Sehr gut vergeben.

Herr Scheer ist äußerst belastbar, arbeitet auch unter extremem Termindruck mit nicht nachlassendem Eifer sowie Qualitätsbewusstsein und verfolgt beharrlich den optimalen Prozessweg. Mit Kreativität, geschärftem Analysevermögen und sehr schneller Auffassungsgabe entwickelte er sehr gute Lösungen, die er effektiv und gewinnbringend umsetzte. Im Consulting war Herr Scheer aufgrund seiner Kompetenz, Kundenorientierung und außerordentlichen Einsatzbereitschaft ein jederzeit anerkannter und häufig frequentierter Ansprechpartner, der sich weit über die geregelte Arbeitszeit hinaus erfolgreich für unser Unternehmen einsetzte.

Kooperativität, Kollegialität und Teamorientierung prägen Herrn Scheers Verhalten. Er ist in allen Situationen kommunikativ, verantwortungsbewusst und kann sich gegen Widerstände zum Wohle des Projekts durchsetzen. Seine Mitarbeiter, die ihn stets anerkannten und sehr respektierten, führte er straff zu sehr guten Leistungen.

Verhaltensbeurteilung:
Sie fällt ebenfalls sehr gut aus.

Die ihm übertragenen Aufgaben erfüllte er in jeder Hinsicht stets zu unserer vollsten Zufriedenheit. Sein persönliches Verhalten gegenüber Vorgesetzten, Kollegen und jeglichen dritten Personen war stets vorbildlich.

Schlussformel:
Hier werden alle drei Höflichkeitselemente genannt – sehr gut.

Herr Scheer verlässt uns mit dem heutigen Tag auf eigenen Wunsch, weil er neue Herausforderungen annehmen möchte. Diese Entscheidung bedauern wir außerordentlich. Wir danken ihm gleichwohl für seine Mitarbeit und wünschen ihm weiterhin viel Erfolg und persönlich alles Gute.

Fazit:
Herr Scheer erhält ein sehr gutes Zeugnis, das er bedenkenlos einem neuen Arbeitgeber oder Personalberater vorlegen kann.

Darmstadt, 31.10.2002   Dr. Knut Schreier

(Head of Practice Group eBusiness Consulting)

68 Produktionsmitarbeiterin

Gesamtnote 1   ## ZEUGNIS

Einleitung:
Der einleitende Satz ist perfekt.

Frau Jasmin Engel, geboren am 14.07.1946 in Bonn, war vom 01.08.1995 bis zum 31.07.2000 in unserem Unternehmen als Produktionsmitarbeiterin tätig.

Tätigkeitsbeschreibung:
Sie ist zwar sehr knapp, aber sie ist ausreichend detailliert, weil Frau Engel nur für diese beiden Tätigkeitsfelder zuständig war.

Frau Engel arbeitete in unserer Abteilung für die Herstellung von Möbelknöpfen. Sie war für die Reinigung und die Holzbestückung der Automaten zuständig. Außerdem war sie für den Feinschliff der Möbelknöpfe verantwortlich.

Fachwissen:
Es wird hier nicht bewertet, weil Frau Engel zur Ausübung ihrer Aufgaben (kehren, Hölzer nachlegen) keine ausgewiesenen Fachkenntnisse benötigt.

Leistungsbeurteilung:
Sie liegt laut Kernsatz („stets zu unserer vollsten Zufriedenheit erfüllt") und dem Kontext bei sehr gut.

Frau Engel war stets gut motiviert und verfügte in jeder Hinsicht über eine ausgezeichnete Arbeitsbefähigung, sie arbeitete stets mit großer Zuverlässigkeit, Zielstrebigkeit und in hohem Arbeitstempo. Ihre Arbeitsergebnisse erfüllten stets eine sehr gute Qualität, sie war auch stärkstem Arbeitsanfall jederzeit gewachsen. Zusammenfassend lässt sich sagen, dass Frau Engel ihre Aufgaben stets zu unserer vollsten Zufriedenheit erfüllt hat.

Verhaltensbeurteilung:
Frau Engels Verhalten wird laut Kernsatz („Ihr Verhalten war jederzeit vorbildlich") und dem Kontext mit sehr gut bewertet.

Durch ihre sehr gute fachliche Leistung und ihre untadelige Persönlichkeit erwarb sie sich die Anerkennung ihrer Vorgesetzten, Kollegen und Mitarbeiter. Ihr Verhalten war jederzeit vorbildlich.

Frau Engel verlässt uns mit dem heutigen Tag auf ihren eigenen Wunsch. Wir danken ihr für die stets sehr gute Arbeit und bedauern es sehr, sie zu verlieren. Für ihre berufliche und persönliche Zukunft wünschen wir ihr alles Gute und weiterhin viel Erfolg.

Schlussformel:

Sie bestätigt die Gesamtnote des Zeugnisses.

Fazit:

Frau Engel erhält ein sehr gutes Zeugnis, mit dem sie sich auf gleichartige Stellen bewerben kann.

Müschenbach, 31.07.2000   Armin Weber

                                 (Drechslermeister)

69 Projektingenieur

ZWISCHENZEUGNIS

Einleitung:
Der einleitende Satz ist in Ordnung.

Herr dipl.-Ing. Lothar Mommsen, geboren am 14.11.1955 in Nürnberg, ist seit 01.08.1992 in unserem Unternehmen beschäftigt.

Tätigkeitsbeschreibung:
Sie ist angemessen detailliert.

Herr Mommsen ist als Projektingenieur bei BECKER + WINN in der Abteilung Anlagenabwicklung tätig. Sein Aufgabengebiet umfasst unter anderem die konstruktionsmäßige Abwicklung von Lüftungs-, Klima- und Reinraumanlagen. Durch seine gute Auffassungsgabe und sein großes Engagement wurde Herr Mommsen sehr schnell mit der technischen Gesamtbearbeitung von staatlichen und industriellen Projekten der Technischen Gebäudeausrüstung betraut. Seine große Teamfähigkeit und interkulturelle Kompetenz haben es uns ermöglicht, Herrn Mommsen auch bei internationalen Großprojekten für die Halbleiter- und Pharmaindustrie, unter anderem in Polen, Japan und Australien, einzusetzen.

Herr Mommsen war dem Geschäftsführer Vertrieb direkt unterstellt und hatte Handlungsvollmacht gemäß § 54 HGB (i.V.). Durch seine guten Kundenbeziehungen hat Herr Mommsen in dieser Zeit auch seine Kollegen in den USA bei der Akquisition eines Großprojektes für einen amerikanischen Schlüsselkunden maßgeblich unterstützt.

Während acht Jahren Unternehmenserfahrung in den Bereichen Design, Planung, Bau, Projektmanagement und kaufmännische Belange für Kunden der Halbleiterindustrie wie auch der Pharmazie hat sich Herr Mommsen den Ruf eines geschätzten Gesprächspartners und internen Beraters erworben. Er leistet aufgrund seiner Auslandserfahrung einen wesentlichen Beitrag zum internationalen Erfahrungsaustausch innerhalb des Konzerns.

Fachwissen:
Herrn Mommsens Fachwissen wird mit gut bewertet.

Herr Mommsen genießt aufgrund seines Engagements und seines guten fachlichen Wissens das uneingeschränkte Vertrauen der Geschäftsleitung und wird in alle strategisch relevanten Entscheidungen des Unternehmens einbezogen. Er identifiziert sich absolut mit seiner Arbeitsaufgabe und den Unternehmenszielen, und er zeichnet sich durch seine hohe Motivation aus, starkem Arbeitsanfall ist er jederzeit gewachsen.

Herr Mommsen nutzt die mit seiner Position verbundenen Gestaltungsmöglichkeiten stets erfolgreich und selbstständig. Aufgrund seiner Nähe zum Kunden und seinem Gespür für Veränderungen erzielt er erhebliche wirtschaftliche Erfolge für das Unternehmen. Herr Mommsen erledigt die ihm übertragenen Aufgaben stets zu unserer vollen Zufriedenheit.

Leistungsbeurteilung:
Sie liegt laut Kernsatz („stets zu unserer vollen Zufriedenheit") und dem Kontext bei gut.

Aufgrund seiner zuverlässigen, verantwortungsbewussten und kooperativen Art ist Herr Mommsen bei den Vorgesetzten, Kollegen, Mitarbeitern und Kunden gleichermaßen anerkannt und geschätzt. Sein Verhalten ist stets einwandfrei.

Verhaltensbeurteilung:
Sie liegt laut Kernsatz („Sein Verhalten ist stets einwandfrei.") und dem Kontext bei gut.

Dieses Zwischenzeugnis wurde auf Wunsch von Herrn Mommsen erstellt. Wir danken Herrn Mommsen für sein Engagement und seine stets guten Leistungen und freuen uns auf die weiterhin gute Zusammenarbeit.

Schlussformel:
Sie ist in Ordnung.

Fazit:
Herr Mommsen wird mit gut bewertet.

Bielefeld, 31.07.2000   Dr. Jürgen Emmel

                              (Personalchef)

70 Projektleiter eBusiness 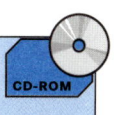 CD-ROM

→ 11 Betriebsleiter
→ 28 Geschäftsführer IT
→ 39 IT – Consultant

71 Projektleiter IT

Gesamtnote 1   ## ZEUGNIS

Einleitung:
Sie ist in Ordnung.

Herr Diplom Kaufmann Christoph Coe, geboren am 11.10.1957 in Kaufbeuren, war vom 01.07.1996 bis zum 31.07.2000 in unserem Unternehmen als Projektleiter tätig.

Tätigkeitsbeschreibung:
Sie ist angemessen detailliert.

Die Schwerpunkte von Herrn Coes komplexen Tätigkeiten gestalten sich wie folgt:

► Koordination der Mitarbeiter für die Implementierung und Betreuung der spezifischen IT-Lösungen für die ADEX AG

► Design, Implementierung, Inbetriebnahme und Betreuung von Hochverfügbarkeits- und Disaster-Recovery-Lösungen in Verbindung mit Storagesystemen im High-End-Umfeld

► Preis- und Dienstleistungsgestaltung für die IT-Prozesse "Implementierung und Betreuung von U-NIX RS/6000 AIX Servern"

► Evaluierung der Kundenanforderungen und Entwicklung von IT-Strategien im Hinblick auf Geschäftsprozesse

► Konzipieren von Storage-Lösungen für den Einsatz moderner Storage-Area-Network-Komponenten auf Basis von IBM-Produkten in den Bereichen Hochverfügbarkeit, Cluster und ausfallsichere Speicherkonfigurationen in nationalen und internationalen Projekten

► Konzeptionelle und technische IT-Beratung mit dem Schwerpunkt UNIX

► Analyse bestehender heterogener Kundensystemumgebungen und Erstellen von IT-Gesamtkonzeptionen

► Design von innovativen, individuellen, komplexen und kundenspezifischen IT-Architekturen

► Leitung von Kundenprojekten von der Geschäftsprozessanalyse bis zur technischen Implementierung

► Erstellung, Abstimmung und sukzessive Verifizierung technisch detaillierter Projektpläne

► Erarbeiten von Alternativen und Aufbereiten der optimalen IT-Branchenlösungen unter Berücksichtigung der technologischen und wirtschaftlichen Aspekte des Kunden

► Fehleranalyse, Fehlerdiagnose und Fehlerbehebung vor Ort. Unterstützung des Kunden bei Eskalationen

Herr Coe überzeugte uns in jeder Hinsicht durch seine sehr guten Fachkenntnisse und seine hervorragenden Managementqualifikationen. Die Planung, Steuerung und das Management seiner Projekte erfüllte er jederzeit sehr erfolgreich, nicht zuletzt wegen seiner sehr guten analytischen Fähigkeiten, die es ihm erlaubten, komplexe Projekte sehr effizient durchzusetzen. Seine Erfolge erzielte Herr Coe auch durch die Sicherstellung einer immer konstruktiven Teamarbeit, gepaart mit einer zielorientierten und strategischen Vorgehensweise.

Fachwissen:

Sein Fachwissen („sehr guten Fachkenntnisse") wird mit sehr gut bewertet.

Herr Coe war ein sehr engagierter, hochmotivierter und sehr belastbarer Mitarbeiter, der sich auch jenseits der tariflichen Arbeitszeit für unser Unternehmen einsetzte. In diesem Zusammenhang möchten wir besonders hervorheben, dass Herr Coe immer wieder bereit war, Sonderaufgaben zu übernehmen und sich sehr engagiert weiterbildete. In Verhandlungen bewies er stets ein hervorragendes rhetorisches Geschick, reagierte auf neue Situationen souverän und behielt auch unter extremer Belastung immer einen kühlen Kopf. Herr Coe motivierte seine Mitarbeiter stets zu hervorragenden Leistungen und außerordentlicher Effektivität, wobei er selbst als Vorbild agierte. Um seine versierte Organisations- und Planungskompetenz konzentriert einzusetzen, delegierte er Routineaufgaben jederzeit effektiv. Die übertragenen Aufgabenbereiche erfüllte Herr Coe stets zu unserer vollsten Zufriedenheit.

Leistungsbeurteilung:

Sie liegt laut Kernsatz („stets zu unserer vollsten Zufriedenheit") und dem Kontext bei sehr gut.

Bei seinen Vorgesetzten war Herr Coe wegen seiner Fachkompetenz, seiner Vertrauenswürdigkeit, seines Durchsetzungsvermögens und seiner Führungsfähigkeit, bei seinen Kollegen und unseren Kunden wegen seiner vielfältigen Kompetenzen sowie wegen seines hervorragenden Kooperationsverhaltens sehr geschätzt. Er war ein immer beliebter Ansprechpartner. Sein Verhalten zu Vorgesetzten, Mitarbeitern und Kunden war stets vorbildlich.

Verhaltensbeurteilung:

Sie wird laut Kernsatz („Sein Verhalten zu Vorgesetzten ... war stets vorbildlich") und dem Kontext mit sehr gut bewertet.

Aus betriebsbedingten Gründen endete das Arbeitsverhältnis am 31.07.2000. Wir bedauern diese Entwicklung sehr, da wir mit ihm einen ausgezeichneten Mitarbeiter verlieren. Wir danken ihm für seine stets hervorragende Arbeit und wünschen ihm weiterhin Erfolg und persönlich alles Gute.

Schlussformel:

Sie besagt, dass Herr Coe eine Kündigung erhalten hat, sie bewertet ihn mit sehr gut.

Bonn, 31.07.2000   Dr. Lothar Sauer

                 (Geschäftsführer)

Fazit:

Herr Coe wird mit sehr gut bewertet.

72 Projektleiter international  CD-ROM

73 Prüfungsassistent

Gesamtnote 3   **ZEUGNIS**

Einleitung:
Sie ist in Ordnung.

Herr Maximilian Musil, geboren am 14.02.1964 in Luckenbach, war vom 01.08.1996 bis zum 31.07.2000 in unserem Unternehmen als Prüfungsassistent tätig.

Tätigkeitsbeschreibung:
Aus ihr geht der Verantwortungsbereich von Herrn Musil deutlich hervor.

Herr Musil wurde nach der erfolgreichen Einarbeitung in die Aufgaben des Prüfungswesens als Prüfungsassistent eingesetzt. Unter der berufsüblichen Aufsicht eines Wirtschaftsprüfers war er bei der Durchführung von Jahresabschluss- und Quartalsprüfungen tätig. Der Kreis der Mandanten umfasste hierbei Handels- und Industrieunternehmen verschiedener Größe – von kleinen und mittleren Kapitalgesellschaften bis hin zu börsennotierten multinationalen Konzernen – aus den unterschiedlichsten Bereichen wie z. B. aus der Automobil- und Raumfahrtindustrie.

Fachwissen:
Herrn Musils Fachwissen wird nicht explizit bewertet, das ist negativ.

Zu Herrn Musils Aufgabengebiet gehörte die Prüfung des Anlagevermögens, der Forderungen der sonstigen Vermögensgegenstände, der Verbindlichkeiten und GuV innerhalb von Einzel- und Konzernabschlussprüfungen nach IAS. Bei seiner Arbeit setzte er sich erfolgreich mit Bilanzierungs- und Bewertungsproblemen auseinander. Im Rahmen von Ablaufuntersuchungen lernte Herr Musil verschiedene Organisations-, Buchhaltungs- und Kostenrechnungssysteme sowie das interne Berichtswesen kennen, mit diesen Instrumenten leistete er stets gute Arbeit.

Leistungsbeurteilung:
Sie liegt laut Kernsatz („Wir waren mit seinen Leistungen voll zufrieden.") und dem Kontext bei befriedigend. In der mageren Leistungsbeurteilung werden zu wenig Schlüsselkompetenzen erwähnt, außerdem war Herr Musil nicht immer in der Lage, seine Aufgaben selbstständig zu erbringen, dies ist negativ.

Wir haben Herrn Musil als einen engagierten und verantwortungsbewussten Mitarbeiter kennengelernt, der seine Aufgaben in der Regel selbstständig lösen konnte. Wir waren mit seinen Leistungen voll zufrieden.

Sein persönliches Verhalten gegenüber Vorgesetzten, Kollegen und Kunden war einwandfrei.

Verhaltensbeurteilung:

Herrn Musils Verhalten wird laut Kernsatz („Sein persönliches Verhalten...war einwandfrei") mit befriedigend bewertet. Würde in diesem Satz das Wort ‚stets' auftauchen, läge die Bewertung bei gut.

Herr Musil verlässt unsere Firma zum 31.07.2000 auf eigenen Wunsch. Wir danken ihm für die geleistete Arbeit und wünschen ihm für seinen weiteren Lebensweg alles Gute.

Schlussformel:

Hier fehlt das Bedauern über das Ausscheiden, auch das ist negativ zu bewerten.

Fazit:

Herr Musil wird mit befriedigend bewertet.

Zinhain, 31.07.2000   Peter Hütterer

(Leiter Personal und Verwaltung)

74 Qualitätsauditor

75 Sachbearbeiterin Einkauf

Gesamtnote 2

ZEUGNIS

Einleitung:

Im einleitenden Absatz fehlt das Geburtsdatum von Frau Käfer: „geboren am …" Es muss unbedingt noch nachgetragen werden, damit Frau Käfer eindeutig identifiziert werden kann.

Frau Isolde Käfer, geboren in Vissel, war vom 01.08.1999 bis zum 31.10.2002 in unserem Betrieb als Einkaufssachbearbeiterin tätig.

Tätigkeitsbeschreibung:

Frau Käfers Tätigkeiten werden im Zeugnis ausreichend detailliert beschrieben.

Frau Käfer erstellte Marktanalysen und Angebotsvergleiche für den Einkauf von Kunststoffmaterialien für unsere Herstellungsabteilung. Sie war für ein Einkaufsvolumen von 2 Millionen Euro pro Jahr verantwortlich. Sie kontrollierte die Warenlieferungen ebenso wie die Rechnungen, bei Beanstandungen bearbeitete sie die Reklamationen. Bestellungen und Verbuchen der Waren verwaltete Frau Käfer mit dem Personal-Computer.

Frau Käfer führte ihr Sachgebiet selbstständig, zum 01.08.2000 wurde ihr Handlungsvollmacht erteilt.

Fachwissen:

Es wird mit gut („vielseitige Fachkenntnisse") bewertet.

Leistungsbeurteilung:

Sie liegt laut Kernsatz („stets … vollsten Zufriedenheit") und dem Kontext bei gut. Sie wird hier nicht mit einer 1 bewertet, weil der Kernsatz an der falschen Stelle steht, er muss die Leistungsbeurteilung immer abschließen, außerdem könnten hier noch mehr Schlüsselkompetenzen erwähnt und bewertet werden. Richtige Position des Kernsatzes: unmittelbar vor der Verhaltensbeurteilung.

Frau Käfer verfügt über vielseitige Fachkenntnisse. Sie bewältigte die ihr übertragenen Aufgaben mit hohem Engagement und persönlicher Einsatzbereitschaft stets in sehr guter Qualität zu unserer vollsten Zufriedenheit. Sie zeichnete sich durch Zielorientierung, eine hohe Belastbarkeit und konsequentes und erfolgreiches Handeln aus. Dabei setzte sie ihr Fachwissen lösungsorientiert ein, entwickelte eine hohe Eigeninitiative und handelte auch in Stresssituationen planvoll und umsichtig.

Das Verhalten von Frau Käfer gegenüber Vorgesetzten, Kollegen und Kunden war vorbildlich. Mit ihrer Teamorientierung, Kooperations- und Hilfsbereitschaft hat sie sich stets Respekt und Anerkennung erworben.

Das Arbeitsverhältnis mit Frau Käfer endet mit dem heuten Tag betriebsbedingt. Wir bedauern diese Entwicklung sehr, weil wir mit ihr eine gute Mitarbeiterin verlieren. Für ihre loyalen Dienste danken wir Frau Käfer, für ihre berufliche Zukunft wünschen wir ihr alles Gute und weiterhin viel Erfolg.

Köln, 31.10.2002　　　　　　Angelika Kaufmann

　　　　　　　　　　　　　　(Geschäftsführerin)

Verhaltensbeurteilung:

Frau Käfers Verhalten wird laut Kernsatz („Das Verhalten ... vorbildlich") mit gut bewertet. Wenn in diesen Satz noch das Wort „stets" eingefügt wird, liegt die Bewertung bei sehr gut.

Schlussformel:

Frau Käfer hat eine Kündigung erhalten. Die Schlussformel bewertet sie mit gut.

Fazit:

Frau Käfer wird mit gut bewertet.

→ 18 Direktor Marketing Sales

76 Sales Manager

Gesamtnote 1 **ZEUGNIS**

Einleitung:
Sie ist in Ordnung.

Herr Jürgen Peters, geb. am 14.09.1964 in Neuwied, war vom 01.01.1995 bis zum 31.10.2002 in unserem Unternehmen als Sales Manager beschäftigt. Die BÜRDAL Deutschland erzielt bei einer Anzahl von mehr als 8.000 Mitarbeitern einen Umsatz von 3 Mrd. US-Dollar.

Tätigkeitsbeschreibung:
Sie ist detailliert.

Herr Peters verantwortete die umfassende Betreuung der Kunden auf allen relevanten Entscheidungsebenen bis zur Geschäftsführung bzw. bis zum Vorstand und Aufsichtsrat. Dabei führte er sehr erfolgreich eine systematische und methodische Kundenentwicklung durch Erarbeitung und disziplinarische Umsetzung von kurz- und langfristigen Account-Plänen unter Berücksichtigung kundenspezifischer Informatikstrategien durch. Er garantierte stets eine qualifizierte Beratung der Kunden auf einem technologisch und strategisch sehr hohen Niveau. So besitzt Herr Peters neben einem guten Wissen auf fast allen Gebieten der Informationstechnologie auch fundierte Branchenkenntnisse über Strategien, Prozesse und Lösungen im Umfeld von Banken und Industrieunternehmen.

Fachwissen:
Es („fundierten und vielseitigen Fachkenntnisse") wird mit sehr gut bewertet.

Herr Peters überzeugte uns und unsere Kunden stets und in jeder Hinsicht durch seine fundierten und vielseitigen Fachkenntnisse und seine hervorragenden Managementqualifikationen. So übernahm er die Planung, Steuerung, Lenkung und das Management von größeren Projekten, die Projektkalkulation und das Controlling im Rahmen des Projekts. Ebenso garantierte er die Ermittlung der Entscheidungskriterien der Kunden bei konkreten Projekten und deren Umsetzung in technisch wie kaufmännisch innovativen konzeptionellen Lösungsvorschlägen. Zu seinen erfolgreich abgeschlossenen Projekten zählen z. B. die gesamtheitliche Software-Verteilung im Rahmen einer integrierten System-Management-Lösung, die Generalunternehmerschaft bei der Einführung einer digitalen integrierten Handelsplattform, die Implementierung einer flächendeckenden Internet- und Extranet-Infrastruktur, die automatische Überwachung und Steuerung von Internet-Banking-Applikationen in Echtzeit oder der Aufbau eines Rechenzentrums für den Zahlungsverkehr.

Neben der fachlichen Führung von fest zugeordneten Systemberatern sowie projektspezifischen Consultants und dezidierten Vertriebsbeauftragten nahm Herr Peters die vollständige Kontrolle aller Accounts im Sinne der Steuerung aller kundenbezogenen Aktivitäten innerhalb der Matrix-Organisation wahr.

Besonders hervorheben möchten wir, dass Herr Peters die vorgegebenen Ziele und Teilziele in allen Geschäftsjahren übertroffen hat. Neben dem äußerst erfolgreichen Ausbau der Installationsbasis und des Projektgeschäfts bei Bestandskunden gelang es ihm, kontinuierlich strategisch wichtige neue Großkunden zu gewinnen. Außerdem wurden regelmäßig sehr hohe Margen erzielt, da Herr Peters über ausgefeilte Konzepte und Sales-Strategien und nicht über den Preis verkauft hat. Auch im traditionellen Geschäft hat sich Herr Peters äußerst erfolgreich gegen den Marktführer behauptet und im Vorstand und Aufsichtsrat der Kunden ein politisches Gegengewicht zu IBM gebildet.

Seine außerordentlichen Erfolge erzielte Herr Peters auch durch die Sicherstellung einer äußerst konstruktiven Teamarbeit, gepaart mit einer stark zielorientierten, strategischen Vorgehensweise und Teamführung. Herr Peters motivierte seine Teams stets in exzellenter Weise zu hervorragenden Leistungen und außerordentlicher Effektivität, wobei er selbst als Vorbild fungierte und agierte. Um seine versierte Organisations- und Planungskompetenz konzentriert einzusetzen, delegierte er Routineaufgaben stets effektiv.

Leistungsbeurteilung:
Sie liegt laut Kernsatz („stets zu unser vollsten Zufriedenheit") und dem dazugehörigen Kontext bei sehr gut.

Wir haben Herrn Peters als sehr engagierten, hoch motivierten und sehr belastbaren Mitarbeiter kennen gelernt, der sich auch jenseits der tariflichen Arbeitszeit für unser Unternehmen einsetzte. Er ist ein entscheidungsfreudiger, konsequenter und sehr kreativer Problemlöser, dessen Strategien, Konzepte und Vorschläge wir immer mit großem Erfolg in die Praxis umgesetzt haben. In Verhandlungen bewies er stets ein hervorragendes rhetorisches Geschick, reagierte auf neue Situationen souverän und behielt auch unter extremer Belastung stets einen kühlen Kopf. Bei Bedarf griff er sicher auf seine sehr guten Englischkenntnisse zurück. Auch in der innerbetrieblichen Kommunikation zeigte sich Herr Peters gewandt und informierte seine Mitarbeiter kontinuierlich und präzise. Er war ein häufig und gern frequentierter Ansprechpartner. Die ihm übertragenen Aufgaben hat er Herr Peters stets zu unserer vollsten Zufriedenheit erfüllt.

Wir möchten betonen, dass Herr Peters stets die höchstmögliche Kundenzufriedenheit erlangte und die größtmögliche Qualität der Lösungen sicherstellte. Sein Verhalten zu Vorgesetzten, Mitarbeitern und Kunden war stets vorbildlich und loyal.

Verhaltensbeurteilung:
Sie wird laut Kernsatz („Sein Verhalten ... war stets vorbildlich und loyal. „) und dem Kontext mit sehr gut bewertet.

Schlussformel:
Sie ist in Ordnung.

Leider verlässt Herr Peters unser Unternehmen mit dem heutigen Tag, um sich neuen Herausforderungen zu widmen. Wir bedauern diese Entscheidung außerordentlich und bedanken uns für seine geleisteten hervorragenden Dienste. Für seine berufliche wie private Zukunft wünschen wir ihm alles Gute und weiterhin viel Erfolg.

Fazit:
Herr Peters wird mit sehr gut bewertet.

Leipzig, 31.10.2002   Dr. Dieter Fuchs
                            (Personalchef)

77 Schreibkraft

Gesamtnote 5

ZEUGNIS

Einleitung:
Der Geburtsort fehlt.

Frau Bianca Töpfer, geboren am 13.11.1970, trat am 01.05.1997 in unsere Zweigniederlassung in München ein

Tätigkeitsbeschreibung:
Frau Töpfers Tätigkeiten werden im Zeugnis angemessen beschrieben.

Frau Töpfer war für das Schreiben von Briefen, Rechnungen und Angeboten nach Vorlagen zuständig. Die Schreibarbeiten erledigte sie mit dem Computer und der Microsoft Office Software. Außerdem war sie für den Versand der Post und die Bedienung des Fax-Gerätes zuständig.

Frau Töpfer bemühte sich, ihre Fachkenntnisse auf zufriedenstellende Weise in der Praxis einzusetzen, sie bemühte sich, alle Schreibprozesse sorgfältig zu planen. Sie war stets bemüht, den üblichen Arbeitsanfall zu bewältigen. Frau Töpfer hat die ihr übertragenen Aufgaben im Großen und Ganzen zu unserer Zufriedenheit erledigt.

Fachwissen:
Es wird mit mangelhaft bewertet.

Leistungsbeurteilung:
Sie liegt laut Kernsatz („Aufgaben im Großen und Ganzen zu unserer Zufriedenheit erledigt") und dem Kontext bei mangelhaft.

Verhaltensbeurteilung:
Sie liegt laut Kernsatz („Ihr persönliches Verhalten war im Wesentlichen einwandfrei.") bei mangelhaft.

Ihr persönliches Verhalten war im Wesentlichen einwandfrei.

Das Arbeitsverhältnis mit Frau Töpfer endet zum 13.09.2001 mit dem heutigen Tag betriebsbedingt. Wir wünschen ihr für die Zukunft alles Gute.

Schlussformel:

Sie bewertet Frau Töpfer mit mangelhaft. Das Bedauern über das Ausscheiden fehlt und der Dank für die geleistete Arbeit, die Zukunftswünsche werden nicht differenziert (persönlich und beruflich). Außerdem deutet das ‚krumme' Ausscheidungsdatum darauf hin, dass Frau Töpfer eine fristlose Kündigung erhalten hat. Ebenso negativ ist, dass Frau Töpfer nur viereinhalb Monate in dem Unternehmen gearbeitet hat.

Fazit:

Frau Töpfer wird mit mangelhaf bewertet. Das Ausstellungsdatum stimmt nicht mit dem Austrittsdatum überein, der Arbeitgeber hat sich fast zwei Monate Zeit gelassen, um dieses Zeugnis auszustellen, auch dies ist als negativ zu bewerten. Das Wort „bemüht" wird zweimal in einer Zeile erwähnt, das ist stilistisch nicht sonderlich gut.

München, 13.09.2001   Silke Meyer

(Personalchefin)

78 Schreiner

Gesamtnote 1 **ZEUGNIS**

Einleitung:
Es werden alle wichtigen Daten genannt.

Herr Hugo Kreckel, geboren am 21.05.1963 in Mörlen, war vom 01.08.1994 bis zum 31.07.2000 in unserer Tischlerei als Schreiner beschäftigt.

Tätigkeitsbeschreibung:
Sie ist nicht ausreichend detailliert. Bei einer Beschäftigungsdauer von drei Jahren sollte hier eine differenzierte Auflistung von Herrn Schneiders Aufgabenfeld stehen.

Herr Kreckel war in der Holzfensterbauabteilung tätig, dort war er für folgende Aufgaben verantwortlich:

► Aufriss der Fenster

► Zuschnitt der Fensterrahmen

► Erledigung aller anfallenden Hobel-, Fräs- und Schleifarbeiten

► Montage der Fenster und der Beschläge

► Glaserarbeiten

► Anstrich der Fenster

► Erledigung von kleineren Reparaturen unseres Maschinenparks

Fachwissen:
Es wird mit gut bewertet.

Leistungsbeurteilung:
Sie liegt laut Kernsatz („Für seine Leistungen fand er stets und in jeder Hinsicht unsere vollste Anerkennung") und dem Kontext bei sehr gut.

Herr Kreckel erfüllte seine Aufgaben schon nach kurzer Einarbeitszeit entsprechend unserer Unternehmensphilosophie mit sehr gutem Fachkönnen ausgesprochen selbstständig und verantwortungsbewusst. Wann immer erforderlich, übernahm er auch zusätzliche Aufgaben außerhalb seines eigenen Tätigkeitsbereiches. Herr Kreckel besitzt eine äußerst schnelle Auffassungsgabe, die, gepaart mit seiner hohen Motivation, ein Garant für seine exzellente Arbeitsqualität war. Zudem bildete er sich regelmäßig in den Bereichen Fensterbeschläge und Fräsautomaten sehr erfolgreich weiter. Herr Kreckel war auch stärkstem Arbeitsanfall jederzeit gewachsen. Für seine Leistungen fand er stets und in jeder Hinsicht unsere vollste Anerkennung.

Verhaltensbeurteilung:
Herrn Kreckels Führung wird laut Kernsatz („war immer vorbildlich") und dem Kontext mit sehr gut bewertet.

Sein Verhalten gegenüber Vorgesetzen, Kollegen und Kunden war immer vorbildlich, wobei die Bereitschaft offensichtlich war, sachliche Kritik zu akzeptieren oder auch sachliche Kritik zu üben.

Aufgrund tiefgreifender Umstrukturierungen, die auch die Position von Herrn Kreckel betreffen, endet sein Arbeitsverhältnis mit dem heutigen Tag betriebsbedingt. Wir bedauern diese Entwicklung sehr, weil wir mit ihm einen sehr guten Mitarbeiter verlieren. Wir bedanken uns bei ihm für seine ausgezeichnete Arbeit und wünschen ihm beruflich wie privat alles Gute.

Schlussformel:

In dieser Form steht sie unter sehr guten Zeugnissen. Herr Kreckel hat eine Kündigung erhalten.

Fazit:

Herr Kreckel wird mit sehr gut bewertet.

Mörlen, 31.07.2000 Peter Zahn

(Schreinermeister)

→ 4 Assistentin Geschäftsleitung

79 Sekretärin

Gesamtnote 1–2

ZEUGNIS

Einleitung:
Sie ist in Ordnung.

Frau Petra Kafka, geboren am 11.11.1975 in Langenbach bei Kirburg, war vom 01.08.1998 bis zum 31.08.2000 in unserem Unternehmen als Sekretärin tätig.

Tätigkeitsbeschreibung:
Frau Kafkas Tätigkeiten werden im Zeugnis detailliert beschrieben, nach unserem Ermessen dürften ihr aus der Tätigkeitsbeschreibung heraus keine Karrierenachteile entstehen.

Die Schwerpunkte von Frau Kafkas Tätigkeiten gestalteten sich wie folgt:

► Organisation des gesamten Sekretariats

► Schriftverkehr bis hin zu Flugbuchungen

► Komplette PC-Verwaltung vom Erstellen von Vorlagen bis hin zur optimalen Verwendung einzelner Programme (z. B. Microsoft Word, Excel, Windows)

► Kundenpflege und Kundenkontakte

► Terminüberwachung der Geschäftsleitung

Fachwissen:
Frau Kafkas Fachwissen („umfassenden Fachkenntnisse") wird mit gut bewertet.

Frau Kafka überzeugte uns und unsere Kunden stets durch ihre umfassenden Fachkenntnisse. Die Planung und Steuerung ihrer Aufgaben erfüllte sie immer erfolgreich, nicht zuletzt wegen ihres guten Organisationstalentes, mit dem sie ihre Ziele, die sich aus der oben genannten Tätigkeitsbeschreibung ergeben, verwirklichte.

Leistungsbeurteilung:
Sie liegt laut Kernsatz („erledigte ihre Aufgaben immer zu unserer vollsten Zufriedenheit.") und dem Kontext bei sehr gut.

Frau Kafka erledigte ihre Aufgaben stets mit großer Sorgfalt, Übersicht und Flexibilität. Sie war eine belastbare, hochmotivierte und verantwortungsbewusste Mitarbeiterin. Alle anfallenden Arbeiten erledigte sie, das möchten wir besonders hervorheben, selbstständig. Ihre PC-Kenntnisse brachte sie immer auf den neusten Stand, deshalb konnte sie ihre Ziele stets auf einem hohen Niveau umsetzen. Auch unter höchster Belastung behielt sie einen klaren Kopf. Frau Kafka erledigte ihre Aufgaben immer zu unserer vollsten Zufriedenheit.

Verhaltensbeurteilung:
Sie liegt laut Kernsatz („Verhalten war vorbildlich") und dem Kontext bei gut.

Ihr persönliches Verhalten war vorbildlich. Bei Vorgesetzten, Kollegen und Kunden war sie sehr geschätzt. Frau Kafka förderte aktiv die Zusammenarbeit, war stets hilfsbereit und stellte, falls erforderlich, auch persönliche Interessen zurück.

Frau Kafka scheidet auf eigenen Wunsch aus unserem Unternehmen aus. Wir bedauern ihre Entscheidung außerordentlich, danken ihr für ihre allzeit wertvolle Arbeit und wünschen ihr beruflich wie privat weiterhin viel Erfolg und alles Gute.

Schlussformel:

Sie ist in Ordnung, in dieser Form steht sie unter sehr guten Zeugnissen.

Fazit:

Frau Kafka wird zwischen sehr gut und gut bewertet.

München, 31.08.2000   Peter Mann

(Geschäftsführer)

82 Service-Ingenieur

Gesamtnote 3+

ZEUGNIS

Einleitung:
Der einleitende Satz ist in Ordnung.

Herr Dipl.-Ing. Johannes Zander, geboren am 14.05.1968 in Vissel, war vom 01.10.1996 bis zum 30.09.2001 in unserem Unternehmen als Service-Ingenieur beschäftigt.

Tätigkeitsbeschreibung:
In Anbetracht der Tatsache, dass Herr Zander fünf Jahre im Unternehmen beschäftigt war, ist die Auflistung seiner Tätigkeiten zu knapp.

Herr Zander war für folgende Aufgaben zuständig:

- ▶ Unterstützung des operativen Servicegeschäfts für Gesamtanlagen (Inbetriebnahme inklusive Schutz- und Leittechnikgeschäft im Teilbereich DES/Z)
- ▶ Mitwirkung an der wirtschaftlichen, funktionalen und kundenorientierten Abwicklung in den Geschäftsgebieten Montage und Inbetriebnahme von Gesamtanlagen inklusive Schutz- und Leittechnikanlagen und PLD
- ▶ Unterstützung des operativen Geschäfts der obigen Geschäftsgebiete im Rahmen der innerbetrieblich festgelegten Geschäftsstrategien

Fachwissen:
Sein Fachwissen („verfügt über ein solides Fachwissen") wird mit befriedigend bewertet.

Herr Zander verfügt über ein solides Fachwissen, das er angemessen einsetzte. Durch sein Analysevermögen und Informationsmanagement gelang es ihm, sämtliche Prozesse in seinem Team zu steuern.

Leistungsbeurteilung:
Sie liegt laut Kernsatz („unserer vollen Zufriedenheit") und dem Kontext bei befriedigend. Im Kernsatz fehlt der Zeitfaktor „stets". Mit dem Mittel des beredten Schweigens wird so zum Ausdruck gebracht, dass die attestierte „volle Zufriedenheit" nicht immer vorhanden war. Obendrein werden ihm relativ wenig Schlüsselkompetenzen zugewiesen: Belastbarkeit usw.

Seine vier Mitarbeiter motivierte und führte er zu guten Leistungen. Herr Zander hat die ihm übertragenen Aufgaben zu unserer vollen Zufriedenheit erfüllt.

Verhaltensbeurteilung:
Sie liegt laut Kernsatz („ist stets einwandfrei.") und dem Kontext bei gut.

Wir kennen Herrn Zander als höflichen und immer aufgeschlossenen Mitarbeiter. Für unsere Kunden war er wegen seiner ausgeprägten Kundenorientierung ein beliebter und häufig frequentierter Ansprechpartner. Herrn Zanders Verhalten zu Vorgesetzten, Mitarbeitern und Kunden war stets einwandfrei.

Herr Zander scheidet mit dem heutigen Tag aus unserem Unternehmen aus. Wir danken ihm für seine Arbeit und wünschen ihm für die Zukunft alles Gute.

Schlussformel:

Die sogenannte Bedauernsformel fehlt, damit wird die Gesamtnote bestätigt.

Fazit:

Herr Zander wird mit befriedigend plus bewertet.

Stuttgart, 30.09.2001   Klaus Chabowski

(Personalreferent)

83 Softewareingenieur

Gesamtnote 2

ZEUGNIS

Einleitung:
Sie ist in Ordnung.

Herr Dipl.-Ing. Hans-Peter Rabe, geboren am 11.09.1958 in Zinhain, war vom 01.01.1999 bis zum 31.01.2003 in unserem Unternehmen als Softwareingenieur in unserer Abteilung Elektrokonstruktion beschäftigt.

Tätigkeitsbeschreibung:
Herrn Rabes Tätigkeiten werden im Zeugnis detailliert beschrieben.

Herr Rabe war für folgende Aufgaben zuständig:

► Software-Entwicklung für Steuerungen von Sondermaschinen und Anlagen der Markiertechnik

► Projektabwicklung inkl. Inbetriebnahme der Anlagen im Betrieb und direkt beim Kunden

► Durchführung eines anspruchsvollen Großprojektes in der Automobilindustrie mit zweijähriger Dauer. Hier fungierte Herr Rabe als Projektleiter Steuerungstechnik und erledigte die folgenden Aufgaben:

► Erarbeitung der Spezifikation der Steuerung mit Kunden

► fast ausschließlich selbstständige Neuprogrammierung und Test der Software der Maschine

► Leitung und Durchführung der Inbetriebnahme vor Ort

► Erstellung der Dokumentation für die Software

Herr Rabe war für fünf Mitarbeiter verantwortlich.

Fachwissen:
Sein Fachwissen („umfassende Fachkenntnisse") wird mit gut bewertet.

Herr Rabe verfügt über umfassende Fachkenntnisse der Programmiersprache, der Netzwerk-Administration und diverser Office-Applikationen. Zudem ist er mit den gängigen Projektmanagementtechniken und dem TQM-Know-how voll vertraut. Herr Rabe wendet seine Fachkenntnisse stets erfolgreich in der Praxis an.

Leistungsbeurteilung:
Sie liegt laut Kernsatz („stets zu unserer vollen Zufriedenheit") und dem dazugehörigen Kontext bei gut.

Er verfügt über eine gute Organisations- und Planungskompetenz, weiß den Informationsfluss in seiner Projektgruppe gut zu managen und meistert auch Präsentationssituationen, etwa bei Ergebnisdokumentationen, mit fundierten rhetorischen Fähigkeiten. Er beherrscht zudem Englisch verhandlungssicher in Wort und Schrift.

Herr Rabe überzeugt durch sein gutes Analysevermögen und gute Problemfindungsfähigkeiten. Durch sein konzeptionelles, kreatives und logisches Denken fand er für alle auftretenden Probleme stets gute Lösungen.

Herr Rabe arbeitet sehr zielorientiert, zügig, motiviert, sorgfältig, absolut selbst-ständig und zuverlässig. Er ist flexibel, sehr belastbar, behält auch in Stress-situationen stets die Übersicht und ist immer offen für Neuerungen und In-novationen. Seine Mitarbeiter bzw. Projektteams führte Herr Rabe stets mit Übersicht und sehr solider Menschenkenntnis. Er motivierte seine Mitar-beiter zu hohen Leistungen, dabei delegierte er Routineaufgaben immer sinnvoll. Er hat die ihm übertragenen Aufgaben stets zu unserer vollen Zu-friedenheit erfüllt.

Verhaltensbeurteilung:
Sie wird laut Kernsatz („Sein Verhalten gegenü-ber ... war stets einwand-frei") und dem Kontext mit gut bewertet.

In Teamstrukturen innerhalb und außerhalb des Unternehmens integriert sich Herr Rabe problemlos. Er ist kooperativ, kommunikativ und sehr kunden-orientiert. Sein Verhalten gegenüber Vorgesetzten, Kollegen, Mitarbeitern und Kunden war stets einwandfrei.

Schlussformel:
Sie ist in Ordnung.

Herr Rabe verlässt unser Unternehmen mit dem heutigen Tag auf eigenen Wunsch. Wir bedauern diese Entscheidung sehr, danken ihm für die erfolg-reiche Arbeit und wünschen ihm für seine Zukunft beruflich wie persönlich alles Gute.

Fazit:
Herr Rabe wird mit gut bewertet.

Köln, 31.01.2003

Karl-Heinz Herbert

(Abteilungsleiter Elektrokonstruktion)

84 Softwareprogrammierer CD-ROM

85 Steuerberater

Gesamtnote 3   **ZEUGNIS**

Einleitung:
Sie ist in Ordnung.

Herr Edgar Zahn, geboren am 10.05.1965, war vom 01.07.1995 bis zum 31.01.2002 in unserer Kanzlei als Steuerberater tätig.

Tätigkeitsbeschreibung:
Sie fällt soeben hinreichend detailliert aus.

Herr Zahn war für folgende Tätigkeiten zuständig:

► Erstellung von Jahresabschlüssen für Unternehmen vorwiegend aus der Möbelindustrie

► wirtschaftliche und steuerliche Beratung unterschiedlichster Unternehmen und Rechtsformen (Schwerpunkt: betriebswirtschaftliche Beurteilung von Investitionen)

► Erstellung von Schlussbilanzen bei Unternehmensumwandlungen

► Bearbeitung von außergerichtlichen Rechtsbehelfen

► Erstellung von Steuerbelastungsvergleichen

► Anfertigung von Steuererklärungen in allen Steuergebieten

► Prüfung von Steuerbescheiden

Fachwissen:
Es wird mit („Fachkenntnisse sicher und zielgerichtet in der Praxis ein") befriedigend bewertet.

Herr Zahn setzte seine steuerlichen und betriebswirtschaftlichen Fachkenntnisse sicher und zielgerichtet in der Praxis ein; er besitzt solide PC-Kenntnisse und arbeitete sich schnell in die DATUMK-Steuerprogramme ein. Herr Zahn war gut motiviert, belastbar und verfügte über eine gute Arbeitsbefähigung, die er zuverlässig und zügig umsetzte. Die Qualität seiner Arbeitsergebnisse ist jederzeit zufriedenstellend. Herr Zahn hat die ihm übertragenen Aufgaben zu unserer vollen Zufriedenheit erfüllt.

Leistungsbeurteilung:
Sie liegt laut Kernsatz („unserer vollen Zufriedenheit.") bei befriedigend. Hier fehlt der Zeitfaktor „stets" („jederzeit", „immer"). Mit dem Mittel des beredten Schweigens wird hierdurch zum Ausdruck gebracht, dass die attestierte „volle Zufriedenheit" nicht immer vorhanden war. Der Kontext zum Kernsatz bewertet ihn ebenfalls mit befriedigend.

Herr Zahn konnte fachlich und persönlich überzeugen und erwarb sich die Anerkennung seiner Vorgesetzten, Kollegen und Kunden.

Verhaltensbeurteilung:

Sie liegt laut Kernsatz („Herr Zahn konnte fachlich und persönlich überzeugen") bei befriedigend.

Das Arbeitsverhältnis mit Herrn Zahn endet mit dem heutigen Tag betriebsbedingt. Wir danken ihm für die Mitarbeit und wünschen ihm für seine Zukunft alles Gute und weiterhin viel Erfolg.

Schlussformel:

Herr Zahn hat eine Kündigung erhalten. In der Schlussformel fehlt das Bedauern über sein Ausscheiden, das ist negativ, damit wird die Gesamtbewertung des Zeugnisses bestätigt.

Fazit:

Herr Zahn wird mit befriedigend bewertet. Es ist fraglich, ob er mit diesem Zeugnis Erfolg bei seinen Bewerbungen haben wird.

Köln, 31.01.2002   Peter Schmitt

(Steuerberater)

87 Systemtechniker

Gesamtnote 4–5

ZEUGNIS

Einleitung:
Der einleitende Absatz ist in Ordnung.

Herr Detlef Orthen, geboren am 12.11.1958 in Wissen, war vom 01.08.1999 bis zum 17.4.2000 in unserem Unternehmen als Systemtechniker beschäftigt.

Tätigkeitsbeschreibung:
Herr Orthen wurde zum größten Teil nur für einfache Arbeiten eingesetzt, dieses Tätigkeitsprofil empfiehlt ihn nicht als guten Systemtechniker, die weitere Bewertung bestätigt dies.

Herrn Orthen war für die Betreuung unserer PC-Systeme zuständig. Zu seinen Hauptaufgaben gehörten:

► Vernetzung von Druckern und Computern

► Installation von Software

► Erledigung von leichteren Reparatur-Arbeiten

► Mitarbeit bei der Bestellabwicklung

Fachwissen:
Herrn Orthens Fachwissen („solides Grundwissen in seinem Arbeitsbereich") wird mit ausreichend bewertet.

Herr Orthen verfügt über ein solides Grundwissen in seinem Arbeitsbereich. Wir bestätigen Herrn Orthen gerne, dass er sich durch sein analytisches und zielgerichtetes Vorgehen auszeichnete. Seine Kreativität und intellektuelle Beweglichkeit ermöglichten es ihm, Probleme zu lösen. Herr Orthen hat unseren Erwartungen entsprochen.

Leistungsbeurteilung:
Der Kernsatz („Herr Orthen hat unseren Erwartungen entsprochen.") und der Kontext bewertet ihn mit befriedigend bis ausreichend. Die Formulierung „Wir bestätigen Herrn Orthen gerne", ist negativ, sie impliziert, dass die folgende Einschätzung von Herrn Orthen eingefordert wurde. Außerdem werden zu wenige Schlüsselkompetenzen genannt: Belastbarkeit, Motivation, Verantwortungsbewusstsein usw.

Sein persönliches Verhalten gegenüber Kollegen und Geschäftspartnern war einwandfrei.

Verhaltensbeurteilung:

Herrn Orthens Verhalten wird laut Kernsatz („Sein persönliches Verhalten gegenüber Kollegen und Geschäftspartnern war einwandfrei") mit mangelhaft bewertet. Weil die Vorgesetzten fehlen, weiß der Leser, dass Herr Orthen erhebliche Probleme mit ihnen hatte.

Das Arbeitsverhältnis mit Herrn Orthen endet zum 17.04.2000 betriebsbedingt. Wir wünschen ihm für die Zukunft alles Gute.

Schlussformel:

Das Bedauern über das Ausscheiden und der Dank für die geleistete Arbeit fehlen, das ist negativ. Außerdem wurde Herr Orthen fristlos entlassen, weil er an einem unüblichen Tag (17. eines Monats, nicht 15. oder 30.) entlassen wurde.

Fazit:

Herr Orthen wird mit ausreichend bis mangelhaft bewertet.

Betzdorf, 17.04.2000   Bernd Schuster

                             (Personalchef)

88 Telefonistin

Gesamtnote 4 **ZEUGNIS**

Einleitung:
Sie ist in Ordnung.

Frau Nelli Klein, geboren am 10.11.1946 in Jena, war vom 01.08.1998 bis zum 31.07.2001 in unserem Unternehmen als Telefonistin tätig.

Tätigkeitsbeschreibung:
Sie sollte ausführlicher sein.

Frau Klein nahm in unserem Unternehmen alle Gespräche an und verband die Gesprächsteilnehmer mit den entsprechenden Kollegen in den verschiedenen Abteilungen.

Fachwissen:
Frau Kleins Fachwissen wird nicht bewertet, das ist auch nicht nötig, weil ihr Aufgabenfeld nur ein minimales Fachwissen voraussetzt.

Frau Klein war stets zuverlässig, pünktlich und einsatzbereit. Sie hat ihre Aufgaben zu unserer vollen Zufriedenheit erfüllt.

Leistungsbeurteilung:
Sie liegt laut Kernsatz („zu unserer vollen Zufriedenheit") und dem mageren Kontext bei befriedigend bis ausreichend. Hier werden zu wenige Schlüsselkompetenzen (Motivation, Verantwortungsbewusstsein, Belastbarkeit usw.) genannt.

Verhaltensbeurteilung:
Frau Kleins Verhalten („Verhältnis zu ihren Mitarbeitern") wird mit ausreichend bewertet. Ihre Vorgesetzten werden hier nicht erwähnt, das deutet darauf hin, dass Frau Klein Probleme mit ihnen hatte.

Frau Klein hatte stets ein gutes Verhältnis zu ihren Kollegen, was zu einem produktiven Arbeits- und Betriebsklima führte.

Wir danken Frau Klein für ihre Leistungen und wünschen ihr auf dem weiteren Berufs- und Lebensweg alles Gute und viel Erfolg.

Schlussformel:

Hier wird nicht der Grund des Ausscheidens (Auf eigenen Wunsch/Kündigung?) genannt, das ist sehr negativ, weil Spekulationen hier freier Lauf gewährt wird. Außerdem fehlt das Bedauern über das Ausscheiden.

Fazit:

Frau Klein wird mit ausreichend bewertet. In der Schlussformel werden zwar die angeblichen „guten Leistungen" gewürdigt, aber sie werden nicht zeugnisgerecht vorher formuliert. Ausstellungsort- und datum (31.07.2001) müssen am Ende des Zeugnisses noch eingefügt werden.

Peter Achs

(Geschäftsführer)

89 Verkaufsaufsicht Spielhalle CD-ROM

→ 4 Assistentin Geschäftsleitung

90 Verkaufsleiter Export

Gesamtnote 1

ZWISCHENZEUGNIS

Einleitung:
Hier sind alle wichtigen Daten genannt.

Herr Manuel Beltran, geb. am 06.07.1974 in Lünen, ist seit dem 01.09.1998 in unserem Hause als Verkaufsleiter Export tätig.

Tätigkeitsbeschreibung:
Sie ist sehr ausführlich gehalten und listet sogar einzelne wichtige Erfolge von Herrn Beltran auf.

In dieser Position ist Herr Beltran verantwortlich für

► die Akquisition von neuen Franchisepartnern für unsere Sportartikel-Tochtergesellschaft in ganz Europa

► die Akquisition von neuen Händlern

► die Betreuung unserer Generalimporteure und Händler in Europa, USA und Australien

► die Planung und Umsetzung von Jahresbudgets

► die Führung eines Teams von 15 Verkäufern in Deutschland und Europa

► den Aufbau eines eigenen Vertriebsnetzes für Italien, Frankreich, England und Spanien, woraus wiederum in den nächsten 2 Jahren weitere 10–15 neue Franchise-Partnerverträge gewonnen werden

Des Weiteren steht Herr Beltran in engem Kontakt mit unseren Produktmanagern, um ihnen mit seiner internationalen Erfahrung bei der Mitgestaltung von Produktneuheiten für den internationalen Markt unterstützend zur Seite zu stehen.

Bis heute verbuchte Herr Beltran zahlreiche Erfolge beim Aufbau unseres Unternehmens:

► Steigerung der Pre-order unserer Kunden um über 55 % zum Vorjahr

► zusammen mit seinem Team Umsatzsteigerung von 22 % in der Saison 2000, trotz eines allgemeinen Rückganges in der gesamten Sportartikelbranche in Europa, mit voraussichtlicher weiterer Umsatzsteigerung von 25 % in der Saison 2002

► Akquisition von 35–40 neuen Franchisepartnern in Schweden, Finnland, Belgien und der Schweiz

► Aufbau eines Vertriebsnetzes in Portugal, Griechenland und Ungarn mit einem erwarteten Umsatz von jeweils circa 1,5 Mio. EURO im ersten Jahr und der geplanten Gründung von 10–15 neuen Franchisestores in den nächsten zwei Jahren

Herr Beltran verfügt über ein hervorragendes produkt- und verkaufsbezogenes Fachwissen, welches er kontinuierlich noch erweitert und außerdem sehr gekonnt und flexibel in der Praxis einsetzt. Durch seine jahrelangen Erfahrungen in der Logistikbranche kann Herr Beltran die von uns benötigten ausgefeilten Logistikkonzepte nicht nur entwickeln, sondern auch sehr erfolgreich umsetzen. Da in unserem Unternehmen zahlreiche Artikel und vier absolute Topmarken im Bekleidungsbereich vertrieben werden und diese zum Teil im obersten Preisbereich liegen, verfügt Herr Beltran zusätzlich über die nötige Erfahrung im Umgang mit erklärungs- und präsentationsbedürftigen Produkten.

Fachwissen:
Es wird ebenfalls ausführlich und mit sehr gut gewürdigt.

Projekte managt Herr Beltran stets mit fundierter Organisations- und Planungskompetenz sowie effektiver Umsetzungsorientierung. Kreativität, hohe Kommunikationsfähigkeit, außerordentliches Verhandlungsgeschick und ein natürliches Verkaufstalent prägen Herrn Beltrans Arbeitsstil. Er verfolgt seine Tätigkeit mit hohem persönlichen Interesse und setzt sich über eine geregelte Arbeitszeit hinaus für unser Unternehmen ein. Belastbarkeit, Zielorientierung, Leistungsstärke und Verantwortungsbewusstsein sind für Herrn Beltran selbstverständlich.

Leistungsbeurteilung:
Umfangreiche Kernkompetenzen und ein ausgezeichneter Kernsatz ergeben die Note sehr gut.

Sein Team führt er durch sein Vorbild an Tatkraft und einen kooperativen Führungsstil zu stets sehr guten Leistungen. Herr Beltran hat die selbst und von uns gesteckten, hohen Ziele nicht nur erfüllt, sondern sogar übertroffen. Wir sind mit seinen Leistungen stets und in jeder Hinsicht außerordentlich zufrieden.

Verhaltensbeurteilung:
Hier wird ein Gut bis Sehr gut vergeben.

Wir kennen Herrn Beltran als teamorientierten, höflichen und stets hilfsbereiten Mitarbeiter, der als Führungskraft auch das nötige Durchsetzungsvermögen zeigt. Sein Verhalten gegenüber Vorgesetzten, Kollegen und jeglichen dritten Personen ist stets einwandfrei.

Schlussformel:
Man dankt Herrn Beltran und hofft auf eine weitere Zusammenarbeit. Auch dies bedeutet die Note sehr gut.

Dieses Zwischenzeugnis wird aufgrund eines Gesellschafterwechsels ausgestellt. Wir bedanken uns bei Herrn Beltran für seine bisherigen wertvollen Dienste und hoffen auf eine noch lange währende erfolgreiche Zusammenarbeit.

Fazit:
Herr Beltran erhält ein sehr gutes Zwischenzeugnis, mit dem er sich bedenkenlos bewerben kann.

Hamburg, 01.10.2002   Erich Meinken

(Geschäftsführender Gesellschafter)

91 Verkaufsleiter Innendienst CD-ROM

92 Verkaufssachbearbeiter

Gesasmtnote 2   ## ZWISCHENZEUGNIS

Einleitung:
Sie ist in Ordnung.

Herr Jürgen Orthmann, geboren am 11.11.1955 in Siegen, ist seit dem 01.08.1995 in unserem Unternehmen als Verkaufssachbearbeiter tätig.

Tätigkeitsbeschreibung:
Sie ist vom Umfang her angemessen. Leider erwähnt der Arbeitgeber von Herrn Orthmann auf Platz 2 der Tätigkeitsauflistung, dass er allgemeine Büroarbeiten erledigte. Die Auflistung sollte hierarchisch aufgebaut sein, deshalb sollten die Büroarbeiten an der letzten Position stehen.

Sein Aufgabengebiet umfasst folgende Tätigkeiten:

► Betreuung und Unterstützung unseres internationalen Kundenstammes

► Erledigung allgemeiner Büroarbeiten

► Koordination des Bestell- und Lieferwesens zwischen Kunden und der Muttergesellschaft in England und der deutschen Gesellschaft

► Erstellen von Angeboten auf der Grundlage unserer Geschäftskonditionen

► Reklamationsannahme und Koordination der Serviceleistungen

► Abruf von terminierten Vorgängen aus der EDV-Anlage und Koordination der notwendigen Maßnahmen

► Abrechnung der Aufträge inklusive Rechnungserstellung

► Annahme und Bearbeitung von schriftlichen und telefonischen Aufträgen

► Organisation von Verkaufsmessen

Fachwissen:
Es wird mit gut bewertet.

Herr Orthmann verfügt über ein gutes Fachwissen, das er immer sehr kompetent angewendet. Seine Aufgaben führt er mit Verantwortungsbewusstsein, Umsicht und hohem Engagement aus. Wir kennen ihn als ausdauernden und gut belastbaren Mitarbeiter, der sich auch jederzeit kompetent auf Neuerungen einstellt. Er arbeitet selbstständig und zielgerichtet, wobei er immer gute Lösungen erzielt. Wir schätzen Herr Orthmann als pflichtbewussten und zuverlässigen Mitarbeiter. Bei Bedarf setzt er seine guten Englischkenntnisse erfolgreich ein. Seine Leistungen haben unseren Erwartungen und Anforderungen stets voll entsprochen.

Leistungsbeurteilung:
Sie liegt laut Kernsatz („Seine Leistungen haben unseren Erwartungen und Anforderungen stets voll entsprochen.") und dem Kontext bei gut.

Verhaltensbeurteilung:
Sie liegt laut Kernsatz („Das Verhalten ... war stets einwandfrei") und dem Kontext bei gut.

Das Verhalten von Herrn Orthmann gegenüber Vorgesetzten, seine Integration im Kollegenkreis und sein offener Zugang zu den Mitarbeitern waren stets einwandfrei. Besonders hervorzuheben ist seine Eigenschaft, bei komplizierten Entscheidungen den Konsens zu suchen und zu finden.

Dieses Zwischenzeugnis erstellen wir auf Wunsch von Herrn Orthmann wegen eines Wechsels in der Filialleitung. Für seine bisherige gute Arbeit danken wir ihm sehr und wünschen ihm auch weiterhin viel Erfolg in unserem Unternehmen.

Schlussformel:

In dieser Form steht sie unter guten Zeugnissen.

Fazit:

Herr Orthmann erhält die Note gut. Die Tätigkeitsauflistung sollte nachträglich noch korrigiert werden.

Siegen, 31.07.1998

Achim Saube

(Personalchef)

93 Verlagsobjektleiterin

Gesamtnote 1 **ZEUGNIS**

Einleitung:
Hier werden alle wichtigen Daten genannt.

Frau Marion Kühne, geboren am 29.01.1963 in Bramsche, war vom 01.10.1996 bis zum 30.09.2002 in unserem Unternehmen als Verlagsobjektleiterin Wirtschaftsmagazine beschäftigt.

Tätigkeitsbeschreibung:
Sie fällt sehr detailliert und richtig geordnet aus.

Diese Position beinhaltete die folgenden verschiedenen Tätigkeiten und weitreichende Verantwortlichkeiten:

► Verlagsobjektleitung für das wöchentliche Wirtschaftsmagazin „Superbörse" inklusive Objektergebnis

► sämtliche unternehmerischen Maßnahmen für den Objekterfolg, insbesondere das Produktmarketing

► Bericht an die Verlagsgeschäftsführung

► Führung von 14 Mitarbeitern für Anzeigenverkauf, Produktmarketing, Online-Publishing und Verantwortung für die 25 Redakteure bzw. Mitarbeiter umfassende Superbörse-Redaktion

► Zusammenarbeit mit und Steuerung der Chefredaktion für Produktkonzeption, Markenführung, Auflagenwachstum

► strategische Angebotskonzeption und Preispolitik im Anzeigen- und Lesermarkt

► Steuerung der Verlagsfachbereiche Vertrieb/Handel, Vertrieb/Abonnement, Werbeabteilung, PR/Kommunikation, Herstellung, Marktforschung und Anzeigenadministration bezüglich der operativen Objektmaßnahmen, dabei Koordination bzw. Führung von weiteren sechs objektzuständigen Mitarbeitern der Fachbereiche

Fachwissen:
Es wird mit sehr gut benotet.

Unter Frau Kühnes Regie erzielte das Objekt Umsatzerlöse in Höhe von zuletzt 8 Mio. Euro aus Vertriebsumsatz und Anzeigen. Frau Kühne bewies in ihrer Position ein jederzeit verfügbares, tiefgehendes Fachwissen, das sie gekonnt in der Praxis einsetzte. Mit fundierter Marktkenntnis, ausgezeichneten Managementfähigkeiten und viel Übersicht führte sie das Projekt „Superbörse" schon im Jahr 1998 zum Erfolg. Dabei bewies sie eine äußerst schnelle Auffassungsgabe und ein hohes Maß an Flexibilität, um den Unwägbarkeiten einer Produktneueinführung effektiv zu begegnen. Mit großer Beharrlichkeit verfolgte Frau Kühne alle Teilziele und -projekte, war jederzeit über den Status Quo informiert und ergriff umgehend die richtigen Maßnahmen.

Aufgrund ihrer Kompetenz und großen Erfahrung konnte Frau Kühne die verschiedensten an den Prozessen beteiligten Personen vereinen. Durch geschickte Verhandlungsführung, überzeugendes Auftreten und präzise Darstellung der Vorzüge des Objektes gelang es ihr, kontinuierlich renommierte Anzeigenkunden zu gewinnen und zu halten. Mit sicherem Gespür für die Leserzielgruppe wählte sie die adäquaten Marketingmaßnahmen und wahrte die ständige Arbeit am Produkt inklusive Covergestaltung, Themenmischung und Heftausstattung.

Leistungsbeurteilung:
Gepaart mit zahlreichen positiven Kernkompetenzen reflektiert der Kernsatz die Note sehr gut.

Frau Kühne ist Neuem gegenüber stets aufgeschlossen und setzt vielversprechende Ideen, falls nötig auch gegen Wiederstände, konsequent zum Wohle des Unternehmens um. Dabei schließt sie ihre Mitarbeiter in die Entscheidungsvorgänge ein und schafft es so, eine leistungsfördernde, motivierende Arbeitsatmosphäre zu schaffen. Ihre Mitarbeiter motivierte sie zu gleichbleibend sehr guten Leistungen. Frau Kühne setzte sich mit Engagement kompromisslos für den Erfolg des Objektes ein und erfüllte alle Aufgaben stets sorgfältig und gleichwohl zügig zu unserer vollsten Zufriedenheit.

Wir kennen Frau Kühne als kommunikative, kontaktstarke und offene Mitarbeiterin, die jederzeit das volle Vertrauen ihrer Vorgesetzten und Mitarbeiter genoss. Sie war innerhalb wie außerhalb des Unternehmens eine angesehene und sehr geschätzte Ansprechpartnerin. Ihr Verhalten gegenüber Vorgesetzten, Mitarbeitern und Externen war jederzeit vorbildlich.

Verhaltensbeurteilung:
Frau Kühnes Verhalten wird ebenfalls mit sehr gut benotet.

Zu unserem großen Bedauern hat die Verlagsleitung beschlossen, das Projekt „Superbörse" zum 30.09.2002 aufgrund des seit letztem Jahr extrem schwierigen Marktumfeldes einzustellen und das Arbeitsverhältnis mit Frau Kühne betriebsbedingt zu beenden. Wir danken Frau Kühne für ihre hervorragende Aufbauarbeit und wünschen ihr für ihre Zukunft beruflich wie privat alles Gute und weiterhin viel Erfolg.

Schlussformel:
Sie erklärt das Ende von Frau Kühnes Arbeitsverhältnis. So wird ein bitterer Nachgeschmack bzw. der eventuelle Zweifel am Grund der Kündigung minimiert.

Fazit:
Frau Kühne erhält ein hervorragendes Zeugnis, das allerdings und natürlich die wirtschaftlichen Umstände und die daraus resultierende Kündigung nicht verhehlen kann.

München, 30.09.2002   Xaver Sauerborn

                              (Leiter Personal)

94 Vertriebsassistentin

Gesamtnote 1   ## ZEUGNIS

Einleitung:
Sie ist in Ordnung.

Frau Caroline Bierman, geboren am 14.01.1968 in Bonn, war vom 01.08.1995 bis zum 31.07.2001 in unserem Unternehmen als Vertriebsassistentin tätig.

Tätigkeitsbeschreibung:
Sie ist sehr ausführlich, länger sollte die Auflistung auf keinen Fall sein.

Die Schwerpunkte von Frau Biermans vielseitigen Tätigkeiten gestalteten sich wie folgt:

1. Vertriebs-Aktivitäten:

▶ Internet-Recherche zu Kundendaten (Adresse, Betriebsgröße usw.)

▶ Koordination eingehender Kunden- und Berateranfragen

▶ Erstellen, Korrigieren und Zusenden von Angeboten, Verträgen, Systemanforderungen

▶ Erstellen von Präsentationsunterlagen/ Foliencharts mit Powerpoint

▶ Pflege der Interessenten- und Kundenadressen auf EDV-Basis und in Ablageform

▶ Organisation und Überwachung von internen Sitzungen, Schulungen, Workshops, Präsentationen, Partnerbesprechungen

▶ Erfassung der Tätigkeitsnachweise und Übergabe/ Neuanlage aller Mitarbeiternachweise

2. IT-Aktivitäten:

▶ Programmieren und Anpassen von Adressdatenbanken in MS-Access

▶ Verwaltung aller Formulare und der Know-how Datenbank Lotus Notes

▶ Lotus Notes: Projektmanagement, Programmieren, Dokumentenverwaltung

▶ Programmieren in Word und Excel

▶ Betreuung und Einweisung neuer Mitarbeiter in Microsoft Office Programme

3. Controlling:

▶ Vertragscontrolling zur Überführung der DITRS-Kundenverträge

▶ Kontrolle der Lizenzen und Versionierung

▶ Analyse der Verträge bezüglich Standardoption und Sondervereinbarung

▶ Analyse der vereinbarten Zahlungsmodalitäten und gegebenenfalls Abweichungen und Sonderkonditionen

▶ Erstellen und fortlaufende Erfassung der Projektstandsberichte

▶ Erfassen und tracking von Controlling Informationen, um finanzielle und organisatorische Reports auszuarbeiten (MS-Excel und MS-Powerpoint)

4. Allgemeine organisatorische Aktivitäten:

► Einarbeitung neuer Mitarbeiter in der Verwaltung

► Termin- und Reisekoordination einschließlich der dazugehörigen Flug-, Bahn-, Mietwagen- und Hotelbuchungen

► Bearbeitung der Eingangs- und Ausgangsrechnungen (Rechnungskontrolle)

► Prüfung und Aufbereitung von Rechnungen für die Buchhaltungs-Abteilung

► Einkauf: Angebotseinholung und Beschaffung von Büromaterialien, EDV-Zubehör, Verbrauchsmaterial

► Bank- und Kassenverwaltung

Frau Bierman besitzt sehr gute Fachkenntnisse. Hohes Engagement, außerordentliche Belastbarkeit, Kreativität und ergebnisorientiertes Handeln waren für Frau Bierman jederzeit selbstverständlich. Sie verband ihr ausgeprägtes Analysevermögen mit sehr gutem rhetorischen Geschick und Souveränität in jeder nur erdenklichen Kommunikationssituation. Sie überblickte jederzeit schwierige Zusammenhänge, erkannte das Wesentliche und war in der Lage, sehr schnell gute und praktikable Lösungen umzusetzen. Sie erledigte auch unter extremer Belastung ihre Aufgaben sehr gut. Sie war stets darauf bedacht, sich professionell weiterzubilden. Hervorzuheben sind hier ihre Schulungen in Business English für Vertriebstätigkeiten und die Erweiterung ihrer Kenntnisse in Lotus Notes. Bei Bedarf griff sie auf ihre sehr guten Englisch-, Französisch- und Spanischkenntnisse zurück. Wir waren mit den Leistungen von Frau Bierman in jeder Hinsicht außerordentlich zufrieden.

Fachwissen:
Es wird mit sehr gut bewertet.

Leistungsbeurteilung:
Sie liegt laut Kernsatz („Wir waren mit den Leistungen von Frau Bierman in jeder Hinsicht außerordentlich zufrieden.") und dem Kontext bei sehr gut.

Ihr persönliches Verhalten war immer vorbildlich. Bei Vorgesetzten, Kollegen und Kunden war sie sehr geschätzt. Frau Bierman förderte aktiv die Zusammenarbeit, übte und akzeptierte sachliche Kritik, war stets hilfsbereit und stellte, falls erforderlich, auch persönliche Interessen zurück.

Verhaltensbeurteilung:
Sie liegt laut Kernsatz („Ihr persönliches Verhalten war immer vorbildlich") und dem Kontext bei sehr gut.

Frau Bierman scheidet auf eigenen Wunsch aus unserem Unternehmen aus, weil sie sich als IT-Systemkauffrau weiter qualifizieren möchte. Wir bedauern ihre Entscheidung sehr, da wir eine sehr gute Mitarbeiterin verlieren. Wir danken ihr für ihre stets hervorragende Arbeit in unserem Unternehmen und wünschen ihr weiterhin viel Erfolg und persönlich alles Gute.

Schlussformel:
In dieser Form steht sie unter sehr guten Zeugnissen.

Fazit:
Frau Bierman erhält ein sehr gutes Zeugnis, das ihr auf ihrem weiteren Karriereweg als ausgezeichnete Referenz dienen wird.

Bonn, 31.07.2001

Dr. Bernhard Geyer
(Personalchef)

95 Vertrieb – Regionalleiter
96 Vertriebsleiter

CD-ROM

→ 62 Personal/Organisations-Leitung
→ 96 Vertriebsleiter

97 Vorstand Vertrieb/Personal

Gesamtnote 1–2

ZEUGNIS

Einleitung:
Gleich in der Einleitung wird die hohe Position von Herrn Kramer dokumentiert.

Herr Frank Kramer, geboren am 30.04.1968 in Berlin, war vom 01.09.2000 bis zum 30.08.2002 als Vorstand für die Ressorts Vertrieb und Personal und einer von zwei Gründungsgesellschaftern der am 01.09.2000 gegründeten maximum-power.de Aktiengesellschaft tätig.

Tätigkeitsbeschreibung:
Sie lässt durch ihre Detaillierung keinen Zweifel an Herrn Kramers Kompetenz und Verantwortung.

Herr Kramer widmete sich intensiv dem Aufbau einer tragfähigen Vertriebsstruktur für das Unternehmen. Hierzu wählte er vor allem den Weg des Direktvertriebs mit Fokus auf mittelständische Unternehmen. Parallel organisierte er, hauptsächlich über Personalberater, die Suche und Auswahl unseres kompetenten Mitarbeiterteams.

Sowohl bei der Auswahl als auch bei der Führung der Mitarbeiter bewies Herr Kramer eine glückliche Hand, wodurch heute die Arbeitsatmosphäre im Unternehmen durch Offenheit, Kooperation, Kreativität und Leistungsstärke geprägt ist.

Besonderen Wert legte Herr Kramer auf die Schulung und Weiterbildung der Vertriebsmitarbeiter, indem er diesen Bereich teilweise persönlich übernahm.

Fachwissen:
Obwohl auf das Fachwissen nur kurz eingegangen wird, kann man es mindestens im Bereich von gut ansiedeln.

Herr Kramer ist sehr kompetent, besitzt fundierte Marktkenntnisse und überzeugte uns stets durch seine innovativen Ideen und Strategien.

Hervorzuheben ist, dass das Unternehmen bereits 1,5 Jahre nach seiner Gründung den Break-Even in einem aktuell äußerst schwierigen wirtschaftlichen Umfeld erreicht hat. Dies dokumentiert nicht nur Herrn Kramers Gespür für erfolgreiche Geschäftsideen, sondern auch seine Fähigkeit zur soliden Aufbauarbeit.

Dynamik, Tatkraft und konsequentes Handeln prägten Herrn Kramers Arbeitsstil. Er war als Führungskraft jederzeit anerkannt und respektiert. Bei unseren Kunden war er wegen seiner Fähigkeiten zur klaren Vermittlung unseres Kernproduktes und den damit verbundenen Wettbewerbsvorteilen ein sehr beliebter Ansprechpartner. Der Aufsichtsrat schätzte besonders seine effektiven Managementfähigkeiten.

Als sehr kommunikativer, äußerst kontaktstarker und hochflexibler Manager verfügt Herr Kramer über eine äußerst schnelle Auffassungsgabe und fand mit präzisem Analysevermögen sowie Geschick sehr gute Lösungen, die er stets gewinnbringend umsetzte. Er trat jederzeit verbindlich und offen auf, wodurch er unser Unternehmen als Gründer und Vorstand hervorragend repräsentierte. In Präsentationen überzeugte er durch eine klare Strukturierung und versierte Rhetorik Kunden und Investoren nachhaltig.

Verhaltensbeurteilung:
Herrn Kramers Verhalten ist über fast jeden Zweifel erhaben – gut bis sehr gut.

Wir waren daher mit Herrn Kramers Leistungen stets sehr zufrieden. Sein Verhalten gegenüber dem Aufsichtsrat, seinen Vorstandskollegen, seinen Mitarbeitern sowie unseren Kunden war stets einwandfrei.

Leistungsbeurteilung:
Die Leistungsbeurteilung wird durch ein geeignetes Portfolio an Kernkompetenzen angereichert und liegt bei sehr gut minus.

Leider verlässt Herr Kramer unser Unternehmen auf eigenen Wunsch, um sich einer neuen Aufbauarbeit und der damit verbundenen Herausforderung zu widmen. Parallel dazu verkaufte er seine Aktienanteile komplett. Das Unternehmen befindet sich aktuell in einer sehr guten Marktposition und auf solidem Wachstumskurs, weshalb wir Herrn Kramers Entschluss umso mehr bedauern. Gleichwohl bedanken wir uns für seine geleistete hervorragende Aufbauarbeit und wünschen ihm für die Zukunft alles Gute und weiterhin viel Erfolg. Falls erforderlich und möglich, würden wir jederzeit auf ihn als externen Berater zurückgreifen.

Schlussformel:
Hier wird noch einmal sehr deutlich die gute Situation des Unternehmens erläutert, so dass der freiwillige Weggang von Herrn Kramer noch einmal untermauert wird.

Fazit:
Herr Kramer erhält ein ausgezeichnetes Zeugnis. Die Gründe seines Weggangs scheinen persönlicher Natur zu sein und nicht mit einer eventuell schlechten Situation des Unternehmens zusammenzuhängen.

Hamburg, 30.08.2002

Graf Hubertus von Lippe

(Vorsitzender des Aufsichtsrates)

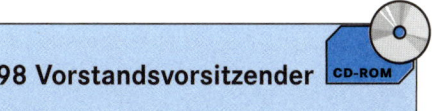

98 Vorstandsvorsitzender CD-ROM

99 Werkstattmeister

Gesamtnote 2

ZEUGNIS

Einleitung:
Sie ist perfekt.

Herr Marcel Menzel, geboren am 01.10.1949 in Öttingen, war vom 01.08.1997 bis zum 31.07.2001 in unserem Unternehmen als Werkstattmeister beschäftigt.

Tätigkeitsbeschreibung:
Herrn Menzels Tätigkeiten werden im Zeugnis ausreichend detailliert beschrieben, so dass sich jeder mögliche Arbeitgeber ein Bild von seinen Kompetenzen und Fähigkeiten machen kann. Nach unserem Ermessen dürften ihm aus der Tätigkeitsbeschreibung heraus keine Karrierenachteile entstehen.

Herr Menzel war für die Leitung unserer Abteilung Rohrschlangenbiegung zuständig, hier war er für acht Mitarbeiter verantwortlich. Er war für die Planung, Durchführung und Kontrolle sämtlicher Arbeitsprozesse in dieser Abteilung zuständig. Herr Menzel plante den Einsatz seiner Mitarbeiter an den Fertigungsmaschinen in allen Prozessabfolgen. In Absprache mit unserem Schweißingenieur kontrollierte er die Schweißarbeiten seiner Mitarbeiter. Außerdem bildete er im Dreijahresrhythmus jeweils zwei Lehrlinge aus.

Fachwissen:
Es wird mit gut bewertet.

Leistungsbeurteilung:
Sie liegt laut Kernsatz („Mit seinen Leistungen stellte er uns stets voll zufrieden.") und dem Kontext bei gut.

Herr Menzel setzte sein gutes Fachwissen mit großem Erfolg ein. Er war ein sehr verantwortungsbewusster Mitarbeiter, der seiner Tätigkeit mit außerordentlichem Interesse und großer Einsatzfreude nachkam. Herr Menzel löste alle Problemstellungen seines Tätigkeitsbereiches systematisch, selbstständig und sorgfältig. Er trat sehr gewandt auf und besitzt die Fähigkeit, Sachverhalte klar und deutlich darzustellen. Mit seinen Leistungen stellte er uns voll und ganz zufrieden.

Herr Menzel motivierte sein Team zu guten Ergebnissen, wobei er als Vorgesetzter jederzeit respektiert wurde.

Verhaltensbeurteilung:
Herrn Menzels Verhalten wird laut Kernsatz („Führung war stets einwandfrei.") und dem Kontext mit gut bewertet.

Seine Führung war stets einwandfrei. Aufgrund seiner hilfsbereiten und freundlichen Art war er bei seinen Vorgesetzten, Kollegen, Mitarbeitern und Kunden sehr geschätzt.

Auf eigenen Wunsch scheidet Herr Menzel heute bei uns aus. Wir bedauern dies sehr, danken ihm für seine wertvolle Mitarbeit und wünschen ihm für die Zukunft alles Gute.

Schlussformel:

Sie ist in Ordnung, in dieser Form steht sie unter guten Zeugnissen.

Fazit:

Herr Menzel wird mit gut bewertet.

Hachenburg, 31.07.2001   Achim Becker

                              (Geschäftsführer)

→ 3 Arzthelferin
→ 44 Krankenpfleger

100 Zahnarzthelferin

Gesamtnote 2

ZWISCHENZEUGNIS

Einleitung:
Die Adresse von Frau Schneider darf im Zeugnis nicht erwähnt werden, falls sie umziehen sollte, wäre diese Angabe nicht mehr aktuell. Prinzipiell werden in Zeugnissen Adressen nicht erwähnt, u.a. um Vorurteilen vorzubeugen, Stichwort: soziale Differenzierung der Wohnorte (Reichen- vs. Armenviertel).

Frau Silke Schneider, geboren am 31.12.1975 in Hachenburg, wohnhaft Burgerstr. 11, 57627 Hachenburg, trat am 01.08.1996 in meine Zahnarztpraxis als Zahnarzthelferin ein.

Tätigkeitsbeschreibung:
Frau Schneiders Tätigkeiten werden im Zeugnis angemessen beschrieben.

Zu ihrem Aufgabenfeld gehören die folgenden Tätigkeiten:

► Assistenz am Behandlungsstuhl auf allen zahnärztlichen Gebieten

► Erstellung und Abrechnung der Quartals- und Prothetikabrechnung

► Patientenbetreuung

► Führung des Terminkalenders

► Wartung der Instrumente

Fachwissen:
Es ("vielseitige Fachkenntnisse") wird mit gut bewertet.

Leistungsbeurteilung:
Sie liegt laut Kernsatz ("Ihre Leistungen finden stets meine volle Anerkennung.") und dem Kontext bei gut.

Frau Schneider verfügt über vielseitige Fachkenntnisse, die sie konsequent durch Weiterbildungsseminare auf den aktuellen Stand bringt, so hat sie in ihrer Freizeit mit gutem Erfolg Fortbildungsseminare im Bereich Laserbehandlungen und Praxis-EDV besucht. Sie übt ihre Tätigkeiten selbstständig, motiviert und mit sehr großem Verantwortungsbewusstsein aus. Sie erledigt ihre Arbeiten sehr ordentlich, schnell und gewissenhaft. Ihre Leistungen finden stets meine volle Anerkennung.

Ihr Verhalten gegenüber Vorgesetztem, Kollegen und Patienten ist stets einwandfrei. Frau Schneider unterstützt die Zusammenarbeit, ist stets hilfsbereit und in der Lage, sachliche Kritik zu üben und zu akzeptieren.

Dieses Zwischenzeugnis wurde auf Wunsch von Frau Schneider ausgestellt. Ich bedanke mich bei ihr für ihre bisher geleistete stets gute Arbeit und freue mich auf eine weiterhin erfolgreiche Zusammenarbeit.

Hachenburg, 01.08.2000   Dr. Oskar Pfeiffer

                                (Zahnarzt)

Verhaltensbeurteilung:
Sie liegt laut Kernsatz
(„ist stets einwandfrei")
und dem Kontext bei gut.

Schlussformel:
In dieser Form steht sie
unter guten Zwischen-
zeugnissen.

Fazit:
Frau Schneider wird mit
gut bewertet.

Teil 6
Zeugnisanalyse

Die Interpretation von Zeugnissen ist auch für Arbeitgeber und selbst für manchen Personaler eine komplizierte Angelegenheit.

Die wichtigste Regel, um sich im Beurteilungsdschungel zurechtzufinden, lautet: Betrachten Sie das Zeugnis immer als Ganzes. Mögen einzelne Punkt auch nicht so stimmig erscheinen – wenn Sie, davon abgesehen, einen guten Eindruck haben, dann lassen Sie sich von diesem leiten. Einzelfragen können immer im persönlichen Gespräch abgeklärt werden.

> **LESEN SIE IN DEN MUSTERZEUGNISSEN**
>
> Ihre Analysekompetenz können Sie selbst schulen, indem Sie in den Musterzeugnissen in Teil 5 lesen. Durch die Kommentare in der Randspalte werden Sie auf die Bewertungen und auf mögliche Mängel des Zeugnisses hingewiesen. Und wenn Sie wollen, können Sie daraus eine richtige Übung machen, indem Sie die Zeugnisse von der CD-ROM ausdrucken, aber die dort zu Beginn aufgeführten Kommentare überspringen und zuerst selbst versuchen, die Bewertung des Zeugnisses herauszufinden. Und erst dann vergleichen Sie es mit dem Kommentar.

Von Headhuntern lernen

Es gibt noch eine Gruppe von professionellen Zeugnisanalysten, die man gerne vergisst, vielleicht weil sie zumeist eher im Verborgenen arbeiten. Die Rede ist von den Personalberatern. Diese „Headhunter" sorgen oft für die schnelle und diskrete Besetzung vakant gewordener Führungspositionen in einem Unternehmen. Ein Personalberater wird, ganz gleich, wie er zu einem Kandidaten gefunden hat, vor einer persönlichen Einladung zum Interview die schriftlichen Unterlagen des Kandidaten prüfen. Dabei spielt in Deutschland – sofern es nicht um Toppositionen geht – natürlich auch das Arbeitszeugnis eine Rolle, insbesondere dann, wenn mehrere Kandidaten für eine Position zur Auswahl stehen, das Angebot also groß ist.

Headhunter sind wenig beeindruckt von „schönen" Zeugnissen

Personalberater lesen Zeugnisse nach unserer Erfahrung vor allem „ex negativo", d. h., sie prüfen das Gesamtbild. Ist dieses nicht stimmig, geht man im persönlichen Gespräch darauf ein und prüft die Unstimmigkeiten. Stimmt das Gesamtbild, bedürfen Zeugnis und Kandidat diesbezüglich normalerweise keiner weiteren Analyse. Pluspunkte sammelt man mit einem extrem positiven Zeugnis bei Personalberatern übrigens kaum, denn meistens gehen sie davon aus, dass ein Zeugnis geschönt wurde. Ebenso sehen sie über gewisse Unebenheiten, die eindeutig von einem ungeschickten Zeugnisaussteller herrühren, großzügig hinweg – letztlich muss der persönliche Auftritt des Bewerbers im Interview überzeugen.

Achten Sie auf den Gesamteindruck

Der Gesamteindruck eines Zeugnisses ergibt sich aus dem Zusammenspiel einer Vielzahl von einzelnen Aspekten. Weil man diese kaum immer präsent haben kann, haben wir für Sie im Folgenden eine Übersicht mit „Auffälligkeiten" zusammengestellt, die eine bestimmte – negative – Lesart nahe legen.

Und: Lassen Sie bei der Beurteilung Ihren gesunden Menschenverstand walten. Legen Sie nicht jedes Wort auf die Goldwaage. Bedenken Sie auch, dass der Zeugnisaussteller möglicherweise kein Experte war und das Zeugnis nach seinem besten (aber eben nicht in allen Punkten sachkundigen) Wissen und Gewissen geschrieben hat.

Checkliste
Zeugnisse analysieren

Auffälligkeit	Kommt vor?	Mögliche Bedeutung
Äußere Form		
Das Zeugnis ist nicht auf offiziellem Firmenpapier ausgestellt.	☐	• Der Mitarbeiter könnte es selbst verfasst haben.
Das Zeugnis hat Flecken oder Knicke (insbesondere Eselsohren).	☐	• Der Mitarbeiter hat es nicht pfleglich behandelt, oder es ist vom Arbeitgeber nachlässig ausgestellt worden. • Der Arbeitgeber will Sie warnen.
Das Zeugnis wurde eindeutig von einem Vorgesetzten oder Vertretungsberechtigen des Mitarbeiters unterschrieben.	☐	• Der Mitarbeiter hat ein Gefälligkeitszeugnis eines Kollegen erhalten. • Der Arbeitgeber hat die Zeugniserstellung unberechtigt an jemand anders delegiert.
Das Ausstellungsdatum weicht um mehr als zwei Wochen vom Austritt des Mitarbeiters ab.	☐	• Es gab Streit um das Zeugnis. • Der Mitarbeiter war nicht sehr angesehen.

Die Zeugnislänge entspricht nicht dem Profil der Position und dem Leistungsprofil des Mitarbeiters.	☐	• Der Mitarbeiter hat das Zeugnis selbst geschrieben und sich selbst belobigt.
		• Der Arbeitgeber hat dem Mitarbeiter ein unangebrachtes Zeugnis ausgestellt, weil er ihn wenig achtet.
Das Zeugnis enthält Zeichen, die als Geheimzeichen interpretiert werden können.	☐	• Der Arbeitgeber will Sie warnen.
Das Zeugnis weist Schreibfehler auf.		• Der Arbeitgeber möchte seine Missbilligung ausdrücken. • Der Arbeitgeber war schlicht schlampig.

Einleitung

Vor- und Nachname, Geburtsdatum, ggf. Titel und Position werden nicht vollständig genannt.	☐	• Es handelt sich um das Zeugnis einer anderen Person. • Der Arbeitgeber achtet den Mitarbeiter wenig.
Die Dauer des Arbeitsverhältnisses bzw. die verschiedenen Karriereschritte, also z. B. Positionswechsel, werden nicht vollständig angegeben.	☐	• Der Arbeitgeber drückt seine Missbilligung aus. • Der Mitarbeiter „unterschlägt" eine Position, auf der er versagt hat.

Tätigkeitsbeschreibung

Der Stil ist passiv („wurde beschäftigt", „hatte inne" etc.), nicht aktiv („erledigte", „erfüllte", „war tätig" etc.).	☐	• Der Mitarbeiter war faul.
Die Aufgaben werden nicht so beschrieben, dass Sie vollkommen verstehen, welche Tätigkeiten der Mitarbeiter erledigte und welche Kompetenzen und Verantwortlichkeiten er hatte.	☐	• Der Arbeitsbereich war nicht sehr umfangreich.
Es werden keine bedeutsamen Tätigkeiten herausgestellt.	☐	• Es gab keine bedeutsamen Tätigkeiten.
Die Tätigkeitsbeschreibung verliert sich in Details.	☐	• Die Position beinhaltete keine wichtigen Tätigkeiten. • Der Mitarbeiter hat bei den wichtigen Tätigkeiten versagt.
Bei Positionswechseln ist keine positive Entwicklung zu erkennen.	☐	• Der Mitarbeiter hat sich nicht positiv entwickelt.

Leistungsbeurteilung

Einzelne Kernkompetenzen, die der Mitarbeiter für die Erfüllung seiner Aufgaben braucht (z. B. Organisationsfähigkeit, Selbstständigkeit, Belastbarkeit, Problemlösungskompetenz, Kommunikationsfähigkeit) werden nicht erwähnt.	☐	• Der Mitarbeiter hat nur wenige Kernkompetenzen.
Kernkompetenzen, die erwähnt werden, stehen nicht im Einklang mit der Position.	☐	• Der Arbeitgeber wollte etwas „Nettes" schreiben, obwohl der Zeugnisempfänger für seine Position keine Kernkompetenzen hatte.
Selbstverständlichkeiten (z. B. Pünktlichkeit) werden auffallend betont.	☐	• Der Mitarbeiter hatte sonst keine Tugenden und Qualitäten vorzuweisen.
Außergewöhnliche Erfolge und Leistungen werden besonders herausgestellt.	☐	• Es gab keine Erfolge zu vermelden. • Die Erfolge waren in Wirklichkeit nichts Besonderes.
Im Zeugnis sind unverkennbar doppeldeutige oder sogar „geheimsprachliche" Formulierungen (z. B. „verfolgte seine Arbeit mit Interesse") enthalten.	☐	• Der Arbeitgeber will Sie warnen • Der Arbeitgeber drückt seine Missbilligung aus.
Bei Führungskräften werden das Führungsverhalten und die Führungsleistung nicht benotet.	☐	• Die Führungsleistung des Mitarbeiters war nicht gut. • Der Arbeitgeber war nicht zufrieden.
Es ist kein Kernsatz enthalten, der die Leistung zusammenfassend beurteilt.	☐	• Die Leistungen des Mitarbeiters waren unbefriedigend. • Der Arbeitgeber hat den Kernsatz schlicht vergessen.
Aus dem Kernsatz ergibt sich keine gute Note.	☐	• Der Arbeitgeber drückt seine Missbilligung aus. • Die Leistungen des Mitarbeiters waren unbefriedigend.
Der Kernsatz steht nicht im Einklang mit den Kernkompetenzen.	☐	• Der Mitarbeiter war in Wirklichkeit schlechter, als das restliche Zeugnis es vermuten lässt.

Verhaltensbeurteilung

Positive Verhaltensweisen und Charaktereigenschaften fehlen.	☐	• Es gab keine zu würdigen.
Eine Personengruppe, zu der der Mitarbeiter aufgrund seiner Position Kontakt gehabt haben muss, wird nicht erwähnt.	☐	• Sein Verhalten gegenüber diesen Personen war nicht zufrieden stellend.

Im Zeugnis sind unverkennbar doppeldeutige oder „geheimsprachliche" Formulierungen (z. B. „zeigte ein bemerkenswertes Einfühlungsvermögen") enthalten.	☐	• Der Arbeitgeber will Sie warnen. • Der Arbeitgeber drückt seine Missbilligung aus.
Es ist kein Kernsatz vorhanden, der das persönliche Verhalten des Mitarbeiters zusammenfasst.	☐	• Das persönliche Verhalten des Mitarbeiters war nicht zufrieden stellend.
		• Der Arbeitgeber drückt seine Missbilligung aus.
Im Kernsatz wird die Reihenfolge Vorgesetzte, Kollegen, Mitarbeiter und externe Personen nicht eingehalten.	☐	• Das Verhalten des Mitarbeiters der Gruppe gegenüber, die nicht oder an falscher Position erwähnt wird, war problematisch.

Schlussformulierungen

Der Grund für das Ausscheiden wird nicht genannt.	☐	• Man hat sich im Streit getrennt.
Bei einer Vertragsaufhebung wird das „beste beiderseitige Einvernehmen" nicht erwähnt.	☐	• Man hat sich im Streit getrennt.
Das Ausscheiden des Mitarbeiters wird nicht ausdrücklich bedauert.	☐	• Der Arbeitgeber drückt seine Missbilligung aus.
Dem Mitarbeiter wird nicht für die geleistete Arbeit gedankt.	☐	• Die Leistung des Mitarbeiters war eines Dankes nicht würdig. • Der Arbeitgeber drückt seine Miss. billigung aus.
Der Arbeitgeber wünscht dem Mitarbeiter nicht alles Gute und weiterhin viel Erfolg für die Zukunft.	☐	• Der Mitarbeiter hatte nicht viel Erfolg. • Der Arbeitgeber drückt seine Missbilligung aus.

Teil 7
Glossar – die wichtigsten Begriffe rund ums Zeugnis

Beredtes Schweigen Bewusste Auslassungen im Zeugnis, die dem geübten Leser als Negativwertungen auffallen. Solche Auslassungen sind in Bezug auf den gesetzlich geschuldeten Zeugnisinhalt, d. h. die Art und Dauer der Tätigkeit sowie die Leistungs- und Führungsbeurteilung, unzulässig.

Dankes-/Bedauernsformel Schlussformel mit Dank für geleistete Arbeit und Bedauern über das Ausscheiden.

Einfaches Zeugnis Zeugnis, das nur Angaben zu Art und Dauer der Tätigkeit enthält; s.a. „qualifiziertes Zeugnis".

Endzeugnis Zeugnis, das bei Beendigung des Anstellungsverhältnisses erteilt wird. Mitarbeiter haben spätestens bei Ablauf der Kündigungsfrist Anspruch darauf; s.a. „vorläufiges Zeugnis", „Zwischenzeugnis".

Geheimsprache Darunter versteht man im Allgemeinen verschlüsselte Negativformulierungen folgender „geheimer" Techniken: Positiv-Skala-Technik („noch gut, teilweise gut"), Leerstellen-Technik (bestimmte wichtige Begriffe oder Abschnitte fehlen), Reihenfolge-Technik (unwichtige Aussagen vor wichtigen), Ausweich-Technik (Unwichtiges wird besonders betont), Einschränkungs-Technik (Aussagen werden eingeschränkt, z. B.: „Er arbeitete stets zur vollen Zufriedenheit seines direkten Vorgesetzten."), Andeutungs-Technik (Verwendung mehrdeutiger Begriffe wie „anspruchsvoll, kritisch, kommunikationsbereit"), Knappheits-Technik (betont kurzes Zeugnis), Widerspruch-Technik (Widersprüche, inhaltlich/stilistische Brüche). Alle diese Techniken dienen dem Zweck, trotz Verbots negative Botschaften ins Zeugnis zu schmuggeln.

Geheimzeichen Verbotene Zeichen, die gewerkschaftliches oder politisches Engagement des Mitarbeiters deutlich machen sollen. Beispiele: a) senkrechter Strich mit dem Kugelschreiber links von der Unterschrift – Bedeutung: Mitglied der Gewerkschaft; b) Häkchen nach rechts – Mitglied einer rechts stehenden Partei; c) Häkchen nach links – Mitglied einer links stehenden Partei; Doppelhäkchen – Mitglied einer linksgerichteten, verfassungsfeindlichen Organisation.

Gesprächsförderer Bestimmte Formulierungen im Abschlussgespräch, die dessen erfolgreichen Verlauf fördern. Beispiele: zusammenfassen; in eigenen Worten wiederholen; Wünsche herausarbeiten.

Gesprächsstörer Bestimmte Formulierungen im Abschlussgespräch, die dessen Verlauf eher stören. Beispiele: befehlen, warnen, ironisieren.

Leistungs- und Verhaltensbeurteilung Abschnitt im qualifizierten Zeugnis, in dem Leistung und Verhalten bewertet werden. Die Leistung soll dem LAG Hamm zufolge nach sechs Hauptmerkmalen beurteilt werden: Arbeitsbefähigung (Können), Arbeitsbereitschaft (Wollen), Arbeitsvermögen (Ausdauer), Arbeitsweise (Einsatz), Arbeitsergebnis (Erfolg), Arbeitserwartung (Potenzial); s.a. „Tätigkeitsbeschreibung“.

Negativanspruch In manchen Fällen hat der Mitarbeiter keinen juristischen Anspruch auf Änderungen des Zeugnistextes, sondern nur auf Streichungen; das ist der so genannte Negativanspruch.

Normalleistung Ein Mitarbeiter ist zur Leistung von Arbeit „mittlerer Art und Güte“ verpflichtet und muss eine durchschnittliche Leistung (Normalleistung) erbringen. Falls er das tut, entsteht daraus der Anspruch auf eine durchschnittliche Bewertung im Zeugnis. Verlangt er eine überdurchschnittliche Bewertung, trägt er die Beweislast.

Notensystem, Notenskala In der Praxis wird oft die sechsstufige Notenskala des Schulsystems zur Bewertung der Leistungen verwendet (1 = sehr gut, 2 = gut, 3 = befriedigend, 4 = ausreichend, 5 = mangelhaft, 6 = ungenügend). Die Rechtsprechung hat dies um die Zwischenstufe „voll befriedigende Leistungen“ ergänzt. Das entspräche der Normalleistung und der Note 3. „Befriedigend“ wäre dann eine 4, ausreichend eine 5 usw.

Qualifiziertes Zeugnis Zeugnis, das neben Angaben zu Art und Dauer der Tätigkeit auch Hinweise zu Leistung und Verhalten enthält. Mitarbeiter haben einen Anspruch auf ein qualifiziertes Zeugnis; s.a. „einfaches Zeugnis“.

Schlusssatz Abschließender Satz, häufig verbunden mit der Dankes-/ Bedauernsformel (s. dort).

Tätigkeitsbeschreibung Abschnitt im einfachen und qualifizierten Zeugnis, in dem die Tätigkeit des Mitarbeiters beschrieben wird; s.a. „Leistungs- und Verhaltensbeurteilung“.

Verhaltensbeurteilung S. „Leistungs- und Verhaltensbeurteilung“.

Vorläufiges Zeugnis Ein Endzeugnis, das wegen der noch bevorstehenden Beendigung des Anstellungsverhältnisses als vorläufiges Zeugnis erteilt wird und es dem Mitarbeiter bereits während der Kündigungsfrist ermöglicht, sich zu bewerben. Bei Beendigung des Anstellungsverhältnisses wird es gegen das Endzeugnis ausgetauscht.

Wahrheitspflicht Oberster Grundsatz: Ein Zeugnis muss der Wahrheit entsprechen.

Wohlwollen Der Arbeitgeber hat das Zeugnis grundsätzlich im Interesse des Mitarbeiters mit Wohlwollen zu erstellen. D. h., das Zeugnis darf den weiteren Berufsweg des Mitarbeiters nicht unnötig erschweren. Entsprechend müssen negative Eigenschaften und Vorfälle in einer adäquaten Weise formuliert werden.

Zeugnisentwurf Der Arbeitgeber kann den Mitarbeiter bitten, einen Entwurf für das verlangte Zeugnis zu formulieren, es aber nicht fordern.

Zufriedenheitsskala S. „Notensystem".

Zwischenzeugnis Das Zwischenzeugnis erteilt man während des Anstellungsverhältnisses. Inhaltlich entspricht es dem Endzeugnis. Es ist auf Wunsch des Mitarbeiters dann zu erteilen, wenn ein berechtigtes Interesse vorliegt (z. B. Kündigung/Stellenwechsel steht in Aussicht, Wechsel des Vorgesetzten, Fort- und Weiterbildung, Insolvenz).

Stichwortverzeichnis

Bibliografische Information der deutschen Bibliothek
Die Deutsche Bibliothek verzeichnet diese Publikation in der Deutschen Nationalbibliografie; detaillierte bibliografische Daten sind im Internet über http://dnb.ddb.de abrufbar.

ISBN 3-448-05141-1
Bestell-Nr. 04044-0001

© 2003, Rudolf Haufe Verlag GmbH & Co. KG,
Niederlassung Planegg bei München
Postanschrift: Postfach, 82142 Planegg
Hausanschrift: Fraunhoferstraße 5, 82152 Planegg
Fon (0 89) 8 95 17-0, Fax (0 89) 8 95 17-2 50
E-Mail: online@haufe.de
Internet: www.haufe.de
Lektorat: Ulrich Leinz
Redaktion: Oliver Neumann, Ulrike Dünbier

Satz: WerbeAgentur S6 GmbH, 82166 Gräfelfing
Umschlaggestaltung: par:two – büro für visuelles, 70182 Stuttgart
Druck: J.P. Himmer GmbH, 86167 Augsburg

Zur Herstellung dieses Buches wurde alterungsbeständiges Papier verwendet.